# Je suis le gardien du tombeau vide

## DU MÊME AUTEUR

*The Napoleonic Sites on St. Helena*, South Atlantic editions, Capetown, 2002.

*Sainte-Hélène, île de mémoire* (direction d'ouvrage avec Bernard Chevallier et Thierry Lentz), Fayard, Paris, 2005.

*St. Helena, South Atlantic Ocean*, St. Helena education Department, 2007.

*Chroniques de Sainte-Hélène, Atlantique sud*, Perrin, Paris, 2011.

*Les Lieux de l'exil aujourd'hui, Sur les traces de Napoléon à Sainte-Hélène*, Saint Helena Napoleonic Heritage Ltd, 2015 (bilingue anglais français).

*Napoléon et Sainte-Hélène, 1800-15 octobre 1815* (bilingue anglais français), MDM éditions, Capetown, 2016.

*Sainte-Hélène, une île sous séquestre, 15-17 octobre 1815* (bilingue anglais français), MDM éditions, Capetown, 2017.

Michel Dancoisne-Martineau

# Je suis le gardien du tombeau vide

Flammarion

Livre publié sous la direction de Muriel Hees


ISBN : 978-2-0813-9527-5

*À un rayon de soleil nommé Susan.*

# Prologue

*Je suis profondément convaincu que le seul antidote qui puisse faire oublier au lecteur les éternels* Je *que l'auteur va écrire, c'est une parfaite sincérité.*

Stendhal, *Souvenirs d'égotisme*

Vivre à Sainte-Hélène, c'est savoir se taire lorsque tout est dit. J'y ai aussi appris que le moyen le plus sûr pour ne pas devenir un objet de curiosité était de tout raconter. Une fois pour toutes. Ensuite, on tourne la page.

Ce récit est motivé par ce tournant.

Passé la découverte des lieux de mémoire de Napoléon à Sainte-Hélène, les visiteurs et le public français, anglo-saxon et asiatique s'interrogent souvent sur ma présence dans cette île depuis 1985, me commuant en objet de curiosité.

Situation embarrassante et innombrables questions :

« Comment et pourquoi suis-je arrivé là ? »

« Suis-je le seul Français sur l'île, dans ce trou ? »

« Est-ce que j'y vis au quotidien ? et surtout comment ? »

« Qu'est-ce qui m'y retient ? »

« Pourquoi un fonctionnaire français sur place ? »

« Un consul de France à Sainte-Hélène, mais à quoi sert-il ? »

Immanquablement, les touristes s'arrêtent en haut de la falaise située à l'est de ma maison. Les taxis commentent ma présence et, ce faisant, épaississent davantage le mystère censé m'entourer.

Les croisiéristes iraient bien jusqu'à m'observer de la même façon qu'ils le font pour le plus vieil animal vivant de la planète : la tortue Jonathan qui, à plus de cent cinquante ans, vit aussi à Sainte-Hélène ! Visible dans les jardins de la résidence du gouverneur à Plantation House, elle est inscrite dans le circuit qui permet de découvrir l'île en moins de six heures.

De son côté, le public passionné, ou simplement intéressé, par l'histoire napoléonienne fait de moi un gardien de la mémoire de l'Empereur.

Les Britanniques et les locaux me surnomment *« THE Frenchman »* en mettant l'accent sur l'article défini singulier.

Quant aux visiteurs français pour lesquels Napoléon n'est qu'une marque de cognac, ils n'essaient même pas de s'interroger sur ma présence : elle fait partie du paysage. Ils regardent les défilés militaires où je me tiens aux côtés du gouverneur et de l'évêque anglican, plus surpris par la présence insolite du *Frenchman* que par le fait que les troupes soient constituées uniquement de policiers et de scouts locaux. Quant au séjour de deux à quatre ans des fonctionnaires britanniques, il rend plus insolite encore mon ancrage officiel ici depuis trente ans.

Lorsque je quitte l'île pour aller assurer la promotion d'une exposition ou de tout autre événement, le public s'étonne plus encore de mon choix de vie, m'interroge sur l'isolement, la solitude. On me confond avec les paysages de ce rocher atlantique austral, avec cet exil de la légende napoléonienne la plus sombre.

Nombreux sont ceux loin de soupçonner mon exil volontaire. Car, en 1985, c'est moi qui ai décidé de me rendre à Sainte-Hélène en raison de mon intérêt pour… lord Byron !

L'auteur d'une biographie française du poète maudit y était, en effet, établi depuis décembre 1956. Gilbert Martineau – il s'agit de lui –, ayant patiemment répondu à mes questions d'étudiant de première année de faculté de lettres, m'avait invité à lui rendre visite. Avec l'enthousiasme et l'inconscience de mes dix-huit ans, je m'y étais rendu derechef. Napoléon était alors un inconnu, passé à la trappe du cursus scolaire du bachelier agricole que j'étais.

Sainte-Hélène se résumait même pour moi à une île sous les tropiques dont je n'avais entendu le nom qu'à travers une comptine : « Napoléon est mort à Sainte-Hélène, Son fils Léon lui a crevé l'bidon. On l'a r'trouvé, assis sur une baleine, En train d'sucer les fils de son caleçon. »

Mes premiers mois avec Gilbert Martineau furent un éblouissement. En l'écoutant raconter des bribes de sa vie, je passais sans transition de la famille d'Edmond Rostand à Serge Lifar et au Paris mondain des années 1950. Des noms jusque-là sujets de commentaires de textes prenaient, au milieu de l'Atlantique Sud, une surprenante acuité. André Gide, Marcel Jouhandeau, Roger Peyrefitte, Jean Cocteau... s'invitaient à notre table et j'écoutais, fasciné. Je ne m'étais pas encore aperçu que nous habitions la maison même, Longwood House, où Napoléon avait vécu ses dernières années et ses ultimes moments. Les seuls fantômes que je côtoyais alors appartenaient tous à la lignée de lord Byron.

Dès les premiers jours de notre rencontre, Gilbert m'avait dévoilé le véritable motif de son invitation à Sainte-Hélène. Après avoir occupé son poste vingt-huit ans durant, il était fatigué et avait pris l'île en horreur. Fâcheusement, le poste de conservateur des domaines français sur place était vacant depuis plusieurs années – depuis son départ à la retraite en août 1981 – et n'attirait aucun candidat. Comme une boutade, je lui répondis sans réfléchir que ça m'arrangerait financièrement d'avoir un emploi pendant deux ou trois ans, le temps de finir des études que je pouvais accomplir par correspondance.

Sans m'en rendre compte, je venais de prendre la décision qui allait changer ma vie.

De retour en France, j'effectuai immédiatement mon service militaire et postulai pour un contrat de trois ans, bien décidé à profiter de cette opportunité providentielle.

En 1997, je devais arriver à Sainte-Hélène pour occuper mes fonctions en qualité de contractuel, sans imaginer un seul instant que j'y vivrais aussi longtemps. Le contrat fut renouvelé une fois, puis une seconde fois… Les huit premières années, je vécus dans les appartements des compagnons d'exil de Napoléon. Et je compris que l'hostile atmosphère de Longwood n'est en rien une légende. Sous l'épais brouillard et les alizés, je découvrais alors en Napoléon un héros byronien par excellence, ce que je n'avais pas su déceler l'année d'avant. Mon guide, Gilbert, m'apparut alors comme un homme tout droit sorti du siècle précédent. J'étais ébloui. J'en oubliais presque l'horrible climat et l'humidité qui, à Longwood, pourrit en quelques jours cuirs et boiseries. Silencieux, je le regardais vivre et savais qu'il s'amusait de mes silences. Depuis 1957, il était parvenu à déguiser ce qui pouvait apparaître comme une vilaine bicoque en fleuron de la grandeur de la France portant haut ses couleurs : il était gaulliste dans toute l'acception du terme. La maison était meublée de sièges néo-Louis XV provenant du Mobilier national, les murs recouverts de tapisseries de Lurçat, de dessins de Cocteau, Lifar, Picasso et autres reliques de sa vie mondaine des années 1950. Bien qu'officiellement en charge des domaines, je n'intervenais dans aucun de ses choix de mise en valeur du patrimoine. En revanche, j'entrepris de restituer l'ensemble des jardins que Napoléon avait créés et qui avaient été laissés en friche depuis 1821.

Mais comment avais-je pu en arriver à m'ancrer sur une île où l'ombre de l'Empereur plane sans cesse, dont le tombeau même est présent alors qu'en vérité ce dernier est vide ? Mystère de l'existence. Une existence que je vais vous conter et où l'épopée napoléonienne apparaît – lorsqu'on la regarde de près – en filigrane. Mon épopée à moi ne s'est pas non plus construite en un jour.

# CHAPITRE 1

## Souvenirs boréaux

*Le hasard a joué un si grand rôle dans ma vie, que je ne m'étonne pas en songeant à la façon singulière dont il a présidé à ma naissance. C'est, dira-t-on, l'histoire de tout le monde. Mais tout le monde n'a pas occasion de raconter son histoire.*

*Et, si chacun le faisait, il n'y aurait pas grand mal : l'expérience de chacun est le trésor de tous.*

Gérard de Nerval, *La Bohème galante, Promenades et Souvenirs IV – Juvenilia*

Le lundi 4 juin 1984, après un week-end passé à réviser mes examens aux bords de la Somme et des verdoyants marais et hardines de Voyennes où j'étais né dix-huit ans plus tôt, je m'en retournai au lycée agricole d'Amiens, Le Paraclet. Pour parcourir les cinquante kilomètres qui séparent Nesle d'Amiens, il fallait une bonne heure. La micheline traversait la campagne picarde à la vitesse qui correspondait parfaitement à mon manque d'enthousiasme pour retourner aux études. Un article dans un magazine littéraire me fit découvrir une biographie de Lord Byron : *Lord Byron, la malédiction du génie* par Gilbert Martineau.

Arrivé à la gare d'Amiens, avant de monter à bord du bus scolaire qui devait me conduire au lycée se trouvant au milieu des champs et des forêts de Cottenchy près de Boves, je ne pus résister à la tentation d'aller inspecter le kiosque à journaux. Le livre de Gilbert Martineau était là, à côté de *La Diététique de lord Byron* par Gabriel Matzneff. Inopportunément, j'étais à court d'argent. Coup du sort ou pas, un chenapan chaparda une revue et, comme un diable sortant de sa boîte, le vendeur bondit hors de son stand et se mit à courir après le voleur en faisant tomber un livre qui s'abîma sur l'asphalte graisseux de la gare. C'était précisément le *Lord Byron* de Gilbert Martineau. De retour à son kiosque, le vendeur le ramassa et le mit de côté. Je lui offris le peu dont je disposais en échange de ce livre abîmé mais, déjà calmé – était-ce par habitude ? –, il m'expliqua qu'il ne pouvait pas me le vendre au rabais, les livres endommagés devant impérativement être retournés au distributeur. Avec en main quelques quotidiens, un client qui patientait intervint alors dans la discussion et proposa de me l'offrir. L'envie de le lire était trop forte pour refuser. J'acceptai l'ouvrage avec une profusion de remerciements. Dès que je fus assis dans le bus, j'achevai de dévorer le premier chapitre de l'« enfant farouche et passionné » lorsqu'il me fallut descendre de l'autocar.

Le soir venu, je gagnai mon refuge dans la bibliothèque du lycée. Après plusieurs heures de lecture, le livre refermé, je fus comme rempli d'espoir. Et décidai d'écrire à l'auteur. N'ayant aucune adresse, j'envoyai ma lettre à son éditeur, Tallandier. Je ne me souviens plus de son contenu.

Le lendemain matin, je repris mes cahiers de phytotechnie à temps pour mon examen, obtenant, comme toujours, juste quelques points au-dessus de la moyenne pour mieux me fondre dans la société ou une communauté. Une règle d'or de la discrétion apprise dans la famille de huit enfants dont j'étais le « petit dernier », le gêneur, celui qu'on ne désirait pas.

Mon enfance fut gâchée par une absence totale des sentiments parentaux, que je recherchais, on s'en doute, désespérément. Bien que je n'oublie pas qu'il fallut du mérite à mes parents – pour ne pas dire de la bravoure – pour élever huit enfants durant la seconde moitié du XX^e^ siècle, je ne saurais taire la douleur que représente encore, quarante ans plus tard, cette enfance que j'associerai toujours à l'obscurité d'une cave de chaudière à mazout et qui fut d'autant plus douloureuse que cette situation était insidieuse et socialement ignorée. Seul dans l'obscurité, j'apprivoisais la claustration en attendant de pouvoir, un jour, faire partie d'un groupe. Je rêvais d'une communauté où, comme sur une île protégée par des milliers de kilomètres d'océan, je trouverais ma place au milieu d'individus dont je me serais entiché. Du fond du sous-sol, un monde utopique se construisait dans mon imaginaire. J'y réinventais l'amour et la vie. En apprivoisant l'obscurité, je devins un être endogé. Au fur et à mesure que les contours de ce monde rêvé se précisaient, ma propre famille s'éloignait.

Mon père et ma mère placèrent très haut leurs devoirs de chrétiens, qui furent cependant contrariés par de profondes et inextricables difficultés financières. Leur foi les guidait et leur procurait les réponses aux difficultés.

À ma naissance, après quelques fausses couches et pour des raisons médicales évidentes, il fut conseillé à ma mère d'éviter une nouvelle maternité. La position de l'Église sur la contraception par des méthodes artificielles étant sans ambiguïté.

Fils d'agriculteurs picards, mon père eut la malchance de se spécialiser dans l'arboriculture en laissant la ferme céréalière familiale à son frère Henri. Mauvaise pioche. À partir du début des années 1970, à la suite de l'installation de nombreuses exploitations arboricoles dans le Midi par des harkis qui parvinrent à en réduire les coûts de production, les prix des cerises, prunes, pommes et poires chutèrent brutalement. Dès lors, son exploitation fit régulièrement l'objet de saisies et de poursuites légales par des huissiers qui devinrent les spectres de mon enfance. Leurs venues coïncidaient avec les périodes de mutisme total de papa qui, bien que physiquement présent, avait la capacité de s'absenter ainsi pendant des semaines. Son surendettement chronique fit de lui un paria dans le village, entraînant avec lui ses quatre derniers enfants, pour lesquels il n'était plus en mesure d'assurer pleinement les besoins essentiels.

Les bottes en caoutchouc trouées et les vêtements des frères aînés furent ceux que je portai durant cette période et le cœur de bœuf bouilli la principale viande consommée, avec des pommes de terre glanées dans les champs en automne. La misère – car c'est bien de cela qu'il s'agissait – eût cependant été plus facile à vivre si elle n'avait été accompagnée d'un intégrisme religieux qui devait nous faire accepter cet état de pauvreté comme une épreuve souhaitée par Dieu. Dans mon cerveau de garçon introverti, je trouvais qu'il n'y avait rien de divin dans le fait que ces épreuves façonnaient mon père en être indifférent, lointain et froid. Il fut le grand absent de ma vie, n'eut jamais à mon endroit un seul geste d'amour, d'affection voire d'attention. Décédé le 29 décembre 2015, il ne me manque donc pas plus mort que vivant.

Heureusement, j'avais entre-temps emprunté une route alternative.

**Ham**

Soucieux de notre éducation religieuse, comme pour mes autres frères et sœurs, mes parents m'avaient placé à l'école Notre-Dame de Ham, située à sept kilomètres de Voyennes où j'étais né et où nous habitions. Les parents catholiques du village s'étaient organisés pour assurer le transport quotidien car nous rentrions « à la maison » chaque soir.

Je suivis les cours élémentaires de première année dans cette bourgade enfoncée dans une vallée marécageuse de la Somme avec l'Aisne comme limite à l'ouest et l'Oise au sud-est.

Hasard et clin d'œil du destin, Ham est historiquement liée à Sainte-Hélène par l'entremise du général Charles de Montholon, l'un des deux personnages centraux qui accompagnèrent l'Empereur dans l'Atlantique Sud. Quant à la forteresse, d'où, le 25 mai 1846, le futur Napoléon III s'évada déguisé en maçon dénommé Badinguet, elle a été presque totalement détruite – comme le reste de la ville – durant la Grande Guerre.

De cette année 1971-1972, je n'ai gardé que deux souvenirs, liés à deux endroits différents situés aux extrémités de cette ville moyenâgeuse. Le premier, au nord, est donc l'école Notre-Dame où l'on nous servait chaque jour un horrible jambon qui gardait de son emballage plastique le goût et la texture et qui avait le fâcheux effet de me rendre malade.

Le second, plus plaisant, est le fort médiéval en ruines, situé au sud, où j'aimais jouer après que nous eûmes, avec deux ou trois copains de classe, trouvé le moyen de nous échapper de notre établissement scolaire. Nous profitions de chaque occasion – grâce à mon grand frère Pierre qui y était scolarisé depuis plusieurs années, nous savions comment franchir le lourd portail donnant sur la rue principale en détournant l'attention des sœurs qui nous surveillaient – pour nous adonner à une variante du jeu du gendarme et du voleur devenu le « jeu du gardien et du Badinguet ». La règle était simple : parvenir à traverser les ruines du fort par les deux grands portails ou *via* les souterrains. Il va sans dire que nous préférions les tunnels et que nous n'avions aucune idée de l'origine du mot Badinguet. J'étais évidemment loin de m'imaginer qu'un jour j'habiterais à Sainte-Hélène dans les appartements du comte de Montholon, cet aventurier très doué pour les intrigues de toutes natures enfermé plus tard au fort de Ham avec Louis-Napoléon Bonaparte.

### Voyennes

Je suis resté à Notre-Dame une seule année car, au fur et à mesure que les membres de la fratrie quittaient l'école, les bourses scolaires diminuaient et les finances de mon père périclitaient. Les premiers huissiers firent leurs apparitions. Bien qu'à deux doigts de la ruine, pour mon père les études des aînés – ma sœur Marie et mon frère François – ne pouvaient être compromises. Elles se devaient d'être protégées par une révision à la baisse de celles des autres. Comme Voyennes faisait administrativement partie du canton de Nesle et religieusement de l'ensemble paroissial de Ham – ce manque de concertation entre les autorités civiles et religieuses avait littéralement divisé les habitants du village en deux catégories : les enfants de l'Église et ceux de la République – et l'école communale étant moins onéreuse que l'école catholique de Ham, on m'inscrivit à la première.

J'allais donc avoir sept ans quand j'entrai, en 1972, à l'école communale de Voyennes. Ne connaissant que les principes d'éducation catholique, au début je m'y sentis totalement étranger. J'avais perdu mes premiers repères. Je n'étais pas le seul d'ailleurs, car ma sœur Édith et mon frère Pierre, qui avaient eux aussi changé d'école, semblaient encore plus perdus parmi ces « laïques » que moi. Mais, pour la première fois dans ma vie, je m'attachai à une personne : ce fut l'instituteur que j'appelais « monsieur Touzet ».

Je ne parviens pas à trouver de mots suffisamment élogieux et reconnaissants pour ce maître d'école formé par l'idéologie de la troisième République. « Hussard de la république » pour reprendre la formule de Pagnol – avec lequel il partageait le vocabulaire mais pas l'accent –, il était secrétaire de la mairie et conseiller en moult affaires villageoises. Son savoir et sa maîtrise de la langue française étaient contagieux. J'en venais donc à redouter les récréations tant j'adorais ses cours, autant que la chaleur qui se dégageait du poêle placé au milieu de la classe. Je ne me lassais pas d'écouter cet homme parler mathématiques, sciences naturelles et le tout dans une langue française qui me rend nostalgique en y songeant simplement.

Homme robuste, habillé de vêtements aux couleurs automnales, il était devenu mon chêne, ma forteresse. Il comblait parfaitement l'absence de sentiments de mes parents.

Pendant les trois années à l'école communale de Voyennes, m'appuyant sur lui, comme accroché à un roc, je pus résister à bien des tempêtes. J'appris à apprécier la solitude en me promenant dans la campagne voyennoise, dans les marais, le long des ch'intailles (étangs), de la rivière et des canaux de la Somme et du Nord.

Durant mes errances, je rencontrais souvent des vieux maraîchers. Ils passaient une grande partie de leurs journées dans des cabanes construites de branches et de tôles ondulées, au milieu de leurs jardins établis sur des bandes de terre – nommées localement hardines ; elles étaient entourées de fossés humides formant des chapelets d'îlots ressemblant à des points de suspension dans un récit indécis. Je ne me lassais pas de les écouter. En pêchant sur un puchoir, ils me parlaient aussi bien du fort des Templiers, des Mérovingiens, de la Grande Guerre que du bon vieux temps, celui où le tortillard s'arrêtait aux deux gares du village. Cependant, c'étaient surtout les petites aventures humaines du village qui retenaient toute mon attention. Je les écoutais comme on regarde aujourd'hui des séries télévisées. Chaque épisode avait son propre scénario mais toujours les hardines comme unique décor.

Bizarrement, plus de vingt ans plus tard, un yachtman picard qui fit escale à Sainte-Hélène connaissait l'un de ces épisodes : celui de Gaston Froissart. À vingt-quatre ans, en 1926, il avait assassiné sa grand-mère, madame Lévêque, pour la voler, en l'assommant avec une pioche. Elle était âgée de soixante-quinze ans. L'assassin avait caché ensuite le cadavre dans un grenier. Reconnu irresponsable, il fut interné à l'asile de Dury d'où il s'évada et s'engagea dans la Légion étrangère. Soldat au 1er régiment étranger en Algérie à Sidi Bel Abbès, il commit l'erreur de retourner en France où on l'arrêta. Il fut condamné à la peine de mort.

Sur d'innombrables récits du même acabit, je me construisis un monde dans lequel les légendes et la grande histoire se mélangeaient indistinctement avec les faits divers. Lorsque je rentrais chez nous, j'essayais de rapporter mes rencontres à mes parents. Ils ne me voyaient pas et ne pouvaient donc m'entendre. Si, à l'occasion d'un déplacement en voiture pour aller sur les marchés vendre des fruits à Roye, Montdidier ou Péronne, une opportunité se présentait, ils n'avaient d'autre possibilité que de m'écouter. Ils ne le faisaient cependant pas. Je ne parvenais à éveiller en eux aucune expression, pas la moindre émotion. Je ne savais comment être visible.

Cette négligence parentale me faisait douter de ma propre existence. Pas de violence physique, simplement un vide abyssal créé par une absence de regard. Je ne parle pas d'amour – je n'en demandais pas tant – mais de sentiments aussi anodins que l'inquiétude, l'empathie ou la sollicitude.

Afin de calmer cette indicible souffrance, je commençais à apprendre – ou m'en convainquais-je ? – à ne plus être affecté par ce manque d'attention. Je compris très tôt que les parents n'avaient pas le monopole des sentiments et trouvai un substitut à leur amour déficient. L'apparition de monsieur Touzet me servit de palliatif. Il fut le tuteur sur lequel je me suis appuyé durant trois ans. Il me fallut cependant protéger les liens avec ce maître d'école laïque en faisant montre d'une inventivité capable de déjouer la surveillance permanente de ma sœur Édith qui, au moindre livre non-religieux, me dénonçait. Pour me venger de ce travers, j'avais trouvé comme cachette la plus sûre la tête de son lit, glissant des ouvrages dans l'interstice du bois et de l'armature métallique. J'imagine que, si elle lit ce récit, elle sourira en regrettant de ne pas avoir pensé à surveiller sa propre couche, trop occupée à dépecer la mienne.

À contrecœur, l'école communale se termina avec le cours moyen de deuxième année. Il me fallut quitter monsieur Touzet et la table d'écolier dans le ventre de laquelle j'avais entreposé de multiples trésors. La séparation fut un déchirement. Atténuée par une nouvelle inattendue : ma grand-mère maternelle, qui venait parfois visiter sa fille à Voyennes, m'offrit d'aller passer les grandes vacances chez ma marraine Marguerite en Alsace, plus précisément à Reiningue à quelques kilomètres de Mulhouse.

J'entraperçus là, pour la première fois, ce que signifiait l'amour d'une mère et d'un père pour leurs enfants. Quelle aubaine que ces deux mois ! Marguerite me parlait comme si j'étais un adulte. C'est elle qui, la première, me fit comprendre que je ne pourrais pas survivre à Voyennes si je persistais à rechercher ce que je ne gagnerais jamais : un intérêt quelconque de mes parents. Elle avait vu grandir ma mère et savait que je n'obtiendrais rien d'elle, pas même une miette d'affection. Je reçus durant ces deux mois plus de regards et d'attention que ne m'en donnèrent jamais mes deux parents réunis. Elle me fit prendre conscience que ma vie commençait au moment même où elle prononça ces mots ; j'étais alors en mesure d'en comprendre le sens. Sur les bords de la Doller, la petite rivière où, pour la première fois je découvris des femmes laver leur linge sur des planches en bois, je me mis à croire enfin en la vie, espérer et rêver.

## Nesle

La tête pleine de mes premières vacances d'été en Alsace, j'entrai en septembre 1975, à neuf ans, au collège Louis-Pasteur de Nesle, chef-lieu de canton dont dépendait administrativement Voyennes. Compte tenu des résultats scolaires obtenus sous l'autorité de monsieur Touzet, je fus affecté d'office dans la classe d'allemand première langue.

Contrairement à Voyennes qui est un village d'eau, la plupart des communes environnantes sont situées au milieu de champs et d'immenses étendues plates que l'agriculture intensive a rendus monotones en regroupant les terres et en déboisant les nombreuses haies qui séparaient les petites propriétés. Comme tant d'autres petites villes du Santerre, Nesle surgissait froidement au-dessus des paysages mornes qu'imposent les productions de betteraves sucrières et de céréales. À l'inverse de Ham où l'eau, les bois et les habitations constituent un ensemble varié et contrasté, la ville a gardé de ses origines préhistoriques un aspect terreux, boueux. Même l'Ingon ressemble plus à un fossé qu'à un ruisseau. Cité ouverte au milieu des champs, protégée par un faible fossé, elle a été victime d'une succession de pillages, de saccages et de destructions.

Inextricablement triste, Nesle semble ne pouvoir exister qu'en se réfugiant sous la terre où de nombreuses galeries ont été creusées. Je lui trouvais l'air sombre de celui qui ne fait que regarder ses pieds sous lesquels la boue s'accumule ; une nostalgie souterraine.

Le collège ne faisait pas exception et je garde encore dans la bouche le goût de la terre que j'avalais en me faisant – facilement – plaquer au rugby.

Trop habitué à la solitude, je ne parvenais pas à adhérer aux jeux collectifs. Ma première quête, en arrivant au collège, fut d'essayer de trouver l'alter ego de monsieur Touzet. Très vite, je m'attachais au professeur de sciences naturelles, Michel Riquier. Bien plus cinquième République que troisième, il n'avait pas la stature ni le charisme de mon mentor précédent, mais, perspicace pour avoir décelé combien j'étais en détresse, cet enseignant m'autorisa à utiliser sa salle de classe durant les récréations et les pauses déjeuner. Une mise à l'écart volontaire qui m'aida à supporter la méchanceté « pour rigoler » des autres élèves qui, parce que j'étais fagoté avec les habits de mes frères de dix ans mes aînés, avaient fait de moi l'objet de leurs moqueries pour ne pas dire harcèlements. Le regard des autres rend la pauvreté encore plus cruelle. Plus difficile encore à gérer furent les humiliations continuelles que me faisait subir le professeur de mathématiques, qui ne m'appelait en classe que par l'expression « cul-terreux ». Lorsqu'il était plus loquace, il précisait sa pensée en riant dans sa barbe « cul-terreux de Voyennes, ce village ravitaillé par les corbeaux ». Ses cours étaient des tortures dans tous les sens du terme. En plus de ces humiliations verbales permanentes, il me retenait souvent – comme beaucoup d'autres élèves – à la fin des cours pour m'infliger des coups de règle sur le bout des doigts ou me jeter à la figure les craies et les brosses pour tableau noir. De ses cours, j'ai gardé une aversion maladive pour les mathématiques. La salle des sciences naturelles devint dès lors mon sanctuaire même si, souvent, je devais la partager avec d'autres garçons auxquels Michel Riquier avait donné également l'autorisation d'y étudier, à l'écart.

À la maison, pour garder secrètes la satisfaction de mon éducation laïque et mon admiration pour monsieur Touzet, je devins enfant de chœur. Je fis même d'immenses efforts pour lire et retenir des chapitres entiers du Nouveau Testament alors que seul l'Ancien m'intéressait. J'étais si assidu que le prêtre, l'abbé Blum, m'employa pour enseigner le catéchisme à des enfants à peine plus jeunes que moi. Toutefois, même avec mon aube, j'étais toujours invisible aux yeux de mes parents. Mes carnets scolaires, qu'ils devaient signer pour en accuser la lecture – qu'ils fussent bons ou mauvais –, ne firent jamais l'objet du moindre commentaire. Il me semblait que les seuls moments durant lesquels je pouvais attirer leur intérêt correspondaient aux punitions que je purgeais en passant des heures dans le sous-sol sans lumière de la maison, à côté de la chaudière à mazout. Mon raisonnement était des plus enfantins et cartésiens : puisque j'y suis, c'est qu'ils m'y ont mis ; et s'ils m'y ont mis c'est que j'existe pour eux. La fréquence me faisait penser que je devais d'ailleurs effectivement compter beaucoup.

J'égrainais les heures de l'enfance dans la plus profonde obscurité de la cave comme autant d'occasions de rêver et de m'évader. Au sous-sol, j'inventai mes premiers arcs-en-ciel et me répétais ce vers de

Rimbaud : « Pleurant, je voyais de l'or – et ne pus boire. » J'y appris à gérer le temps qui passe et à en garder le goût d'une totale obscurité. Une certitude : j'y cessai de m'illusionner. Et me convainquis que mes parents n'existaient plus.

**Péronne**

*Laurent Catrycke*

*15 AVRIL 2016 14 h 57 Hello, Entendu cette semaine sur France Inter un reportage sur Ste-Hélène et votre nom & prénom m'a immédiatement fait penser à un grand maigre au lycée de Péronne et, en creusant un peu, je vois apparaître Voyennes, et je suis donc sûr qu'on a été ensemble dans ce lycée, entre 1979 et 1980, non ?*

*Michel Dancoisne-Martineau*

*15 h 35 absolument… J'étais ce grand maigre… Je suis vraiment surpris que vous vous souveniez de moi. J'étais seulement en seconde C à Péronne puis je suis parti à Amiens, au lycée agricole.*

Les quatre années passées à Nesle s'achevèrent en juin 1979 par le brevet des collèges que j'obtins, comme d'habitude, avec juste suffisamment de points au-dessus de la moyenne pour passer inaperçu. À treize ans, tout naturellement, je pris la route du lycée. La filière scientifique me fut désignée. Le lycée d'État de la sous-préfecture dont dépendait Voyennes était celui de Péronne. Comme pour le collège, un ramassage scolaire était quotidiennement effectué par un service de bus. Cependant, comme durant les années de collège, je m'y rendais à vélo dès que le climat s'y prêtait. J'empruntais les sentiers qui longent les canaux où je retrouvais toujours avec le même ravissement les vieux maraîchers rencontrés durant mes années d'école communale.

La période scolaire 1979-1980 fut l'année d'une crise d'adolescence, qui commença lorsque je rendis à l'abbé Blum mon aube d'enfant de chœur. Au lycée Pierre-Mendès-France de Péronne, j'ai en fait abandonné mon âme.

Car j'y découvris Rimbaud, mon corps et le sexe.

Même si cette année fut scolairement un coup pour rien, elle me fut salutaire car j'y ai étanché ma soif d'amour parental. J'y pris aussi la résolution de sortir du carcan familial trop lourd à porter. J'étais cependant encore loin d'envisager un avenir à Sainte-Hélène, au milieu de l'Atlantique Sud.

Contrairement à Nesle où je n'ai jamais su apprécier la ville trop préhistorique, je me suis immédiatement plu à Péronne car j'y ai retrouvé les hardines de Voyennes, les étangs, l'eau. J'explorai les collines de l'Artois, les rues reconstruites à l'identique après la Première Guerre mondiale, les monuments érigés par Viollet-le-Duc, les troquets, les espaces verts omniprésents. Péronne était une ville où fleuraient bon la vie et la nature. Les fins de semaine qui coïncidaient avec le marché du samedi me permirent même une découverte : je pouvais un peu dessiner et me faire de l'argent de poche. En séchant un cours de mathématiques, je m'étais installé sur un banc faisant face à un étang, juste derrière le fort médiéval, et m'amusais à croquer des canards qui barbotaient. À mon grand contentement, un couple d'Allemands m'approcha un jour et engagea la discussion. Ils me demandèrent de leur montrer mon carton de dessins et offrirent spontanément de m'en acheter un. Je reçus là non seulement mon premier argent de poche, mais aussi un encouragement. Le week-end suivant, je séchai les cours du samedi matin et m'installai sur la place du marché, feignant d'être un dessinateur badin. Rien de commercial. Feignant car j'avais fait pendant la semaine quelques provisions de dessins de l'hôtel de ville dont j'avais exagéré les salamandres, du fort médiéval sous tous ses angles et de la façade de l'église Saint-Jean. Il suffirait d'en vendre un seul chaque samedi pour me combler… Et j'en vendis davantage. De toute évidence, j'avais développé un talent de commerçant en assistant mes parents qui proposaient leurs fruits sur les marchés. Comme il me fallait improviser une issue de secours qui ne pouvait être que solitaire, déjà, je me dessinais un îlot imaginaire en traçant avec précision les contours afin de pouvoir m'y sentir en sécurité, loin d'un monde incompréhensible et hostile.

Ma décision était prise. Puisque j'avais évacué mes parents de mon cœur et appris à ne pas compter sur mes frères et sœurs, il me fallait rompre tout lien. Le plan impliquait que je redoublasse ma seconde. J'avais évacué ma crise d'adolescence. J'ouvrais un autre chapitre.

## Amiens, Le Paraclet

La motivation première de mon inscription en septembre 1980 au lycée agricole d'Amiens, nommé Le Paraclet, fut de pouvoir y être interne. À quatorze ans, c'était la seule solution que j'avais trouvée pour ne plus ressentir le reniement parental.

Tout s'y fit plus simple. Grâce à une planche de salut : mon coup de crayon. Et aux livres dont j'étais devenu boulimique. La place de la cathédrale d'Amiens devint mon fonds de commerce, le Pigeonnier – surnom donné à un quartier au nord de la ville – mon splendide refuge et la bibliothèque du Paraclet, mon sanctuaire. Si on trouvait légitimement au lycée tous les ouvrages d'agriculture et d'écologie, on pouvait aussi y découvrir des textes littéraires et des écrivains pour le moins inattendus dans un tel établissement, puisqu'ils avaient un lien plus ou moins proche avec le surréalisme. Je me souviens tout particulièrement d'une dizaine d'ouvrages de Raymond Roussel et d'autres auteurs des éditions Pauvert qui remplissaient à eux seuls, avec leurs reliures rouges, des rayons entiers. Il y avait aussi les principaux ouvrages de Tristan Corbière, du comte de Lautréamont, de Jacques Baron, René

Crevel, André Breton, Louis Aragon, Paul Éluard, Robert Desnos et Arthur Rimbaud. Hormis les sempiternelles compilations de Lagarde et Michard, presque aucun ouvrage d'auteurs d'avant Gérard de Nerval (encore lui !). J'écris « presque » parce qu'il me revient que l'œuvre complète du marquis de Sade ornait l'étagère du haut, celle que seuls ceux qui, comme moi, mesuraient plus d'un mètre quatre-vingts parvenaient à atteindre sans se faire remarquer. Quant aux livres d'histoire – matière optionnelle pour le baccalauréat D' –, ils étaient quasi inexistants. Et la littérature étrangère, à l'exception d'une belle édition en français du *Pèlerinage de Childe-Harold*, était purement absente.

Depuis une table placée à un angle qui me permettait d'observer quasiment tout le monde, je m'étais pris à guetter les moindres faits et gestes de la bibliothécaire. Elle soignait particulièrement le rayon poésie et surtout les créateurs rimbaldiens et surréalistes qui, bien que jamais empruntés, se voyaient méthodiquement classés et rangés. Je percevais sa fierté d'avoir une telle sélection. Ils étaient *sa* collection, ses protégés. Sa manière de ranger et de classer les livres techniques en disait long sur son intérêt agricole : elle les maltraitait avec jubilation. Et comme ceux-ci étaient le plus souvent empruntés, elle n'hésitait pas à les ignorer en les laissant traîner toute la journée sur les tables de la salle de lecture. Le soir, elle les empilait sans méthode et les replaçait en vrac. Que faisait cette amoureuse de la poésie et du surréalisme dans un lycée agricole où elle ne pouvait qu'assimiler les élèves à des « culs-terreux » ?

Intrigué, je commençai à m'intéresser aux rayonnages qui faisaient sa fierté. Au hasard, je m'emparai de *La Mort difficile* de René Crevel. Après l'avoir dévoré d'une traite, j'ouvris les *Lettres de guerre* de Jacques Vaché. En quelques mois, ces rayons garnis furent décimés. La bibliothécaire m'avait montré que le monde ne se limitait ni à la famille, ni aux champs de betteraves, ni aux vaches. Elle me redonna confiance et motivation pour finir mes études agricoles. Je la sentais fière d'avoir partagé avec moi cette passion. Bien que sachant combien je lui étais reconnaissant, durant les trois années que durèrent mes études agricoles, nous ne parvînmes qu'à échanger quelques mots banals « auriez-vous le livre… ? », « il faut le retourner avant le… » Je fis donc l'apprentissage du silence dans la bibliothèque du Paraclet.

Paradoxalement, ce fut au Paraclet que je pris goût à l'histoire. Grâce à Maurice Dupont, un professeur d'histoire de la même étoffe que monsieur Touzet. Enfin presque, car nous ne le nommions que par son prénom, ce qui aurait été impensable avec l'instituteur de Voyennes. La période du premier Empire, acculée en fin de programme de la seconde, ne m'a jamais été enseignée, mais Maurice réussit le tour de force de motiver des élèves pour lesquels l'histoire représentait juste une matière optionnelle de leur cursus. Moi, j'étais pendu à ses lèvres et prêtais autant d'attention à l'écouter parler de Saint-Just que de Clemenceau.

Bien que mixtes, les classes étaient essentiellement constituées de garçons, le milieu agricole étant à dominante masculine. Je m'étais fait quelques copains, avec lesquels nous formions un petit groupe dont une seule fille faisait partie : Caroline. Brillante et très mignonne, elle s'était vite imposée comme notre égérie. Les garçons étaient, eux, des complices de dortoir car les chambrées étaient composées de douze personnes avec six lits superposés.

Contrairement à mon habitude, je me souviens de quelques-uns : Jean-Luc était le beau de la bande ; François, le bodybuilder ; Jacques, le Parisien ; Jean-Loup, l'animateur. Je ne suis pas certain du patronyme sous lequel ils se souviendraient aujourd'hui de moi – à supposer qu'ils se le rappellent – mais j'imagine que cela devrait avoir un rapport avec mon goût pour la lecture. Au Paraclet, comme dans toutes les classes depuis que j'avais quitté celle de monsieur Touzet à Voyennes, j'étais un élève moyen, l'un de ceux dont on ne remarque pas la présence. J'enchaînais les trimestres et examens avec juste la mention « assez bien », note idoine pour passer inaperçu. Je taisais ma vie familiale et matérielle par gêne, ayant toujours redouté le pathétique et fui la compassion. Je m'inscrivis aussi à des cours de théâtre qui m'apprirent à mieux déguiser mes sentiments et à parfaire l'art du mensonge.

Pour faciliter les transports des élèves provenant de la région Nord-Picardie comme de Paris, les cours finissaient le samedi à midi pour reprendre le lundi en début d'après-midi. Le mercredi après-midi était libre. Comme à Péronne, j'avais repris mon commerce de dessins qui, s'il ne me permettait pas la grande vie, ne m'interdisait pas non plus d'acheter ma nourriture, mes vêtements et mes bouquins. L'internat autorisant la possibilité de coucher à l'extérieur à condition d'en faire la demande au préalable, je parvins à trouver un logement gratuit : il s'agissait d'un deux-pièces, sans fenêtre mais avec toilettes, dans une HLM qui, bien que jugée insalubre par la municipalité communiste de l'époque, accueillait une multitude de personnes à tous les étages. En d'autres termes, ce bâtiment correspondait administrativement à la définition d'un squat.

Comme je n'y habitais que deux ou trois nuits par semaine, je le partageais avec Abdenour, une fille de quatre ans plus âgée que moi mais qui se trouvait exactement dans la même situation de rupture familiale. Elle, d'origine musulmane, moi catholique, mais avec la même souffrance. Sans doute, parce que, très jolie, elle devait, en plus, endurer les persiflages à connotation sexuelle des garçons du quartier. Je l'avais rencontrée dans le quartier Saint-Leu dès le mois d'octobre 1980 alors que j'allais avoir quinze ans. En somme, si ma crise d'adolescence avait été vite expédiée l'année précédente à Péronne, ma sexualité restait encore à définir.

Ma chance a été de vivre mes premières années d'adulte dans ce Pigeonnier avec Abdenour. Une jeune femme parfaite de patience et de tolérance. Nous fûmes amis, complices et amants sans attache. Ce quartier du nord d'Amiens s'imposa donc comme mon espace de liberté. Il est resté pour moi celui de la magie qui, sous des airs sordides et crasseux, vous accueille tendrement et vous conduit vers des contrées lointaines et toujours accueillantes.

Au Pigeonnier, je ne ressentais ni le vent, ni le béton, ni la grisaille, ni le ciel bas omniprésents. Mes horizons étaient radieux et splendides et portaient des noms de pays lointains : Algérie, Zaïre, Maroc, Sénégal... Si le mélange des nationalités ne posait aucun problème, la mixité sexuelle n'existait pas : les garçons formaient des bandes et la plupart des filles restaient chez leurs parents ou leurs copains.

Contrairement à Abdenour, la société amiénoise était pour moi très confortable et privilégiée car, même si j'appartenais au Pigeonnier, j'avais la possibilité d'assister à de nombreux spectacles et concerts, auxquels les Français d'origine africaine ou maghrébine des quartiers nord de la ville ou d'ailleurs se faisaient rares. La ville d'Amiens était socialement désunie, mais imperméablement cloisonnée. Entre la maison de la Culture où les bourgeois, les intellectuels et étudiants se retrouvaient comme dans une église en se donnant des airs de socialistes et les quartiers nord il n'y avait aucun trait d'union. Le vide. L'hypocrisie.

## Besançon

Fin juin 1984, avec en main un bac D' (prononcer « déprime »), sciences et techniques agricoles, sans attache sentimentale, je m'inscrivis aux facultés de lettres et sciences humaines de Besançon et d'Aix-en-Provence, deux des très rares villes universitaires où aucun membre de ma très nombreuse famille n'habitait. Je savais que passer de l'agriculture aux lettres ne serait pas aisé, mais la vérité m'oblige à écrire que j'avais sous-estimé cette difficulté. Je fus cependant admis dans les deux universités et je choisis Besançon en raison du coût moindre des logements. Je fis part à mes parents de ma réussite à l'examen et de mon choix de faire lettres. Ils ne répondirent ni ne commentèrent ces deux nouvelles. Rien n'avait donc évolué pour eux. De mon côté, je n'en ressentais plus aucune douleur. Cette absence de réaction me confirma que, pour eux comme pour moi, l'indifférence s'était installée. Un équilibre du vide s'était établi.

Mi-septembre, j'arrivai à Besançon, qui immédiatement me plut. J'ai aimé d'emblée cette ville ancienne engoncée dans une boucle formée par le Doubs, qui semblait la protéger des développements modernes sans les en empêcher. Je m'installai dans un petit studio d'étudiant à Planoise, partie moderne de la ville formée à la périphérie externe de la boucle. L'université se situait à l'intérieur de l'anneau.

Dès les premières semaines, je parvins à trouver un petit travail de surveillant de cour de récréation. J'intégrai aussi un petit groupe d'artistes, m'inscrivant à une troupe de théâtre et rencontrant Michelle, étudiante aux Beaux-Arts de neuf ans mon aînée mais d'esprit beaucoup plus jeune. Comme je m'y attendais, les résultats scolaires du premier trimestre furent désastreux et me donnèrent la mesure de mon retard en matière littéraire et linguistique. Les écrivains surréalistes, Rimbaud, Nerval et Charles Péguy ne suffisaient pas à combler mes lacunes. Je ne connaissais Byron que par des traductions. Côté langue étrangère, je n'avais étudié que l'allemand. Autant dire qu'il y avait une somme de travail incroyable à rattraper.

## Messages de l'Atlantique Sud

Début novembre 1984, je reçus une lettre provenant de Sainte-Hélène. Signée Gilbert Martineau. Je ne l'attendais plus. Il répondait à celle que j'avais envoyée au mois de juin depuis le Paraclet, s'excusait du délai pris à me répondre et expliquait qu'il se trouvait en France, sur l'île de Ré, lorsque les éditions Tallandier avaient fait suivre mon courrier sur l'île où il résidait la plupart de l'année. La lenteur de la poste avec les antipodes était telle qu'il fallait deux mois pour qu'une lettre de France lui parvienne. Après les excuses, l'auteur du *Lord Byron, la malédiction du génie* m'expliquait d'une manière très courtoise qu'il était très flatté de découvrir qu'un jeune de dix-huit ans ait apprécié son livre. Il m'interrogeait sur mes motivations, sur la place que le poète occupait à l'université. Je lui répondis le jour même en lui parlant de la modernité de Byron mais en lui révélant aussi que son nom ne figurait pas dans le programme scolaire.

Puis, saisi par l'excitation de correspondre avec un écrivain, je me mis à lui parler de moi, de ma vie à l'université où j'étais désillusionné. Je lui racontai tout de go qu'un enseignant de littérature moderne avait commencé ses cours à l'amphithéâtre en nous annonçant, avec statistiques à l'appui, que la filière « lettres et sciences humaines » serait une impasse professionnelle pour la plupart d'entre nous, qu'il était encore temps de faire demi-tour même si, pour cela, il fallait perdre une année de scolarité. Comme pris d'une verve épistolaire, je poursuivis en lui racontant que, ces avertissements faits, il avait embrayé sans transition sur le premier cours en utilisant le texte de la chanson de Barbara, « L'Aigle noir ». Je lui relatai en outre qu'un professeur de linguistique n'avait guère été plus encourageant puisque, après examen de ma fiche scolaire, en découvrant mon passage par la case lycée agricole, il n'avait pas résisté au plaisir d'une boutade sur l'impossibilité à faire se rencontrer deux univers :

celui de la terre avec les « bouseux » – le terme était le sien – et celui de la lumière et du ciel avec les littéraires. Et de poursuivre que, selon lui, « paysannerie et langue française étaient incompatibles, une illusion d'optique identique à l'horizon qui fait se rencontrer terre et ciel ». J'appréciais l'image mais je ne parvenais pas à comprendre le rapport entre les deux et trouvais son approche de l'agriculture bien réductrice. J'aurais aimé lui prouver qu'il avait tort, mais je n'en avais ni l'assurance ni la capacité intellectuelle. Et puis, malheureusement, mon histoire personnelle n'allait pas le contredire puisque je pris, dès la seconde moitié du second trimestre, la décision de jeter l'éponge et de quitter les bancs de l'université. J'avais péché par excès d'optimisme et, si je voulais m'en sortir, il me fallait reprendre très vite mon cursus scolaire là où je l'avais laissé afin de préparer une admission dans une école supérieure d'agriculture.

Je précisai aussi à Gilbert Martineau regretter vivement de ne pas maîtriser la langue anglaise pour parvenir, comme lui, à en apprécier pleinement le génie et combien la vie du poète anglais était peut-être sa plus belle œuvre, la plus intemporelle et captivante. Une fois ma longue réponse rédigée, je l'envoyais à l'adresse indiquée : « Gilbert Martineau – île de Sainte-Hélène – Océan Atlantique Sud. »

Pas de numéro, pas de code postal, du mystère et des rêves.

L'adresse, évidemment, m'éblouissait. Je me revois encore courir à la bibliothèque consulter un atlas pour voir où Sainte-Hélène pouvait se trouver. Et, si petite au milieu des immensités océanes, elle n'était pas aisément repérable.

Mi-février, je reçus un nouveau courrier de Gilbert Martineau, qui reprenait le contenu de ma lettre de novembre comme on entame un dialogue. Il semblait presque étonné qu'un jeune de dix-huit ans puisse, en 1984, s'intéresser à Byron. Il redoutait que ce poète maudit devenu au fil des ans le « compagnon fidèle » de toute sa vie, ne corresponde plus aux intérêts de la génération disco. Le ton était moins formel que dans son premier courrier et il répondait même à mes questions d'ordre général sur Sainte-Hélène, île que j'avais donc localisée sur une mappemonde mais sur laquelle la section géographie de la bibliothèque de Besançon ne disposait que d'une maigre documentation.

Dans ma troisième lettre, je lui expliquai que, malgré l'urgence qu'il y avait à combler mes immenses lacunes en matière linguistique, je retournais rarement étudier dans mon studio de Planoise. Je préférais de loin la compagnie d'un groupe d'amis artistes bousbots, c'est-à-dire demeurant dans le quartier Battant situé sur la rive droite du Doubs, au nord de la boucle. Des garçons rencontrés sur le marché de la place Jouffroy où, les dimanches et jours fériés, je plaçais mes petits dessins comme celui que je glissai dans ce nouveau courrier.

Dans mes missives, je me gardais de lui fournir des détails sur ceux qui peuplaient alors mon existence. À l'inverse d'Amiens où le Parti communiste, installé à la mairie depuis des décennies, avait pétrifié les strates de la communauté et le milieu artistique hyper-subventionné et prétentieux, la société de Besançon me semblait accessible, perméable. En moins d'un mois, je vécus quasiment à demeure chez ces artistes dont j'aimais le côté précaire des installations. J'appréciai leur insouciance et leur absence de tout jugement. Ils m'impliquèrent dans la rédaction et la conception de leur revue mensuelle. Les jours de semaine, c'est-à-dire ceux durant lesquels il n'y avait pas de marché place Jouffroy, entre deux cours et mes heures de surveillance des récréations, je croquais quelques badauds sur le pont Battant, lieu devenu le point central de mon nouveau monde, situé entre la fac et mes nouveaux amis. À peine y avais-je emménagé, la Planoise se situait déjà à la périphérie de ma vie.

J'aurais souhaité rester avec mes nouveaux amis, Daniel et Michelle, à Besançon, entrer dans la vie professionnelle, mais je me laissai alors dominer par un sentiment de revanche sur mes parents et ma fratrie : j'aspirais à la réussite scolaire et professionnelle, à aller plus loin qu'aucun d'entre eux n'était allé. J'avais pris ma décision de reprendre mes études agricoles. De crainte qu'on me retienne à Besançon – ce qui n'aurait pas été difficile –, je pris le TGV sans prévenir personne. Je ne suis jamais retourné en Franche-Comté, peut-être de peur de devoir comparer ce que j'aurais pu y construire avec ce que j'ai accompli depuis à Sainte-Hélène.

Je n'y ai vécu que quelques mois et cependant je ressens encore avec beaucoup de nostalgie le froid sec sur ma peau lorsque, assis sur le pont Battant, je croquais les mains ou les visages de quelques amoureux. Comment oublier les sentiers pédestres reliant la Planoise à la Citadelle, le cloître qui servait de salles de classe, les odeurs particulières de la ville, la voix de Michelle et le ronronnement de son chat Maxwell, le léger brouillard sur l'eau du Doubs ?

**Rupture**

Le 5 avril 1985, je m'en retournai en Picardie afin de pouvoir préparer mon admission à l'école d'agriculture et passer mon permis de conduire. Je me remis à dessiner des vues de la cathédrale d'Amiens et du château de Péronne. À la maison, personne ne s'était aperçu de mon absence et, à plus forte raison, ne nota ma réapparition. Je pouvais poursuivre mon plan comme prévu.

Du moins c'est ce que je croyais car ce séjour à Voyennes coïncida avec le retour de Madagascar d'Yves, mon second frère. Il s'était construit en cherchant à se différencier de François, son aîné, par sa passion de la mécanique. Disposant d'un sens naturel de la discipline et de la hiérarchie, il s'était inscrit à quinze ans à l'École militaire dans l'infanterie, qu'il quitta après quelques années pour entrer finalement dans la Communauté spiritaine de Chevilly-Larue. Après un séjour à Madagascar, il était rentré en France en apprenant que ses qualités intellectuelles ne lui permettraient pas de devenir prêtre, pouvant « juste » espérer devenir frère. Il quitta donc la prêtrise et se contenta de petits boulots. Cette situation d'échec eut sur lui un effet dévastateur et lui fit quitter la foi pour entrer dans la dévotion. S'il s'était imposé une ascèse qui n'affectait que lui, cela n'eût pas été un problème, mais par malheur il se prit soudain pour moi d'une affection religieuse. Il fut déterminé à me remettre sur le droit sentier de la parole du Christ, à ses yeux la seule vérité puisque, m'affirmait-il, Dieu ne nous donne rien en dehors du Christ. Fut-ce en raison de mon homosexualité, mes goûts littéraires suspects ou mes orientations politiques, ma vie et mes motivations lui apparurent douteuses. Il se persuada que j'étais mentalement malade et s'insinua jusque dans l'esprit de mon père pour me faire examiner par le médecin de famille en vue carrément de… me faire interner !

Le 22 avril, à Voyennes cette fois-ci, je reçus de nouveau une lettre de Gilbert Martineau. Il y avait dans l'enveloppe quelques cartes postales afin que je puisse découvrir les paysages de l'île. Elles étaient presque imbibées d'une odeur de papier moisi. Comme s'il s'agissait d'une conversation, il en reprenait le cours là où je l'avais laissé dans mon précédent courrier. Et dérivait du sujet Byron pour aborder Rimbaud, son autre héros. J'étais définitivement en terre connue avec cet auteur dont je savais par cœur de nombreux vers depuis mon année à Péronne. En post-scriptum, il annonçait qu'il avait l'intention de revenir en France pour une période de cinq mois. Comme il devait arriver fin juin ou début juillet, si je le souhaitais, nous pourrions nous rencontrer à cette occasion.

Je lui répondis en parlant un peu moins de Byron, beaucoup de Rimbaud et encore plus de moi.

Je lui expliquai que j'avais péché par excès d'optimisme en voulant étudier les lettres classiques et que j'allais profiter des mois de l'année scolaire en cours qui me restaient pour passer mon permis de conduire, me faire de l'argent de poche et reprendre mes cours d'agriculture afin de préparer le concours d'entrée dans une école d'ingénieur agricole à Rouen, Angers ou Beauvais. C'était sans imaginer le drame qui allait tout changer.

Le jeudi 25 avril 1985, à la fin du jour, je m'en retournais à bicyclette de Péronne jusqu'à Voyennes sur la route entre Croix-Moligneaux et Matigny, lorsque je vis mon frère Yves venir à ma rencontre avec sa voiture. Il me fit entrer dans son véhicule afin qu'il puisse me conduire « jusque-là » – sans me dénommer ce lieu supposé extraordinaire – endroit où il pourrait me remettre sur le droit chemin. Je devais, selon lui, impérativement emprunter la voie indiquée par notre Seigneur miséricordieux et retrouver la vérité du Christ dont je m'étais détourné depuis trop longtemps. Il me rappela que c'était son devoir de le faire, non seulement en tant que chrétien et frère mais aussi et surtout parce qu'il était mon parrain.

Je parvins à m'extirper de son véhicule et me remis en selle. Il me déstabilisa du vélo. Ensanglanté, je pris peur et m'enfuis à travers les champs qui longent les routes de Roisel et de Clermont pour regagner la maison familiale. Lorsque j'arrivai à Voyennes, mon frère Yves et mon père y étaient. Ma mère aussi, je suppose. Le fait qu'elle ne s'intéresse plus à moi depuis longtemps fit que je ne la remarquais pas, elle, l'absente remarquable de mes jeunes années. Quant à mon père, feignant de ne pas voir mes blessures et le sang sur mes vêtements, comme à son habitude il n'écouta pas mes explications. Et il me reprocha de ne pas avoir suivi mon frère Yves qui, meurtri par son retour de Madagascar, « souffrait énormément ». Selon lui, il était indigne de ma part de ne pas le laisser me sauver. Car, en me sauvant, il se serait sauvé lui-même. Afin de montrer son attachement au fils dévot, pour la première fois, il me frappa en utilisant non plus le martinet mais la paume de sa main, qu'il avait puissante. Il m'indifférait tant que je ne garde en mémoire aucune douleur des coups donnés. Ensuite, comme à son habitude, il me jeta dans la cave pour m'y laisser la nuit.

Mais je n'avais plus dix ans et le loquet de la porte n'était pas très costaud.

Ce soir-là, je récupérai et entassai tous mes objets, cahiers scolaires, carnets de dessins, livres, vêtements accumulés depuis l'enfance. Le lendemain matin, je portai l'ensemble dehors et y mis le feu. Tout était consumé avant midi et, ne laissant derrière moi qu'un tas de cendres, sans revoir ma mère ou mon père, je quittai définitivement la maison familiale pour ne plus jamais y revenir. Ce faisant, sans le savoir, j'évitai les examens médicaux et psychologiques que mon frère avait programmés pour moi le surlendemain.

Je retournai à Amiens où Abdenour m'accueillit le vendredi soir sans me poser la moindre question. Mariée avec Hanan, que je connaissais, elle avait un enfant et un bébé en route, avait quitté le Pigeonnier pour habiter rue Éloi-Morel, pas loin des hortillons où nous aimions aller flâner. Une autre vie devait commencer.

## Rencontre

Le 9 mai 1985, après les esclandres familiaux et ma fuite de Voyennes, je reçus à Amiens, chez Abdenour et Hanan, un télégramme, le premier de ma vie, que la poste de Ham m'avait fait suivre.

Il était de Gilbert Martineau.

Il me disait faire le voyage Sainte-Hélène/Royaume-Uni par bateau et profitait de son escale à Tenerife, aux Canaries, pour annoncer qu'il arriverait par ferry au Havre le 16 mai et que je pourrais le rencontrer à cette occasion. Le texte finissait par : « Si pas possible – comprendrais. » Avec le télégramme était joint un mandat postal destiné à couvrir les frais de mon voyage jusqu'au Havre, retour inclus.

Ce message ne pouvait mieux tomber : il coïncidait avec l'obtention de mon permis et mon désir de fuir une famille hostile. Le jeudi 16 mai, je pris donc le train afin de rencontrer Gilbert Martineau.

Celui-ci m'avait donné rendez-vous à vingt heures à l'hôtel des Vikings qui, s'il n'était pas des plus confortables, avait l'avantage d'être situé juste en face du terminal arrivée des ferries. Comme à mon habitude j'étais ponctuel. Lui aussi. Je le reconnus immédiatement pour avoir vu sa photographie dans *Télé 7 jours,* image publiée à l'occasion de sa venue sur le plateau de l'émission littéraire « Apostrophe »... à laquelle il ne s'était pas montré.

J'étais rempli d'appréhension mais me gardai de le montrer. Il engagea la discussion en me décrivant la traversée depuis Southampton à bord du Ferry-boat *P&O* et suggéra que nous dînions à l'hôtel. Je n'ai jamais été très loquace ; ça tombait bien car je n'avais jamais connu quelqu'un d'aussi bavard. Il m'apprit qu'il possédait une maison à Ars-en-Ré, sur l'île située en face de La Rochelle, et qu'il comptait y aller le lendemain ; que son voyage depuis Sainte-Hélène jusqu'à Avonmouth avait duré quinze jours.

Depuis vingt-cinq ans, à chaque séjour en France, il achetait ses voitures au même garage de Southampton auquel il les revendait en repartant à Sainte-Hélène. Il me livra moult informations dont le décès de sa mère, les voyages en solitaire devenus très ennuyeux, le projet de plus de trente ans que fut son *Lord Byron*, son travail sur une biographie de Rimbaud, le voleur de feu.

Il précisa qu'il allait profiter de son séjour pour assurer la promotion de son « dernier-né », une biographie de Marie-Louise, et que la Première ministre britannique, Margaret Thatcher, lui avait écrit avoir particulièrement apprécié son livre *L'Entente cordiale*, publié l'année précédente. Et d'ajouter qu'il avait été fait officier de l'Empire britannique (OBE). Sans oublier davantage encore d'informations sur sa vie…

Je l'écoutais, abasourdi. Même si aujourd'hui, en rédigeant ce récit, cette première rencontre pourrait faire apparaître Gilbert Martineau comme un individu présomptueux et pédant, le fait est que j'étais fasciné, sans-voix et que c'était moi qui, de par mon silence, l'encourageais à parler de lui-même. Les seules paroles que je parvins à placer furent des aveux d'ignorance : je ne connaissais pas l'île de Ré ; je n'avais jamais voyagé en mer ; je n'avais jamais entendu parler de l'Entente cordiale ; l'histoire de Napoléon n'avait jamais fait partie de mon cursus scolaire ; il m'avait fallu vérifier sur un atlas la situation géographique de Sainte-Hélène lorsqu'il m'avait dit y travailler.

Ce dîner se termina à pas d'heure par une proposition : l'accompagner jusqu'à Ars-en-Ré le lendemain au lieu de rentrer à Amiens. J'acceptai.

Le lendemain matin, nous nous retrouvâmes à sept heures pour le petit déjeuner. Gilbert Martineau me donna le détail des routes que nous allions prendre. Il connaissait bien le trajet Le Havre-Ars-en-Ré car c'était celui qu'il faisait, dans les deux sens, depuis 1956, à chaque congé en France : Lisieux, Alençon, Le Mans, Angers, La Roche-sur-Yon, La Rochelle.

Je n'avais jamais fait un si long voyage en voiture. Nous montâmes dans son Austin Maestro, garée sur le parking extérieur qui jouxtait l'hôtel installé dans un bâtiment qui ressemblait au style Auguste Perret omniprésent dans le centre-ville d'Amiens et autour de la gare ferroviaire. L'automobile, immatriculée en Grande-Bretagne avait le volant à droite. Bien que ne manifestant aucun intérêt pour la mécanique, j'avais prêté attention à ce détail car je venais d'avoir mon permis. Autre singularité, ses bagages. Le coffre du véhicule était monopolisé par une malle métallique vert foncé recouverte d'étiquettes de voyage-bateau autocollantes tandis que, occupant la banquette arrière, trois grosses valises étaient calées sur la tranche. Bien m'en prit, j'avais emporté seulement un petit sac de toile kaki !

Durant le trajet, le monologue de la veille se poursuivit. Je mesurai alors combien Gilbert fumait :

il enchaînait les cigarettes, se servant de la précédente pour allumer la suivante. Les thèmes furent aussi variés que le nombre des petites villes traversées : la destruction du Havre durant la Seconde Guerre, Winston Churchill, Charles de Gaulle, sainte Thérèse de Lisieux, les fromages français de dénominations aussi nombreuses, selon un dicton anglais, que les églises protestantes, les dentelles d'Alençon et de Sainte-Hélène, l'Aunis et le Saintonge.

Gilbert Martineau m'expliqua en long et en large les raisons pour lesquelles il se sentait plus aunisien que saintongeais… bref des sujets qui ne nécessitaient de moi aucune réponse, juste des brèves questions afin de faire durer le soliloque. Le récit de ses jeunes années me passionna.

## Premières mobilisations

Gilbert Martineau paya le prix fort de la loi d'avril 1923 qui fixait la durée des obligations totales de service militaire à vingt-huit années, divisées en un an et demi d'armée active, deux ans de disponibilité, seize ans et demi de première réserve et huit ans de seconde réserve… Sa vie coïncida avec les guerres de 1940-1944, l'Indochine puis l'Algérie ; de mobilisation en mobilisation, son existence fut donc une succession de contretemps qui le poussèrent jusqu'à Sainte-Hélène.

Où il ne pouvait aller plus loin ! Cette île, qu'il disait maudite, était son dernier retranchement, ou, selon ses humeurs, sa planche de salut. Il détesta l'îlot napoléonien dès qu'il y posa les pieds : ses habitants l'ennuyaient, son administration l'horripilait, ses paysages le désolaient. Seul point positif : pouvoir y cultiver le mystère en se mettant lui-même en scène. Comme pour ses deux poètes favoris, Byron et Rimbaud, il allait créer sa propre image : celle du lettré reclus derrière ses murs. Il aurait souhaité être un écrivain célèbre ; la notoriété ne vint pas. Il se fit dès lors énigmatique.

À sa naissance, le 26 juillet 1918, son père était officier de marine à Rochefort. En 1929, sa famille déménagea à Saint-Étienne où son père fut employé à Manufrance. Hormis la période de février 1937 à septembre 1938 durant laquelle sa famille alla travailler pour sa compagnie au Nigeria, Gilbert Martineau resta dans cette ville du bassin houiller de la Loire jusqu'à son recrutement en qualité de matelot, en 1939.

Tout en conduisant ses études entre Paris et Saint-Étienne, il pouvait déjà s'enorgueillir, à vingt ans, d'avoir, par l'entremise de Maurice Rostand, ses entrées dans le salon littéraire très prisé de Rosemonde Gérard, la veuve d'Edmond Rostand où il fut émerveillé par les célébrités qui s'y présentaient.

Le 7 septembre 1939, le matelot Martineau intégra la base de Brest où il resta jusqu'au 17 mars 1940. La lecture de ses carnets de guerre ne laisse place à aucun doute : le quartier-maître Martineau s'ennuyait ferme dans l'armée où, grâce à ses connaissances littéraires, il était d'office affecté aux tâches de traducteur, de secrétariat et d'état-major. En marge du brouillon d'une lettre dictée par son commandant et à recopier, Gilbert nota : « Ennui. Ennui. Tout est parade, pauvre parade : paperasse cent fois recopiée et compilée. La guerre... ? » Contrairement à son frère aîné, Franck, et à son père, la carrière militaire ne l'intéressait absolument pas et, il se trouva être dans l'obligation d'y passer un nombre d'années considérable en se contentant de rester quartier-maître dans l'aéronavale le temps que dura le conflit. Après quatre années de loyaux services, il résuma sa période dans l'aéronavale ainsi : « Dans la vie militaire, tout n'est que tape-à-l'œil ! Rien de réel, de réconfortant, mais une succession de gestes que rien, même pas l'intérêt supérieur de la guerre, ne semble justifier. Rien. »

De ce temps passé en Afrique de l'Ouest, Gilbert ne revint pas indemne. En lui restèrent non seulement la douleur de ses amis morts mais aussi, et surtout, la culpabilité de leur avoir survécu. Sur une liste de ses camarades britanniques, américains, canadiens ou français, il inscrivait presque par automatisme morbide une croix devant les noms de ceux qui ne rentraient pas à leurs bases. Il se sentit coupable de n'être affecté qu'à des tâches militaires routinières, sans intérêt alors que « le monde [était] entraîné dans un tourbillon insensé », et de confier, le 1er mai 1943, que le plus navrant était de se trouver au bord du cyclone alors que des événements gigantesques se déroulaient un peu partout dans le monde et que lui n'y était pas. Il résuma ses années de guerre en une phrase : « Ma malchance ne m'a jamais donné la rencontre de situations exceptionnelles ! Que de médiocrités ai-je vécues ! »

Le mardi 31 octobre 1944, attendant toujours avec beaucoup d'appréhension l'après-guerre, il reçut la nouvelle de la mort de Franck, son unique frère, survenue plus d'un an plus tôt, le 15 juillet 1943. Dans sa lettre, sa mère Bertha ne lui donnait aucun détail sur les causes du décès. Côtoyant la mort au quotidien, il assuma qu'il était tombé sous les balles allemandes et se risqua même à écrire : « Pourvu qu'il soit mort les armes en main et non pas de cette mort atroce que le sort a réservée à beaucoup de Français. »

Depuis son départ de la France métropolitaine en 1940, il avait perdu tout contact avec sa famille. Il fallut qu'il attende sa démobilisation et son retour à Paris le 26 décembre 1944 pour découvrir la vérité : le 3 juillet 1940, lors du bombardement de la flotte française basée à Mers el-Kébir par les Britanniques, Franck Martineau était second maître sur le patrouilleur P4 qui, sous le commandement de l'amiral Gensoul, avait refusé de rejoindre un port britannique ou neutre. Rescapé du désastre, il fut démobilisé le 23 juillet 1940. Malgré la désapprobation de sa mère qui ne mâchait pas ses mots contre – je la cite : « Les Boches, Pétain et sa clique de mauvais sujets », il se mit immédiatement à la disposition du directeur de la police d'État de Seineet-Oise. Le 5 août, avec un ausweis et un port d'armes validé par les Allemands, il devint commissaire de police de la circonscription de Gonesse. Durant cette sombre période où existait une confusion entre police française et Gestapo, Franck Martineau fut souvent perçu comme collaborationniste ; un « collabo » comme on disait alors. Pour cette raison ou pas, le 15 juillet 1943, trois hommes, dans la rue, l'exécutèrent de huit balles de revolver. Fut-ce un crime émanant d'individus indépendants liés à une investigation en cours, d'un groupe de résistance, d'une organisation de marché noir, d'un règlement de comptes… toutes les hypothèses furent envisagées. Le dossier ne fut pas fermé et le petit-fils de Franck poursuit encore son enquête sur la disparition de celui dont on découvrit avec horreur le torse nu criblé de balles sur la tristement célèbre « affiche rouge ».

Dans son journal, à la date où il apprit cette nouvelle, Gilbert n'inscrivit qu'une phrase : « J'ai pris la vie en haine et ma flamme en horreur. »

Quarante ans plus tard, rien n'avait changé. À soixante-sept ans, il conservait le même dégoût pour sa vie et la société dont il s'était détaché en cultivant le cynisme. Lorsqu'il me rencontra, aux yeux de ma famille j'étais devenu un paria, je peinais donc à trouver ma place dans une société à la marge de laquelle je semblais devoir être acculé.

Gilbert permit ma stupéfiante réinsertion. Elle fut une palingénésie.

**Renaissance**

Le vendredi 17 mai 1985 fut la date de ma renaissance. En fin d'après-midi de ce jour-là, nous arrivâmes au port de la Pallice, à La Rochelle, où nous ne devions attendre le ferry – appelé aussi bac – que quelques minutes. Une fois la voiture à bord, je me dirigeai vers le bastingage d'où je regardai les hommes qui, avec des gestes automatiques, s'affairaient pour fermer les portes et larguer les amarres. Simultanément, je vis s'éloigner le port et se rapprocher l'île de Ré. Gilbert Martineau, qui m'avait accompagné sur le pont, n'avait pas cessé de parler mais j'ai oublié de quoi ; je ne l'écoutais simplement plus, trop heureux de prendre la mer pour la première fois de ma vie.

Nous arrivâmes à Ars-en-Ré en fin d'après-midi, à cinq heures et demie. La demeure de Gilbert Martineau était une étroite maison de pêcheur donnant sur la rue du Corneau, au numéro 15. Par une minuscule cour intérieure, on pouvait rejoindre un ancien hangar à bateau converti en salon, doté d'une mezzanine qui faisait office de bibliothèque. La cuisine avait été établie au fond de la cour là où, selon toute vraisemblance, devait se trouver un petit préau. L'ensemble semblait rudimentaire mais confortable. Au rez-de-chaussée se trouvaient une salle de bains minuscule, deux chambres et un salon inutilisable car c'était là que se rejoignaient toutes les pièces et l'escalier conduisant aux deux autres chambres à coucher situées à l'étage.

Durant ses mois d'absence, Fernande et Gaston Cazavant surveillaient les lieux comme s'ils avaient appartenu à un fils qu'ils n'eurent jamais. Ils connaissaient Gilbert Martineau depuis le milieu des années 1930, lorsqu'il revenait de Saint-Étienne en vacances avec ses parents. Gaston était un faiseur de bateaux. Son tout petit atelier de menuiserie se trouvait en bordure du Fier d'Ars.

Avant même d'ouvrir ses valises, Gilbert Martineau alla leur rendre visite. Le couple habitait une grande maison d'angle à droite de l'église et opposée à l'épicerie Morin. Il m'expliqua que Gaston était une célébrité dans le village car, pour naviguer sur le fier, il avait spécialement conçu un petit voilier à fond plat de cinq mètres de long. À cette occasion, à ma stupéfaction, il me présenta comme étant… son fils. Sur le coup, je fis semblant de ne pas remarquer ce choix de vocabulaire mais lorsque nous sortîmes pour aller dîner au restaurant Le Sénéchal, qui se trouvait à une dizaine de mètres seulement de l'habitation des Cazavant, je lui en fis la remarque. Il ne fut nullement surpris et sourit. En me disant que c'était là une boutade qui correspondait à l'un de ses plus profonds désirs : avoir un fils.

Nous entrâmes au restaurant où il semblait connaître tout le monde. Une fois installé à table, il précisa sa pensée en se référant à un vieil adage selon lequel, dans la vie, il importait d'avoir fait trois choses pour être un homme : écrire un livre, planter un arbre et élever un enfant. Il ne lui restait donc plus qu'à trouver ce dernier à élever, et ce serait formidable s'il pouvait me ressembler... Et puisque je n'avais pas pu trouver l'amour d'un père avec le mien, il serait comblé de pouvoir m'apporter ce lien filial que je recherchais depuis si longtemps.

Je ne suis pas certain de ce qui me déstabilisa le plus entre l'incongruité de l'idée, le calme avec lequel il formula sa demande ou le ridicule de la situation. Ne sachant que répondre, j'esquivai le sujet en parlant de la décoration de la salle où nous dînions... jusqu'au moment – il ne pouvait pas mieux tomber – où un monsieur ayant l'allure presque caricaturale du pêcheur d'antan s'immisça dans la conversation pour lui demander s'il savait qu'un dénommé Tatave était mort au mois de novembre précédent. Gilbert acquiesça en répondant que Gaston lui avait communiqué la nouvelle par courrier. Le reste de la discussion de cette soirée dévia sur le fameux Tatave, surnom d'Octave Patureau, un peintre local qu'il accueillait souvent chez lui. Un défunt ayant une bonne descente mais doué pour encaisser l'alcool. Toujours en parlant d'artistes locaux, de retour à la maison, il me montra quelques-unes de ses peintures, accrochées sur les murs couverts de tableaux représentant l'île de Ré. Les signatures qui revenaient le plus fréquemment étaient bel et bien celles de Tatave – il signait de son surnom –, de Raymond Enard et de Louis Suire.

J'avais choisi d'occuper la plus petite des quatre chambres, celle de l'étage donnant sur la petite cour intérieure. En allant me coucher pour la première fois, je ne pus m'empêcher de penser à l'idée de devenir son fils. Le lendemain matin, au petit déjeuner, je lui demandai ce qu'il entendait par « avoir un fils ». Il m'expliqua alors les articles du Code civil concernant l'« adoption simple », en illustrant ses propos par des exemples comme celui de Jean Cocteau avec Édouard Dermit. Je lui fis remarquer que nous nous connaissions à peine et que cela me semblait un peu précipité. Il eut une réponse lapidaire qui me surprit : « Justement ! » Son idée était que, profitant précisément de ce que nous ne nous connaissions pas, nous pourrions tout construire sur nos imperfections, nos différences, nos qualités respectives et sur la part de notre passé que nous souhaitions chacun partager ou cacher. Pour lui, même les mensonges délibérés ou par omission faisaient partie intégrante d'une relation père-fils. Comme moi trois ans plus tôt avec Abdenour, il utilisa le mot « confiance ».

Quinze jours après mon arrivée à Ars-en-Ré, je décidai de repartir à Amiens rechercher les affaires que j'avais laissées chez Abdenour et Hanan. Lorsque je revis mes amis tout jeunes mariés, je leur racontai ma rencontre avec Gilbert. Leur première réaction fut de me demander la nature de ma relation avec lui. Naïvement, ce ne fut qu'à ce moment-là que je me rendis compte que cette question tout le monde se la poserait. Non pas que cela m'ennuyait – car, après la tentative de mon frère Yves de me remettre dans le droit chemin de la moralité bigote, un peu de soufre n'était pas pour me déplaire – mais mon interrogation fut plutôt la suivante : comment Gilbert – je n'avais encore jamais discuté sexe avec lui – réagirait lorsque quelqu'un y ferait ouvertement ou indirectement allusion ?

De retour à Ars-en-Ré, muni de toutes mes affaires qui, après le feu salutaire de Voyennes, tenaient dans une valise de faux cuir à sangles, je l'interrogeai sur ce sujet épineux. Gilbert, si sûr de lui habituellement, parut désemparé, troublé au point d'écraser sa cigarette sans en allumer une autre. Lui, d'ordinaire concis et précis, donna une réponse alambiquée, confuse, totalement incompréhensible. De toute évidence, je touchais un sujet sensible. Il m'avoua son homosexualité mais en précisant immédiatement, comme s'il en avait honte, que celle-ci n'avait aucun rapport avec son souhait de m'adopter. Me rendant compte que la discussion l'embarrassait, je le rassurai en l'informant que j'acceptais sa proposition.

J'avais trouvé là mon premier avantage sur lui : il ne sut jamais gérer le regard de ceux qui assumèrent que nous fûmes amants alors qu'il n'en était rien. Il souhaitait un fils, pas un amant. Pour moi, il avait l'âge d'être mon père. À partir de ce moment, je cessai de le vouvoyer et ne m'adressai plus à lui que par le sobriquet Dad, ne le mentionnant publiquement qu'avec son seul prénom. Il devint mon père à partir de ce jour-là, même s'il fallut attendre exactement un an avant que le tribunal de grande instance officialisât mon adoption simple.

## L'île de Ré

Pour Gilbert, l'île de Ré a toujours été son île, son chez-lui, son âme, sa vérité. Nulle part ailleurs, il ne fut aussi heureux que lorsqu'il se retrouvait à Ars-en-Ré. Ce village le rattachait à son enfance, à son adolescence, à ses premiers amours, aux villégiatures de sa vie d'homme adulte, à ses amis et, surtout, à sa mère. Comme un jardin secret, il n'y invitait que ses véritables amis.

Pour les convaincre de venir lui rendre visite, je le surpris souvent à décrire « son » île de Ré, comme s'il avait à sa disposition une palette de peintre pour en donner une image de lumière, pour mettre en exergue les jaunes blonds, le bleu pur semblable à celui du manteau des rois, les verts tendres et la blancheur irisée des maisons basses entourées de guirlandes en fleurs. Pour lui, toute l'île était une débauche de coloris (je le cite) : « Que ce soit en été, lorsque bleu, vert et jaune d'or se disputent la gloire de régner ; en automne, lorsque la vigne tourne au roux et que meurent, debout, les dernières roses trémières ; en hiver, quand les gris confondus de la mer, du ciel, de la terre et des âmes escamotent les reliefs ; que l'on soit à Ré sous les vocables de Saint-Médard, de Saint-Barnabé, de Saint-Michel, de Sainte-Catherine – tous saints tenus ici en haute estime – jamais, à aucun instant de la journée, ces paysages marins ne vous feront cligner de l'œil ou écarquiller les paupières. Et pourtant, c'est l'île de lumière… »

Ce qu'il aimait avant tout sur l'île, c'était son intemporalité. Tout lui rappelait son enfance heureuse et sa mère. Tout lui demeurait doux, calme, égal. Un enchantement de tous les sens. Même l'histoire locale le passionnait. Il y sentait « dans le vent tiède de juillet, passer les lointaines rumeurs des légendes d'amour et de guerre ». Il me disait encore : « Dans ce décor d'histoire, là où la voix autoritaire du cardinal de Richelieu s'éleva, bien avant que l'on n'entendît les tendres soupirs de la belle madame de Tencin, les voix rudes à l'accent chantant des pêcheurs et des paysans font écho aux rires frais des enfants. Et quand la brise parfumée des landes chante sous les ogives de l'abbaye abandonnée, vous pourrez peut-être entendre le chœur mâle des moines de Cîteaux dont la procession s'égrène dans les luzernes, au son d'un orgue depuis des siècles disparu. »

Ses trois conseils pour apprécier l'île, immanquablement, étaient :

« Allez errer dans les landes, dans les "déserts" comme l'on dit ici, tout parfumés de fenouil et d'œillets sauvages, respirez de toute votre force cet air unique, chargé de résine et de varech, et oubliez vite ces sombres légendes. »

« Savourez ces huîtres sous une tonnelle fleurie, arrosez-les d'un vin blanc qui n'a pas son pareil, puis, sous les grands arbres droits qui somnolent, étendez-vous sur les aiguilles de pins. »

« Goûtez l'instant qui passe, appréciez le silence, cette beauté de toutes les choses, récompense unique de ce retour à “la nature et à la vérité”. Le théâtre, ici, est un bois ; le spectateur, un oiseau ou un nuage ; l'orchestre, la mer. L'homme n'est plus qu'un passant émerveillé. »

Si je cite Gilbert longuement ici, c'est parce qu'il m'est impossible de décrire l'île de Ré comme il le faisait. La raison en est simple : je n'ai jamais aimé cette île que je trouvais trop ennuyeuse, triste et mélancolique – je n'irai pas jusqu'à utiliser le mot neurasthénique, mais c'est comme si – durant les longs mois hors saison et totalement engloutie par les flots continus de touristes durant la période estivale. Pour ce qui est de l'île elle-même, à tout dire, je la jugeais surfaite, artificielle. Bref, la magie n'opérait pas sur moi, mais je comprenais parfaitement les raisons pour lesquelles Dad y était, comme beaucoup d'autres visiteurs, « un passant émerveillé ».

Gilbert resta attaché toute sa vie à la Charente-Maritime et donc, plus particulièrement, à l'île de Ré où ses parents possédaient une maison de maître située à Ars-en-Ré, rue d'Angleterre. Les albums de son enfance sont remplis de photographies de ce petit territoire et peu de Rochefort ou de Saint-Étienne où son père et sa mère travaillaient pourtant.

Que ce fût avec les résidents secondaires ou principaux d'Ars-en-Ré, les artisans, les agriculteurs, les commerçants, Gilbert semblait connaître tout sur tout le monde sur plusieurs générations. Partout, il était à l'aise et captivait son auditoire. Quant à moi, complètement à l'opposé, la structure de la société rhétaise m'était étrangère. Les locaux étaient majoritairement conservateurs. Ceux qui y disposaient d'une résidence secondaire étaient professeurs en médecine, artistes-peintres, comédiens, musiciens, couturiers, ou exerçaient en libéral... quelques politiciens aussi.

Dad me présentait partout comme son fils et entreprit de parfaire mon éducation. À commencer par mon maintien et ma posture en société. Il remarqua mon embarras, lors des premiers repas où je l'accompagnai chez quelques-uns de ses amis parisiens. Personne ne m'avait jamais enseigné l'emploi des fourchettes, cuillères et autres couteaux à poisson et mollusques. Je me servais de la fourchette exclusivement de la main droite et ma façon de tenir les couteaux n'était pas, j'en conviens, particulièrement distinguée. Mais, ni à Voyennes ni au Pigeonnier, je n'avais eu l'occasion de découvrir ce genre de codes. Il s'employa aussi à ajuster quelques aspects de ma prononciation, alors très marquée ch'timi picard. J'ai dû être bon élève car, en moins de deux mois, il ne trouva plus rien à redire.

Ne me restait plus que l'étape la plus difficile : me sentir en confiance en société quelle qu'elle fût. Je commençai donc par celle que j'avais sous la main, c'est-à-dire composée des Parisiens du sixième arrondissement en vacances au bord de la mer.

J'avais fort à faire car il m'était particulièrement difficile de ne rien laisser paraître lorsque je les écoutais se lancer dans de grands discours lénifiants.

Reconnaissant mon erreur de parcours, je repris mes études. Passer de l'enseignement agricole à celui des sciences humaines n'aura été qu'un rêve sanctionné par la perte d'une année. Je repris le cursus logique et je m'inscrivis à l'école supérieure d'agriculture d'Angers. Je dus donc racheter les ouvrages techniques brûlés à Voyennes. Comme à Besançon, il me fallait trouver un moyen de financer mes études. Les petits jobs d'été ne manquaient pas sur l'île de Ré. En quelques heures, je fus employé par un artisan décorateur. Gilbert n'apprécia qu'à moitié cette initiative en me disant qu'il avait précisément l'intention de commencer des travaux dans sa maison, identiques à ceux que j'allais devoir effectuer ailleurs, qu'il aurait très bien pu me rémunérer pour remettre en état sa maison laissée sans maintenance depuis plusieurs années. Dans la mesure où désormais il était mon père, il devait prendre en charge mes frais de scolarité et de vie courante. Ne pouvant m'y résoudre, je décidai de conserver une certaine indépendance en gardant un travail saisonnier.

Toutefois, j'acceptai son aide financière pour les études. En trois mois, je parvins à rattraper mon retard et fus prêt pour les examens d'entrée à l'école supérieure d'agriculture. Ce fut le moment que choisit Dad pour m'inviter à l'accompagner à Sainte-Hélène où, frappé par la limite d'âge depuis deux ans, il était officiellement à la retraite. Il devait cependant y rester car aucun candidat ne s'était présenté, depuis, pour lui succéder. Il me suggéra de postuler… J'étais tiraillé, car si, d'un côté cette proposition contrariait sérieusement le plan de mes études, de l'autre, l'idée d'un voyage aussi insolite me plaisait énormément. L'attrait d'un monde dont je n'avais pas idée était fort. J'optai pour la solution d'une formation à distance et m'inscrivis à un cursus d'études agricoles, horticoles, avec option paysages et espaces naturels. En plus de me permettre d'envisager ce voyage, cette formule correspondait mieux à mon impatience d'entrer au plus vite dans la vie active.

Et le voyage à Sainte-Hélène fut programmé pour la mi-novembre.

Durant les mois de juin à octobre, je pus repérer quelques fragments épars de la vie de Gilbert et apprécier que, à part notre passion mutuelle pour Byron et Rimbaud, nous étions en désaccord à peu près sur tout. Je découvris alors le réconfort d'avoir un père qui, sans rien imposer, écoute, échange, éduque et donne quelques repères. De ce fait, nous ne pouvions jamais être à court de discussions. Politiquement, ami de Michel Debré, il était gaulliste, un gaullisme qui se retrouvait à l'époque de Michel Crépeau à Jean-Pierre Chevènement à gauche jusque chez Jacques Chirac à droite. Nos lectures d'alors étaient totalement différentes. Il ne se lassait pas d'Henry de Montherlant, André Gide, Julien

Green et j'en étais toujours resté à René Crevel, Raymond Roussel et surtout, à l'époque, au prolifique Louis Aragon. Une exception pourtant : il me fit découvrir cet été-là Olivier Larronde. *Les Barricades mystérieuses* ne me quittèrent plus.

Quelques personnes vinrent nous rendre visite pendant cet été 1985 et je commençais à m'intégrer aux proches de Gilbert, plus particulièrement à la famille Vironneau qui vivait à quelques pas de notre maison. La mère se prénommait Odette mais préférait être appelée Dilou. Le couple Vironneau avait une fille, Hélène, qui travaillait à Paris chez Air France et que nous ne voyions que durant de trop courts séjours. De tous les amis de Gilbert sur l'île de Ré, Hélène fut la seule qui me semblait avoir encore prise avec la réalité. Elle était souvent accompagnée par des amis stewards qui m'assuraient que le monde d'où je venais n'avait pas encore totalement disparu pour être supplanté par celui peuplé uniquement de riches retraités ou d'intellectuels du quartier Latin. Je guettais chacun de ses passages sur l'île avec un besoin insatiable d'être rassuré. Car, il me fallait bien l'admettre, la vie sociale d'Ars-en-Ré était particulièrement éclectique et inaccessible à des hommes comme moi. Je croisai à plusieurs reprises celui à qui Gilbert avait dédicacé son *Lord Byron*. Il s'agissait du chef d'orchestre et compositeur Olivier Holt avec lequel il travaillait sur un projet inspiré du *Manfred* de Byron. Dad partageait aussi son amour d'Ars-en-Ré avec la famille Casadesus qui, comme lui, y avait une résidence depuis des décennies.

Il fallut à peine quelques semaines pour que notre relation trouvât un équilibre : il n'essaya plus de m'intégrer à ses relations sociales et finit par accepter que je puisse travailler pour un artisan local. Nous apprenions à nous estimer mutuellement. Pour moi, ce n'était pas encore un amour filial mais déjà un profond respect... et aussi quelques mensonges. Je lui cachai mon attirance pour Caroline, une éducatrice qui travaillait en tant que vacataire dans un institut éducatif et pédagogique situé à la sortie du village, rue Graffaud... et qu'en même temps j'avais trouvé un lieu de drague gay très fréquenté dans les dunes qui longent la plage du Lizay.

Avec la fin de l'été, la plage du Lizay se désertifia, Caroline se révéla n'être qu'une romance de vacances, ou, comme le nom du centre où elle était employée, une brise marine. Mon job d'été touchait à sa fin. Dad proposa que nous profitions des semaines qui nous restaient avant de partir à Sainte-Hélène pour aller en Suisse et à Paris. Il souhaitait se rendre à Lausanne pour visiter le plus fidèle et constant ami de sa vie, Serge Lifar. Leur amitié était très ancienne puisqu'ils s'étaient connus à Paris au moins depuis 1934 – date de la photographie la plus ancienne que j'aie d'eux. Gilbert avait seize ans et Serge Lifar vingt-neuf. Premier danseur des Ballets russes de Diaghilev, il était déjà un très célèbre et admiré chorégraphe. Cette amitié, pour une raison qui m'est inconnue, devait avoir un lien avec l'une des chorégraphies du maître, *Le Spectre de la rose* dont Gilbert conserva le costume de 1931 et que je garde encore chez moi à Sainte-Hélène. Cette amitié fit plus que résister à l'usure du temps : elle se renforça. Après la Seconde Guerre, Dad, qui avait été mobilisé au service des Forces françaises libres, était très introduit non seulement dans les sections de résistants mais aussi et surtout dans les salons parisiens, notamment celui de la femme d'Edmond Rostand, la poétesse Rosemonde Gérard. Il n'hésita pas à prendre une part très active à la réhabilitation et au retour de son ami à l'Opéra de Paris en 1947 en tant que maître des ballets, poste dont il avait été évincé comme beaucoup d'autres artistes français de l'époque ayant fait le choix de rester en France sous l'Occupation. Directeur des éditions Nagel pour la France, Gilbert écrivit ensuite une série d'ouvrages sur la danse que Serge Lifar signa de son nom. Quelques années plus tard, en 1958, Gilbert – lui-même exilé volontaire à Sainte-Hélène – ne put empêcher l'éviction de Serge Lifar de l'Opéra de Paris. « Serge ne s'en remit jamais », me confia Dad dans le train pour la Suisse.

À notre arrivée à Lausanne, Gilbert et moi fûmes reçus par la comtesse Lillan Ahlefeldt-Laurvig dont l'accent slave, les yeux bleus si clairs, la prestance et la beauté me séduisirent immédiatement. Elle avait soixante et onze ans mais en paraissait vingt de moins... Elle était splendide et dévoilait une grande classe naturelle. Nous rencontrâmes Serge Lifar. Il n'était plus du tout celui que j'avais pu admirer sur les centaines de clichés photographiques que Dad conservait quasi amoureusement à Ars-en-Ré. Atteint d'un cancer qui se généralisait, il pouvait à peine se déplacer. Avec un accent que j'aurais dit espagnol si je n'avais su qu'il était ukrainien, en se référant au *Spectre de la rose*, il nous accueillit en nous disant : « Vois un peu. J'étais pétale de rose et me voici vieille vache. » Gilbert, qui ne savait pas retenir ses larmes, alla l'étreindre pour mieux les cacher.

Ces deux hommes s'aimaient.

Discrètement, la comtesse m'invita dans le salon de leur splendide appartement donnant sur le lac. Nous laissâmes les deux amis seuls. Confortablement assis, sous le regard d'un portrait de Serge Lifar par Picasso, je me surpris à la regarder. Elle était vraiment très belle. Elle dut surprendre mes pensées car elle vint s'asseoir près de moi. À ma grande stupéfaction, elle avait gardé de sa jeunesse toute son ardeur. Elle entreprenante et moi timide, je ne sus résister à ses avances.

Nous quittâmes Lausanne pour Paris le lendemain. Dans le train, lorsque Dad m'informa – il ne sut jamais comment Lillan et moi avions occupé notre temps durant leurs retrouvailles – que les princes Vladimir Romanov et du Népal avaient été, en leur temps, les amants de la comtesse. Je me mis à rougir. Je ne devais revoir Lillan que dix ans plus tard. Serge Lifar mourut l'année suivante.

Sur le trajet du retour vers La Rochelle, nous fîmes une pause dans la capitale qui me permit de découvrir « le Paris » de Gilbert situé exclusivement, du nord au sud entre la Seine et les jardins du Luxembourg et d'est en ouest de la rue Saint-Jacques à celle des Saints-Pères. L'opéra Garnier fut le seul endroit hors de ce rectangle qui faisait exception à cette règle. Il rendit – comme il le fera systématiquement à chacun de ses passages à Paris – des visites à Michel Debré, rue Jacob, à René Rouillon, héritier d'une dynastie des buffetiers, gérant du buffet de la gare d'Austerlitz, à leurs Altesses Impériales, le prince et la princesse Napoléon, rue de Presbourg, à Jacques Jourquin, directeur des éditions Tallandier, à Norbert Terry, premier producteur de films homo-érotiques en France et propriétaire du Club Vidéo Gay, rue du Dragon. Et aussi à Guy Hocquenghem, écrivain et professeur de philosophie à l'université de Vincennes-Paris-VIII et son ami Roland, à Yvon Chotard, directeur des éditions France-Empire, à Claude Manceron, historien chargé de mission auprès de François Mitterrand au palais de l'Élysée.

Avec des personnalités aussi disparates, il m'était quasiment impossible de cerner le passé de Gilbert. De mon côté, je profitai du séjour pour revoir quelques collègues avec lesquels je dessinais sur la place du Tertre à Montmartre durant certains week-ends de l'époque du Paraclet. Seulement deux petites années s'étaient écoulées et je n'en retrouvais presque plus.

Mon esprit était déjà ailleurs : en partance pour Sainte-Hélène.

De retour à Ars-en-Ré, mes cours par correspondance soigneusement planifiés jusqu'à la fin du séjour à Sainte-Hélène prévu pour le 25 avril 1986, je fis mes bagages afin de rester sur l'île le temps d'un été austral. Dad remplit l'énorme malle en fer qu'il avait emportée avec lui lorsque nous étions venus du Havre et les mêmes trois autres grosses valises. Nous ne parvînmes à tout mettre dans l'Austin Maestro qu'en répartissant le contenu de mon unique valise dans deux sacs.

Nous quittâmes Ars-en-Ré le samedi 9 novembre et empruntâmes, dans le sens inverse, exactement la même route pour aller au Havre.

Dad me prévint qu'à Sainte-Hélène il n'y avait absolument rien à acheter sur place, d'où l'importance des bagages. Il me conseilla d'aller faire provision de tous vêtements, nourriture, quincaillerie et autres articles dont je pourrais avoir besoin durant les quatre mois à venir. J'en déduisis que, pour vivre sur cette île, il fallait savoir anticiper et planifier ses besoins. Je passai donc les deux jours de « pied de pilote » à Bristol pour faire les magasins et acheter de quoi remplir un sac supplémentaire. Le 13 novembre, Gilbert commanda un London cab pour que nous puissions y caser nos bagages… y compris la satanée malle métallique qui ne pouvait être déplacée que par deux personnes. Avec son parfait accent anglais, il donna au chauffeur notre destination : « Avonmouth Harbour to go on the RMS *St. Helena*, please. »

# Chapitre 2

## De l'île de Ré à Sainte-Hélène

*Entre les continents on mettra des digues de pierre.*
René Crevel, *Projet d'avenir*

### À bord du vieux RMS *St. Helena*

Jusqu'en 2017 et l'ouverture laborieuse d'un aérodrome, l'île de Sainte-Hélène était avant tout une histoire de bateaux ou, plus précisément, d'un bateau : le RMS *St. Helena,* l'unique lien entre elle et le reste du monde – l'appellation RMS signifiant qu'il transportait le courrier de Sa Gracieuse Majesté (*Royal Mail Ship*), le *St. Helena* évoquait un ravitailleur qui portait déjà ce nom en 1815.

En 1977, la ligne maritime Union-Castle Line, qui exploitait une flotte de paquebots et de cargos entre l'Europe (Southampton) et l'Afrique (Le Cap) depuis 1900, cessa toutes ses activités. Or, en l'absence d'aéroport, elle était la seule compagnie maritime anglaise qui desservait l'île très irrégulièrement, à la fréquence d'un service par mois environ dans chaque sens : treize jours de mer depuis Londres, cinq depuis Le Cap. Victime collatérale de la fermeture de cette ligne maritime, l'île de Sainte-Hélène se retrouva brusquement isolée, sans possibilité de ravitaillement ni de transport. Pour remédier au problème, le gouvernement britannique encouragea la création de la St. Helena Line Ltd, dont l'objectif fut de trouver une solution pérenne à cet isolement. La compagnie acheta un petit caboteur canadien d'occasion de trois mille cent cinquante tonnes, le *Northland Prince* qui avait servi de transport de passagers et de cargo le long des rives des grands lacs canadiens. Après l'avoir réaménagé à Southampton en navire pouvant accueillir soixante-seize passagers, elle le renomma RMS *St. Helena*. À raison de six voyages Royaume-Uni Afrique du Sud par an, il devint le cordon ombilical de Sainte-Hélène.

J'aperçus ce fameux RMS *St. Helena* pour la première fois le 13 novembre 1985, amarré aux quais d'Avonmouth. Il me parut beaucoup plus petit que ce que j'avais imaginé, minuscule même. La période des beaux paquebots couleur lavande de l'Union-Castle Line avec imposantes cheminées noires et rouges n'était plus qu'un souvenir et une source de posters. Désormais, on ne pouvait aller à Sainte-Hélène qu'en passant quinze journées en mer sur ce petit rafiot qui, malgré de multiples couches de peinture verte, ne pouvait dissimuler ses longues années de navigation. Si, de loin, la coque principale paraissait assez lisse, son pavois d'acier était cagneux et déformé.

À peine le taxi fut-il arrêté devant l'échelle de coupée qu'un officier accourut vers nous. Ne connaissant pas les galons de la marine marchande, j'avais décrété qu'il était officier car il était tout de blanc vêtu et portait une casquette. Il demanda s'il pouvait s'occuper des valises – et de la malle ! Dad acquiesça et en profita pour me présenter comme son fils. Un autre homme en uniforme blanc, plus âgé, vint saluer Gilbert : c'était le capitaine du RMS *St. Helena*, Bob Wyatt. À voir l'accueil que l'on nous réservait, je pris la mesure de l'importance sociale qu'on lui accordait. Une fois le taxi vidé par l'équipage du bateau, le capitaine nous indiqua un bâtiment industriel à l'architecture aussi froide et grise que le climat du jour, où nous devions aller présenter nos passeports. En entrant dans ce bâtiment par une vaste pièce, une image me revint immédiatement en mémoire : la photographie de l'intérieur d'une chambre à gaz aperçue dans la citadelle de Besançon, au musée de la Déportation. Bien que sordide, la salle était comble. Je compris très vite que tous ne seraient pas du voyage – jamais autant de personnes n'auraient pu tenir dans un aussi petit bateau, il s'agissait donc surtout des familles et amis des passagers.

J'essayai de distinguer ceux qui allaient monter à bord du RMS *St. Helena*. Je les regardais, les scrutais presque. Je me doutais bien que la population de Sainte-Hélène était très métissée. Mélange de sangs chinois, maldivien, indien, européen, africain, leur apparence physique ne me surprit donc pas. En revanche, la tenue vestimentaire de la plupart m'interpella. Bien que nous fussions au mois de novembre, les femmes les plus chaudement vêtues semblaient tout droit sorties du film *Paris-Texas* et les autres auraient presque fait passer les « Claudettes » pour réchauffées. Quant aux hommes, ils avaient soit une apparence de cow-boy de Village People, ou alors, complètement à l'opposé, semblant avoir à peine quitté leur chantier de construction et oublié de retirer leur bleu de travail. À un moment, Andrew Bell, le directeur de la compagnie maritime qui gérait le bateau, la Curnow Shipping, vint nous chercher et nous fit passer devant tout le monde, ce qui parut aussi naturel à Gilbert… qu'embarrassant pour moi.

Ces formalités remplies et un tampon supplémentaire apposé sur mon premier passeport inauguré quelques semaines plus tôt en Suisse, nous montâmes l'échelle de coupée. Nous fûmes accueillis par le commissaire de bord, Geoff Shallcross et par son assistante, Léa. Brenda Williams, la stewardess, nous indiqua ensuite nos cabines, où mes trois sacs m'attendaient.

L'exploration du navire que je décidais d'effectuer ne fut pas très longue. En effet, son agencement était des plus simples. Le pont le plus bas portait la lettre A. Il était réservé à l'équipage : cabines, cuisine, réfectoire et salle de loisirs qui pouvait éventuellement se transformer en pub. Juste au-dessus se trouvait le pont B qui avait seize cabines passagers avec hublots ronds, parmi lesquelles huit pouvaient éventuellement former quatre suites de deux chambres. Gilbert et moi, nous installâmes dans les B10 et B12. La salle à manger se trouvait côté proue. Elle s'étendait sur toute la largeur du bateau encerclant un espace qui servait de cuisine. À l'opposé, vers la poupe, se trouvaient la lingerie et la boutique. Les treize autres cabines pour passagers se situaient à l'étage supérieur, sur le pont C. Bien qu'elles fussent de plus petites tailles, elles n'en étaient pas pour autant moins confortables. Elles étaient même plus lumineuses car elles disposaient de fenêtres rectangulaires.

C'était sur ce pont que se situaient les deux salons. La salle arrière ou Stern Gallery avait la forme d'une demi-lune, revêtue d'une vieille moquette verte maculée de partout avec deux corps de bibliothèque, des fauteuils du même vert que le sol et d'autres, de forme identique, couleur rouge brique. Lorsque nous étions assis dans la Stern Gallery, située juste au-dessus de l'hélice, on s'y sentait comme pilonnés par un marteau-piqueur ou – selon d'autres passagers, plus polis – massés. Le salon avant, ou Main Lounge, avait lui aussi une vieille moquette mais de couleur marron… comme tous les fauteuils. Cet espace était le plus utilisé par les passagers car c'était là que se trouvait le bar et que se déroulaient tous les soirs les jeux de société hérités de l'Union-Castle, compagnie pour laquelle tous les officiers avaient servi. Peu de signes distinctifs permettaient d'établir une différence entre les classes de passagers. Le coût du transport dépendait surtout du nombre d'occupants par cabine. Les repas et les services à bord étaient identiques. Sur aucun pont, il n'y avait de cabine numéro treize. Quant à l'infirmerie du bord, elle se trouvait sur le pont D, le plus élevé, réservé aux officiers. Sur ce pont existait aussi une petite pièce de la taille d'une cabine ordinaire que l'on nommait la Quiet Room, la salle tranquille.

Les entrailles intérieures du RMS *St. Helena* visitées, je sortis. Je fus surpris par le peu d'espace dont le public pouvait disposer : une coursive de quelques mètres à bâbord, à tribord et à l'arrière au-dessus de la Stern Gallery. On pouvait grimper par une échelle de coupée au seul pont disponible situé au niveau de la cheminée sur laquelle était peint, en jaune, un lion de mer tenant une couronne, logo de la compagnie maritime, Curnow.

Chassé par le froid, je redescendis dans ma cabine reliée à celle de Gilbert par une porte interne. Il était affairé à vider ses affaires réparties dans les deux valises réservées à ce voyage. Il se servait de sa grande malle métallique comme d'une table basse sur laquelle il déversa toutes ses affaires à ranger dans les différents placards et tiroirs. Il organisait son espace comme je l'avais vu faire à Ars-en-Ré : chaque chose semblait retrouver une place immuable. Un mélange d'odeurs de mazout et de produits de nettoyage des toilettes rendait l'air difficilement respirable. Habituellement indifférent à l'odeur des cigarettes qu'il consumait en continu, dans l'espace confiné de la cabine je trouvais la fumée particulièrement hostile, nauséabonde. Je lui en fis la remarque et il ne s'en formalisa pas du tout. Il éteignit – une des très rares fois – sa cigarette en écrasant le mégot dans l'un des nombreux cendriers disposés un peu partout.

Je suivis son exemple et vidai mes trois sacs en rangeant toutes mes affaires dans les deux penderies que j'avais à ma disposition et les multiples tiroirs. Je mis tous les livres sur la table située le long de la paroi opposée au lit. J'avais vu large : avec mes ouvrages d'agriculture, j'avais pris une grammaire et un dictionnaire d'anglais, trois textes de Gilbert : *Napoléon à Sainte-Hélène* chez Tallandier, *Napoléon se rend aux Anglais* et *La Vie quotidienne à Sainte-Hélène au temps de Napoléon* et l'édition de la Pléiade des *Mémoires d'outre-tombe* de Chateaubriand que Dad m'avait offerte.

## Premiers jours de mer

Ce déballage à peine achevé, nous appareillâmes au son d'une musique country-western qui – je ne le compris que bien plus tard – était devenue par défaut l'hymne quasi national de Sainte-Hélène. Cette mauvaise chanson, mal enregistrée, mal interprétée, fut immédiatement suivie par l'antienne *Rule Britannia... Rule over the world.* Le ton du voyage était donné. Il devait durer quinze jours exactement : cinq pour aller jusqu'à Tenerife, puis huit pour l'île d'Ascension et deux enfin pour arriver à destination, Sainte-Hélène.

Je remontai sur le pont extérieur afin d'assister au départ. La coupée avait été remontée et les cordages retirés des bites d'amarrage. Emmitouflé dans une parka, j'observai le départ qui se fit comme je me l'étais imaginé, le froid en plus. Les familles et amis des passagers étaient sur le quai contre lequel le RMS *St. Helena* avait été amarré côté tribord. Les enfants tenaient des ballons qu'ils libérèrent lorsque le bateau appareilla. Les tenues légères et clinquantes des femmes apportaient à la scène des touches de lumière qui faisaient cruellement défaut dans ce triste décor. Celles que je trouvais vulgaires dans la « chambre à gaz », ces « Claudettes » d'outre-Manche m'apparurent soudain éblouissantes.

À l'arrière du bateau, je regardai s'éloigner dans la brume les côtes anglaises comme un fondu en gris. Avonmouth n'était déjà plus qu'une ombre et les côtes de l'Avon, une empreinte à l'horizon. Tout était gris. La Severn se confondait avec la Manche. La mousse des écouteurs d'un Walkman qui jouait en boucle Gérard Manset me réchauffait les oreilles. La chanson « Il voyage en solitaire » semblait avoir été composée pour accompagner ce moment où tout s'effaçait graduellement. La mer était si calme que le bateau ne tanguait ou ne roulait quasiment pas. Je regardai les traces que l'hélice imprimait à la surface de l'eau, l'écume blanche égayait un peu la grisaille ambiante. Ce sentiment de parfaite concordance entre la musique et le paysage fut toutefois interrompu par le CD… qui se mit à patiner sous son couvercle et jeta dans mes tympans de façon répétée les mots « … vie sans mystère… Qui se passe de commentaires. Pendant des journées entières… vie sans mystère… Qui se passe de commentaires ». De toute évidence, je l'avais trop souvent utilisé.

Soudain, j'entendis une sonnerie qui répétait en boucle cinq sonorités : « Ding gue ding gue dong. » Je rentrai à l'intérieur du bateau et descendis à la cabine. Je frappai à la porte de Gilbert qui ne répondit pas. Je le retrouvai dans la Stern Gallery, en train de lire et de fumer. Le départ du bateau ne l'intéressait absolument pas. Il avait repris ses habitudes du bord comme s'il n'avait pas quitté l'embarcation depuis des semaines. Il semblait y être aussi à l'aise qu'un gentleman dans son club londonien. Je lui demandai la signification de ce signal. Il m'expliqua que c'était pour annoncer les repas et que nous étions du second service pour lequel l'appel retentirait une seconde fois vers huit heures. Le premier service était réservé aux familles avec enfants et à tous ceux qui ne désiraient pas se soumettre au code vestimentaire qui imposait aux hommes le port de la cravate le soir. Concernant les soirées avec smoking, nous en serions avertis la veille. J'allais pouvoir mettre en pratique les leçons de confection des nœuds de cravate que Gilbert m'avait données à Ars-en-Ré. Mais j'en étais resté au nœud double et, ce soir-là, il insista pour que j'utilisasse le Windsor. Je passai donc plus d'une heure à tenter de le réaliser pour, finalement, descendre à la salle à manger avec un simple. Le duc de Windsor m'avait vaincu !

Nous avions été placés à la table de Bob Wyatt, qui nous avait accueillis un peu plus tôt sur les quais d'Avonmouth. C'était une table rectangulaire pour huit convives. Le commandant m'adressa la parole mais je ne compris absolument rien. Je m'excusai de ce que mon anglais fût si mauvais et, courtoisement, il me répondit que, même mauvais, il était meilleur que son français simplement inexistant. Je crois bien que ce furent les seules paroles que nous échangeâmes durant les quinze jours que dura le voyage. Je me souviens que les cinq autres convives – trois dames et deux messieurs très âgés – s'excusèrent aussi de ne pouvoir parler français. Ces dîners me donnèrent la mesure du chemin qui me restait encore à parcourir pour apprendre la langue de Shakespeare. Pendant une heure et demie, et parfois deux, j'essayais de saisir au vol quelques fragments de phrases, de mots, de syllabes que je tentais de recoller en fonction de ce que je pensais être le contexte. Dès le premier dîner, je me résolus donc à mettre à profit ces repas comme autant de cours de langue.

Je préférai évidemment les échanges verbaux que j'eus avec Léa, l'assistante du commissaire de bord. Elle devait avoir la trentaine et je n'avais jamais rencontré avant elle une personne d'apparence aussi heureuse. La première soirée, après le dîner, je m'étais assis dans le recoin d'une section du Main Lounge qu'on appelait l'alcôve. Elle vint m'y rejoindre et s'assit près de moi. Je contemplai sa carrure d'athlète féminine russe et l'épaisseur de ses longs cheveux blonds, qu'elle empilait avec une multitude de barrettes. Elle savait déjà – les nouvelles circulent vite sur un bateau de soixante-cinq passagers – combien mon anglais était exécrable.

Avec elle, je découvris l'humour anglais lors de cette première soirée. Ce mélange d'autodérision, d'absurdité et de noirceur prononcé le plus sérieusement du monde me révéla l'esprit pince-sans-rire de la vie de tous les jours. Presque toutes les soirées de ce voyage se terminèrent par la suite avec Léa et beaucoup de gin. Avec elle, mon anglais progressa très vite.

Je perçus aussi, lors de cette première soirée, que l'humour en question est un moyen très efficace pour déguiser ses sentiments, voire son désespoir. Vers trois ou quatre heures du matin, en la regardant regagner sa cabine, je devinai combien Léa s'en servait pour dissimuler poliment une profonde solitude et une indicible mélancolie. Quant à moi, je m'effondrai sur ma couchette et n'entendis pas le « ding gue ding gue dong » qui annonçait, à huit heures, le petit déjeuner.

Inquiet, Dad vint dans ma cabine voir si tout allait bien. Je ne compris qu'au « ding gue ding gue dong » suivant – c'est-à-dire celui de midi – les raisons de son inquiétude : les deux tiers des passagers étaient victimes du mal de mer. Pour moi, ce n'était qu'une gueule de bois ordinaire qui, à l'heure du déjeuner, avait totalement disparu. J'allai avec Gilbert à la salle à manger, du coup désertée. Et fus ravi de m'apercevoir que le voyage en mer ne m'affectait aucunement. Au contraire même... je trouvais que le bateau ne bougeait pas autant que je me l'étais imaginé. L'année précédente, j'avais vu le film de Fellini *Et vogue le navire* et je m'attendais à être au moins autant secoué. Peine perdue.

Je trouvais cependant particulièrement inquiétant le bruit du bateau retombant après avoir été soulevé par une vague un peu trop haute. Systématiquement deux petites détonations suivies d'un énorme « Bang ! » se faisaient entendre... J'en parlai à Gilbert, qui me répondit que c'était le propre de ce bateau, construit à fond plat pour naviguer sur les lacs canadiens, donc absolument pas adapté pour affronter les océans. Et d'ajouter : « Encore moins le golfe de Gascogne qui pouvait être très dangereux. » Et de conclure qu'il se demandait comment, vu son âge, le RMS *St. Helena* ne s'était pas déjà éventré. Tout ce que je voulais entendre pour être rassuré. Une fois de plus, je songeai à l'humour anglais.

Une autre découverte encore – bien moins réjouissante – fut pour moi la gastronomie anglaise que je connaissais seulement de réputation. Ce fut pire que ce que j'avais imaginé. Joe Laight, ancien chef cuisinier du paquebot *Windsor Castle*, concoctait une cuisine britannique datant des années 1950. Et compliquait ce qui pouvait être simple, rendait indigeste ce qui pouvait être léger, gâtait ce qui pouvait être sain. Il parvint même à me faire regretter la viande de cœur de bœuf bouillie de mon enfance. Les poissons étaient par exemple systématiquement badigeonnés de gelée de fruits divers et enveloppés de couches de chapelure au moins deux fois plus épaisses que celle de la sole, du colin ou de la morue. Les viandes – même les filets de bœuf ou de porc – étaient macérées puis bouillies dans du lait caillé avant d'être grillées ou carbonisées. Le corned-beef était servi avec des marmelades d'orange amère. Il parvenait même à gâcher les sardines à l'huile qui, servies après le dessert en tant que *savouries*, se voyaient présentées écrasées sur du pain tartiné avec du chocolat au lait mentholé. Je découvrais ces plats chaque jour différents comme l'aurait fait un ethnologue. Ce que je ne parvins pas à comprendre, ce furent les louanges que les autres passagers faisaient à cette cuisine exquise, exquisite. Une fois de plus, je considérai qu'il s'agissait de cet humour anglais, définitivement indéfinissable.

Ce cauchemar alimentaire, pour ne pas dire désastre, allait heureusement prendre fin au bout de cinq jours, à l'occasion de notre première escale à Santa Cruz de Tenerife aux Canaries. Nous arrivâmes le matin. Et Dad, homme d'habitude, avait tout prévu. Il connaissait personnellement Víctor González, l'agent maritime de la compagnie Curnow en Espagne. Dès que le RMS *St. Helena* fut amarré, celui-ci monta à bord. Après avoir réglé quelques détails avec le commissaire, il vint à notre rencontre. Gilbert me présenta comme étant son fils. Jovial, bon vivant, Víctor me fit immédiatement une très bonne impression. Son français était impeccable, ce qui me reposa un peu de l'anglais. Dad se servait de lui pour ses approvisionnements personnels.

Morceaux de viande de bœuf, de porc et de volailles diverses, bidons d'huile d'olive, épices, charcuteries variées, amandes, beurre, poisson fumé, anchois, vinaigre de vin, vins divers… vu la liste, j'en conclus qu'il ne devait décidément pas y avoir grand-chose à acheter dans les magasins de Sainte-Hélène. Tout devait être livré à bord durant l'escale et confié au commissaire pour être rangé dans le congélateur ou au sein des réserves du bateau.

L'heure du départ étant fixée pour seize heures, avant de quitter le navire, Víctor nous donna rendez-vous pour un déjeuner à terre. La seule pensée de prendre un repas normal m'avait ouvert l'appétit. Gilbert, malgré son anglophilie, souffrait lui aussi de la cuisine du RMS *St. Helena*. Nous nous étions donc mis d'accord pour passer les premières heures de l'escale à nous ravitailler en vue des dix jours qu'il restait à passer à bord. Et puis, et surtout, j'avais une grande envie de me dégourdir les jambes sur la terre ferme.

Nous descendîmes du bateau et nous dirigeâmes vers la Plaza España où nous ne pûmes résister à l'odeur du café… dont nous nous régalâmes sur la place principale, Plaza del Príncipe. Requinqués, nous nous dirigeâmes vers le Grand Marché de Notre-Dame d'Afrique, Mercado de Nuestra Señora de Africa.

Quelle délivrance de voir ces légumes, fruits, charcuteries, fromages frais… Je n'aurais jamais pensé que cinq jours de cuisine anglaise pouvaient représenter une telle épreuve. Nous achetâmes autant d'avocats, de dattes, de pistaches, de jambons, de saucissons, de mangues, de pommes… que nos bras pouvaient en porter et regagnâmes le port. Après cet aller-retour au bateau, nous visitâmes aussi quelques magasins afin d'acheter des vêtements d'été – introuvables à Bristol – et rejoignîmes Víctor à l'adresse qu'il nous avait indiquée.

Après un festin de tapas de poissons et de produits de la mer, c'est à grand regret que nous dûmes regagner le RMS *St. Helena*. Je ne pouvais en effet m'ôter de la tête l'idée des dix jours durant lesquels je devrais encore subir la redoutable cuisine de Joe Laight. Seule consolation : les tiroirs de ma cabine débordaient de victuailles. Malgré ce réconfort, je quittai l'île de Tenerife avec un profond sentiment de tristesse et une certaine appréhension.

## Avec Napoléon, vers Sainte-Hélène

Alors que je regardais disparaître les îles Canaries baignées de soleil et, avec elles, l'hémisphère Nord, j'entrepris la lecture des trois livres écrits par Gilbert sur Napoléon à Sainte-Hélène. Ayant encore dix jours à passer en mer, je délaissai mes cours d'agriculture pour découvrir l'histoire des six dernières années de l'Empereur. Je ne savais d'ailleurs quasiment rien sur sa vie. Ma crainte était qu'il m'eût été impossible de comprendre son histoire sur place sans connaître celle du Premier consul puis de Napoléon Ier. Dès les premières pages, je fus rassuré de m'apercevoir qu'il me suffisait de savoir que Napoléon était « ce moderne conquérant, qui, sans être né roi, attela les monarques à son char, ce dernier captif de plus d'un million de guerriers dont le nuage de la gloire s'éleva pour couvrir de son ombre l'univers entier ». Ce résumé par lord Byron fut le point de départ de ma connaissance du sujet. Sur une telle envolée poétique, la saga Sainte-Hélène pouvait commencer sans que j'eusse besoin d'en connaître davantage. Faisant l'impasse sur le stratège militaire, le réformateur, l'administrateur, l'homme politique et privé, je découvris Napoléon vaincu, humilié, fier, prisonnier, mort et légendaire. Le héros byronien par excellence.

À bord du RMS *St. Helena*, au milieu de l'Atlantique en route pour Sainte-Hélène, j'entrevis le récit de sa vie par la lecture du *Napoléon se rend aux Anglais* de Gilbert, dont les premières pages se situaient après la bataille de Waterloo. Après les quatre premiers chapitres, je découvris les avantages de voyager avec l'auteur d'un livre que l'on était en train de lire.

Rétrospectivement, je souris encore lorsque je m'entends lui poser des questions qui, aujourd'hui, me paraissent totalement niaises, stupides et qui montraient ma totale inculture sur le sujet. Quelle patience il dut manifester car, à aucun moment, il n'osa de remarque sur mon ignorance ou mes inepties. Il se montra un parfait instructeur. Je retrouvais même en lui la bienveillance de mon instituteur d'antan, monsieur Touzet. Il m'expliqua avec précision Joséphine, l'abdication, Malmaison, la possibilité de l'Amérique… Puis, à certaines étapes du récit, comme celle de Rochefort, il se permit quelques digressions en me parlant de Pierre Loti dont il connaissait le fils, Samuel, et avec lequel il avait travaillé pour transformer la maison de l'écrivain en musée. Il évoqua sa naissance dans cette ville, Vauban, la Corderie, les plages à Fouras.

Matin, midi et soir, avant et après chaque repas, comme si je me les répétais à moi-même, je lui fis le compte rendu des chapitres lus durant les quelques heures précédentes et l'interrogeai encore et toujours. Ses réponses mélangeant toujours le temps présent et ses différentes expériences personnelles avec l'histoire napoléonienne transcendaient littéralement des lieux comme l'île d'Aix, Plymouth ou Portsmouth. Assis et secoué dans la Stern Gallery, j'écoutais les récits qu'il me faisait de la vie de l'Empereur déchu et de son entourage à bord du HMS *Bellerophon* puis du HMS *Northumberland*. Comme par enchantement, ces histoires semblaient prendre corps dans un monde virtuel en trois dimensions.

Avec les généraux Bertrand et Gourgaud, de Montholon et les autres Français, j'avais l'impression de vivre l'étroitesse des corridors du bateau, les sautes d'humeur de l'Atlantique. Au gré de mon imagination et de mes envies, le petit RMS *St. Helena* pouvait aussi bien rester le rafiot qu'il était vraiment que se transformer en un splendide bâtiment de guerre de soixante-dix canons dans les coursives desquelles je croisais aussi bien l'amiral Cockburn que Las Cases, voire Napoléon en personne.

Durant les soirées à bord, après les dîners qui s'achevaient vers vingt et une heures trente, Gilbert – qui travaillait sur son prochain livre, une biographie de Franz Liszt – s'en retournait soit à la Stern Gallery soit dans sa cabine. De mon côté, motivé par Léa, je prenais part à chaque jeu désuet de l'Union-Castle. Course de grenouilles, derby, jeu de fléchettes, bingo, quiz, chaises musicales… Était-ce l'effet du gin ? Je ne parvenais alors plus à distinguer la vie à bord du HMS *Northumberland* avec Napoléon et ses compagnons, de celle à bord du RMS *St. Helena* avec les Héléniens et les Britanniques. Je perdis même vite toute notion du temps, immergé dans l'ambiance en mer, oubliant toute appartenance à un bateau précis. Entre passé et présent, je me laissais porter par le flot des rencontres réelles ou virtuelles.

En quatre jours, j'avais fini la lecture du *Napoléon se rend aux Anglais*. Puisque nous avions encore trois jours à passer en mer avant l'escale suivante – l'île d'Ascension –, j'ouvris le volume suivant intitulé *Napoléon à Sainte-Hélène*. À quelques degrés de longitude et de latitude près, le premier chapitre relatait le voyage que nous étions en train de faire. C'était comme vivre en direct les scènes tragi-comiques que je découvrais autant dans le livre de Gilbert qu'en regardant autour de moi à bord du RMS *St. Helena*. Dans ma tête, tout continuait à se mélanger : les odeurs, les intrigues, les trois lettres RMS et HMS, les poissons volants, l'ennui des passagers. Je songeais à Fanny, la femme du grand maréchal Bertrand qui flirtait en ne répondant ni oui ni non aux avances des officiers du bord, tous très beaux dans leurs uniformes seyants dont les culottes – contrairement à ce qu'affirmait Rimbaud au sujet de Kléber – ne mentaient pas.

Je regardais ces poissons que l'équipage attrapait à la poupe. Difficile dans cette atmosphère de ne pas songer au général Gourgaud, jaloux, possessif à l'extrême, paranoïaque et toujours à l'affût de la moindre marque d'affection de l'Empereur au point d'en devenir suspect d'homosexualité. Et de ne pas me sentir troublé lorsque je rencontrais sur le pont Annabelle, passagère hélénienne embarquée à Tenerife qui, sous des petites jupes fluo, ne portait pas de culotte.

Voir apparaître Albine, la femme du général de Montholon, jouant à la femme savante, qui s'enticha du distingué amiral Cockburn ou espérer croiser Napoléon qui s'obstinait à conserver toutes les apparences d'un empereur : oui, durant ces jours en mer, j'eus la délicieuse impression que tout se produisait en même temps.

**Découverte de l'océan Atlantique austral**

La vie à bord du RMS *St. Helena* durant les cinq premiers jours fut un dépaysement total. Gilbert et moi étions les deux seuls Français sur ce bateau devenu un concentré de tout ce que l'Angleterre des années 1980 conservait de nationalisme désuet. Parmi les passagers, il n'y avait personne de mon âge, ce qui était compréhensible car prendre le RMS *St. Helena* nécessitait à la fois des moyens financiers importants et du temps libre, deux conditions extrêmement difficiles à remplir à vingt ans. Au début de la traversée, j'essayai en vain de repérer quelques personnalités attachantes. Et je me morfondais en songeant que l'espace à bord se résumait à une cabine à une couchette avec toilettes et douche, deux salons, un pont extérieur au niveau de la cheminée et une salle à manger commune, le tout parsemé de corridors très étroits et d'escaliers métalliques abrupts. Mais, après l'escale aux Canaries et le débarquement d'un grand nombre de retraités anglais, tout changea. Bien qu'ayant encore cinq mille kilomètres à parcourir, nous étions déjà arrivés à Sainte-Hélène !

Une fois les Canaries disparues de l'horizon, l'ambiance à bord du bateau se modifia en effet totalement. Du jour au lendemain, le soleil, le ciel bleu, les poissons volants firent leur apparition. Les quelques retraités britanniques qui avaient fui l'hiver anglais pour se réfugier aux Canaries avaient débarqué. Même avec les six Héléniens qui embarquèrent à Tenerife, nous ne fûmes plus que cinquante-huit passagers dont un bon tiers fonctionnaires de ce qui était encore une colonie et deux autres petits tiers composés d'Héléniens avec lesquels il m'était quasiment impossible de communiquer. Mon anglais presque inexistant n'en était pas la seule raison : il subsistait une forme d'incommunicabilité entre les fonctionnaires britanniques, les récents immigrés blancs et les Héléniens de souche. La société, stratifiée, me parut d'emblée totalement pétrifiée, imperméable. Cela s'annonçait délicat.

Durant ce voyage, pour la première fois je fus aussi témoin des dernières survivances de l'esclavage qu'un dénommé Donald Thorpe faisait perdurer sous couvert d'agence d'emploi de placement de serviteurs.

Le principe en était on ne pouvait plus simple : les Héléniens, surtout les filles, étaient recrutés sur l'île afin d'être placés dans des établissements ou maisons privées en Grande-Bretagne pour des emplois de domestiques.

À l'époque, les habitants de Sainte-Hélène n'avaient plus, depuis 1981, la nationalité britannique, Maggie

Thatcher la leur ayant retirée d'un trait de plume. L'agence de Donald Thorpe s'arrangeait donc pour leur obtenir des permis de travail en bonne et due forme, en échange desquels les employés devaient lui reverser une large partie de leurs rémunérations et les employeurs régler directement au brave philanthrope les frais de voyage et de dossier. Quant aux cotisations sociales diverses, que les employeurs réglaient aussi, lui les conservait pour, comme il me l'expliqua en personne, ses frais d'agence !

À Sainte-Hélène, aucun système de contribution ou de cotisation sociale n'existant, le gouvernement colonial assurait aux résidents de l'île leurs frais médicaux et les pensions de retraite selon une échelle forfaitaire.

À bord du RMS *St. Helena* se trouvait aussi John Bailey, un dentiste qui s'était retiré à Sainte-Hélène. Il voyageait avec sa femme, Ève, une Hélénienne qui m'apparut d'au moins trente à quarante ans plus jeune que lui, et ses deux garçons, Guy et James, dont le dernier-né ne marchait pas encore. Je les regardais souvent jouer ensemble sur la moquette crasseuse de la Stern Gallery. John Bailey me confirma l'histoire des employées de Donald Thorpe dans un anglais parfait, presque châtié. Dad me précisa qu'il avait l'accent des acteurs shakespeariens. Je ne fus pas trop surpris, car cet homme d'une immense carrure et pourvu d'une barbe grise élisabéthaine avait le physique de l'emploi. Chaque jour, je le retrouvais, comme Dad, dans la Stern Gallery ;

où il surveillait d'un œil distrait ses deux enfants qui jouaient avec des camions en plastique.

Mon esprit était totalement immergé dans le livre de Gilbert. Je me sentais bel et bien à bord du HMS *Northumberland* sur lequel Napoléon et son entourage faisaient voile vers leur prison du même océan. Nous étions dans la zone précise des calmes située entre le tropique du Cancer et l'équateur, cette région qui, du temps de la marine à voile, était cent fois plus redoutée que la tempête au point d'être surnommée le « néant de la mer ».

Pour pratiquer mon anglais, j'expliquai cette étrange coïncidence à Bailey qui en rajouta une couche en me racontant qu'en 1815, l'année même où Napoléon voyageait, comme nous, le long des côtes de l'Afrique de l'Ouest, un autre bateau faisait le voyage. Il s'agissait de l'*Aimable-Zéphyr* qui, profitant de la bataille de Waterloo ayant mis fin à la guerre, fit escale à la Sierra Leone. Dans cette colonie anglaise se trouvait alors Charles MacCarthy, un gouverneur britannique qui, après quelques années en poste sous les chaleurs tropicales, était devenu si blasé qu'il en était venu à détester sa puissance et sa béatitude. Les superbes odalisques de son harem, les serviteurs, le madère et tous les mets dont ce vice-roi disposait avaient fini non seulement par l'ennuyer, mais par l'irriter. Pour lui, s'étourdir n'était pas jouir. Il s'était alors mis à ne désirer plus qu'une seule chose, ou plutôt qu'une seule personne : une Française, une Parisienne. Ce désir devint une obsession. Le commandant et le subrécargue de l'*Aimable-Zéphyr* voulurent saisir cette occasion pour développer des relations commerciales utiles et lui proposèrent de lui en fournir une. Le gouverneur, habitué aux arguments commerciaux liés à la traite des esclaves, commença à donner la liste des critères physiques de la marchandise discutée : blonde mais pas rousse, ni trop haute ou basse en taille, un peu plus forte que fluette car, crut-il bon d'ajouter, dans ce climat, par l'effet de la transpiration, elle maigrirait et « le déchet de la marchandise était toujours bon à prévoir ». John Bailey qui, eu égard à mon mauvais anglais, m'avait raconté cette histoire très lentement prononça ces derniers mots dans un français impeccable, sûr de la chute de son histoire.

Ce ne fut pas tant son talent de conteur qui m'impressionna que la simultanéité de son récit avec celui du voyage de Napoléon à Sainte-Hélène que je lisais. Depuis, j'ai toujours eu une prédilection pour l'étude des événements parallèles et concomitants, vécus par des personnages différents dans des lieux certes distincts mais toutefois suffisamment proches pour qu'ils puissent, seulement si on le souhaite, être rapprochés les uns aux autres.

Avant de nous rendre aux îles d'Ascension et de Sainte-Hélène, il fallait impérativement passer par l'équateur, ou ce qu'il est convenu d'appeler la Ligne. Dans la marine, cet acte est symboliquement très lourd et donne lieu à un « baptême ». Durant ce premier voyage, je participai à toutes les activités du bord et, contrairement à Napoléon et à ses compagnons d'exil, il était hors de question que je puisse franchir la Ligne incognito.

N'est pas Napoléon qui veut ! Depuis le départ de Tenerife, tous – y compris Gilbert – avaient tellement tenté de me déstabiliser par des propos totalement irrationnels sur ce moment fort que j'avais fini par ne plus prendre personne au sérieux, même lorsque je fus obligé de retirer ma convocation entre les seins de Léa devenue Facteur… Pour paraître devant Sa Majesté Neptune qui, avec sa femme Amphitrite, venait d'arriver à bord, on vint me chercher à dix heures. Je savais que la cérémonie devait se dérouler sur le pont avant, sur les portes d'écluse de la cale sèche. On y treuilla un bassin pompeusement appelé piscine – mais qui ressemblait plus à un grand pot de yaourt de trois mètres de diamètre. Sous un treillage de drapeaux improvisé, entre le poste de pilotage et des conteneurs empilés sur le pont avant, je m'approchai du bassin en suivant les autres victimes. Quelques souvenirs subsistent encore aujourd'hui de cette sorte de bizutage marin : une odeur étouffante d'huile de Palma-Christi, la sueur des hommes de pont sur leurs peaux saupoudrées de cacao, la mobilité des visages carnavalesques, leurs yeux brillants comme des lucioles, leurs contorsions en gambadant, leurs chants tantôt bruyants tantôt étouffés. Je me serais cru à un festin de cannibales en voyant les marmites de cantine qu'ils battaient du bout des doigts avec une force convulsive. Puis, après un discours déclamé à l'antique par le capitaine déguisé en Neptune et par le chef-officier travesti, commença la série d'humiliations qui devait finir dans le pot à yaourt. Par décence, les enfants n'étaient pas autorisés à assister au passage de la Ligne qui, pour eux, avait été programmé une heure plus tôt.

En slalomant le long du méridien de Greenwich, comme si j'avais tendu des cordes d'une île à l'autre, je venais de changer d'hémisphère. Je pensai alors à Rimbaud et me dis que si mes aubes étaient devenues boréales, « au réveil il était encore midi ».

**Le sas d'entrée de Sainte-Hélène : Ascension**

Après huit jours de mer depuis les Canaries, le 26 novembre 1985, nous fîmes escale à l'île d'Ascension dont je devais littéralement tomber amoureux. Dad ne souhaita pas descendre à terre et m'avertit qu'il n'y avait rien à voir sur l'île mais je ne suivis pas son conseil.

Geoff fut notre guide et notre chauffeur. Même conduisant un bus le long des précipices de la route étroite qui menait au sommet de la Green Mountain, il fit de cette excursion une équipée d'une drôlerie inoubliable. Il parvint à rendre intéressante la visite pourtant peu drôle d'une ferme dont l'exploitation quelque peu archaïque et naïve fit sourire l'étudiant en agriculture que j'étais. Avec un peu de flegme et beaucoup de cynisme, il sut trouver les mots justes pour décrire la décadence du système d'exploitation colonial britannique qui, s'étant retranché durant ses dernières années d'existence – ou, devrais-je écrire, de survivance – en une forme exagérée d'économie planifiée, pouvait faire passer en comparaison le communisme de l'Union soviétique (nous étions encore en 1985) ou de la Chine en économie extra-libérale. Que ce système ultra-dirigiste fût pratiqué dans ces colonies par le pays dirigé par Margaret Thatcher ne manquait pas de piquant.

Depuis la ferme d'État, nous gagnâmes, par un sentier souterrain, le sommet de la Green Mountain sur lequel avaient été établies dès la fin du XIXe siècle des dalles de ciment qui avaient pour vocation de récupérer l'eau de la rosée et des brouillards quasiment permanents à cette altitude. Toutes ces dalles convergeaient vers un réservoir qui permettait de créer une source de substitution. Je n'appréciai que modérément cet endroit humide, venteux et froid inadapté à ma légère tenue vestimentaire. Je ne pouvais imaginer de tels microclimats. Nous visitâmes aussi ce qui restait du sanatorium de la Royal Navy qui, en raison de la qualité extraordinaire de l'air, avait été destiné à l'usage exclusif des marins atteints de tuberculose.

Totalement frigorifié, je regagnai ma cabine avec beaucoup de réconfort mais je pressentais déjà que ce départ n'était que partie remise et que je reviendrais passer beaucoup plus de temps sur cette île extraordinaire. « Extraordinaire » : hors du monde, marginale, totalement décalée.

Le soir, au dîner à la table du commandant, tous les convives firent part de leurs impressions. Tous furent de l'avis de Gilbert et s'entendirent pour décrire Ascension en endroit inhospitalier, horrible, hideux, désagréable, poussiéreux, malsain… Ce soir-là, dans mon apprentissage de la langue anglaise, je fis donc le plein d'adjectifs pour désigner l'horreur. Mon vocabulaire anglais ne me permettant pas de répliquer pour révéler l'impression de bien-être qui m'avait envahi lorsque j'y avais posé les pieds, je choisis de me taire.

De retour dans ma cabine, j'essayai de trouver ce que Dad avait écrit sur l'île que sir George Cockburn avait revendiquée au nom de son souverain George III afin d'ajouter ce point fixe dans la structure de surveillance de Napoléon à Sainte-Hélène. L'endroit où les premiers marins s'installèrent prit le nom du roi et le fort qui en protège l'accès par la mer celui de l'amiral ; fort Cockburn. Dans son *Napoléon à Sainte-Hélène*, je ne trouvai rien. Le lendemain, je lui exprimai ma surprise. Je pensais que si, pendant toute la durée de l'exil, Ascension était devenue le prolongement naturel de Sainte-Hélène, il devait très certainement s'y être passé quelque chose. Gilbert balaya ma suggestion par un seul : « Peut-être, mais tout le monde s'en fiche. »

## Les Héléniens

Lorsqu'à Ascension quarante-huit Héléniens – uniquement des hommes – embarquèrent, les deux derniers jours du voyage prirent un tout autre aspect. Ils me permirent de découvrir mes futurs voisins. Et Ascension m'apparut comme un sas d'entrée, une mise en préparation psychologique avant l'arrivée à Sainte-Hélène.

Car à Ascension et durant les quarante heures de voyage en mer qui séparent les deux îles, nous étions comme déjà physiquement arrivés à Sainte-Hélène, en attente du débarquement. Durant les treize premiers jours, les seuls Héléniens à bord furent ceux qui s'en revenaient de Grande-Bretagne et, pour avoir visité la mère-patrie, devenaient de facto l'élite de l'île. Ce n'était pas le cas des nouveaux embarqués qui furent logés sur le pont supérieur, normalement réservé aux passagers amateurs de farniente ou de bains de soleil. La mixité raciale parut troublante au campagnard picard que j'étais resté : les traits chinois, africains et européens étaient représentés. Cette variété ethnique donnait à chacun d'entre eux un type unique, déconcertant. Leurs singularités me les rendaient attrayants au point d'en vouloir dessiner les visages.

Durant deux nuits, les très inconfortables chaises longues métalliques rouillées devinrent des lits de camp, alignés comme dans un dortoir militaire, pour les nouveaux venus. Une armature improvisée fut recouverte de bâches en plastique, donnant à l'ensemble du bateau une allure de boat people.

Dès la première soirée, je parvins à sympathiser avec deux Héléniens, David et Tony, qui m'en apprirent plus sur l'île en une soirée que tout ce qu'on m'en avait dit à bord les jours précédents. Les deux garçons, qui venaient de passer dix-huit mois à Ascension où ils avaient travaillé pour la base de la RAF (Royal Air Force), étaient impatients de revenir à Sainte-Hélène retrouver leurs familles respectives. David ressemblait à un Latin. Il avait un fils de trois ans qui, parce qu'engendré à la suite d'un flirt lorsqu'il était âgé de dix-sept ans, avait été confié à la mère de son éphémère amoureuse partie travailler aux Malouines. Quant à Tony, physiquement il avait gardé de ses ancêtres africains la force du visage et des Européens le dessin de son corps ainsi que ses grands yeux verts. Il avait passé son enfance à Sainte-Hélène, élevé par sa grand-mère car ses parents travaillaient pour la radio britannique BBC à Ascension – la BBC entretenait une importante station de relais destinée à couvrir le continent africain voisin – où les contrats de travail rendaient difficile la présence des enfants. À dix-neuf ans, il était déjà le père de deux petites filles, nées à l'occasion de deux aventures vécues à quinze et dix-sept ans. Comme pour le fils de David, une d'entre elles avait été confiée aux parents de la très jeune mère, elle aussi partie travailler aux Malouines.

Les deux jours passés à bord du RMS *St. Helena* avec Tony et David me permirent donc d'appréhender ce que pouvait être la société hélénienne. Et mirent à mal mes notions héritées d'un catholicisme intolérant.

Alors que nous venions tout juste de nous rencontrer, je fus séduit par leur franchise naturelle, leur façon de parler sans jamais porter le moindre jugement moral sur quoi que ce soit. À leur contact, nombre de mes certitudes volèrent en éclats. Ils se livrèrent à moi sans pudeur, sans crainte, sans restriction. Je fus sous le charme en espérant pouvoir, un jour, jouir d'une semblable liberté. Pour cela, j'avais bien du chemin à parcourir : jeter aux orties ma carapace d'adulte rationnel et parvenir, comme je le fais aujourd'hui en rédigeant ce récit, à raconter ma vie avec transparence, n'entrait pas encore dans mes pensées.

Sur le pont, la musique country jouée à pleine puissance irritait la plupart des voyageurs qui, depuis leur embarquement à Avonmouth, avaient pris leurs marques dans l'espace réduit du bateau. Le fait que le pont extérieur leur fût supprimé les agaçait. A contrario, les Héléniens embarqués à Ascension n'avaient pas le droit d'occuper la Stern Gallery. Une tension était largement perceptible ; il suffisait du moindre incident pour que les passagers prissent à partie ceux qu'ils ne désignaient que par des « eux » prononcés de manière méprisante. Avec talent et toujours la même aisance, Geoff parvenait à calmer les ardeurs.

L'appropriation du pont extérieur et la limitation des espaces de circulation me permirent en tout cas de mieux appréhender la société hélénienne, tant elles mettaient en exergue les appartenances sociales qui coïncidaient souvent avec les origines raciales. À bien y réfléchir, ce ne fut qu'à ce moment du voyage que je me rendis compte que cette forme d'apartheid s'était naturellement imposée aux Héléniens à bord depuis l'Angleterre. Bien qu'ils aient théoriquement accès à toutes les parties du RMS *St. Helena*, ils ne s'asseyaient jamais à la galerie arrière mais uniquement dans celle qui était située à l'avant, où se trouvait l'unique bar.

En résumé, la Stern Gallery était quasiment réservée aux fonctionnaires et voyageurs blancs. Une exception, cependant, à cette règle non énoncée : ceux qui, comme la femme de John, avaient changé de classe par mariage. Pareillement, Gilbert n'apprécia pas trop mon rapprochement avec David et Tony. Je m'en rendis compte lorsque, la veille de notre arrivée à Sainte-Hélène, nous avions fini tous les trois dans ma cabine plus confortable que le pont supérieur sous les bâches battues par le vent. J'encaissai sa première réaction verbale qui m'amusa plus qu'elle ne m'affecta. « Qu'est-ce que tu fais avec cette racaille. Je te l'interdis. » Il dut s'en rendre compte car ce fut la dernière fois qu'il eut vis-à-vis de moi ce genre d'attitude. Tout comme j'appris ses limites, il découvrit les miennes.

## Premiers pas à Sainte-Hélène

À l'aube du 28 novembre 1985, après quinze jours de navigation instructifs et décalés, j'aperçus la silhouette nord de l'île. Blasé par ce voyage et cette approche par la mer, Dad resta dans sa cabine alors que Tony et David couchaient à même le sol dans la mienne. Bien que ce fût la première fois pour moi, il me semblait avoir déjà vu Sainte-Hélène tant elle était fidèle aux descriptions que les membres de l'équipage du RMS *St. Helena*, Gilbert, les passagers du RMS et les Français qui voyageaient avec Napoléon en avaient faites. Un sinistre, lugubre et solide blockhaus émergeant des flots.

Nous arrivâmes par le versant nord, c'est-à-dire directement sur le port de l'unique ville, Jamestown. L'île, qui m'apparut d'abord comme une simple ombre à l'horizon, grossissait au rythme de notre approche. Je ne ressentis ni l'apaisement et l'impatience que j'avais eus à l'approche des Canaries, ni l'impression de plénitude et de bien-être savourée à l'apparition d'Ascension.

L'entrée à Sainte-Hélène fut sombre, mélancolique et pleine d'appréhension pour un séjour qui devait durer six mois. Alors que je contemplais cette forteresse médiévale comme j'avais regardé celle de Péronne ou imaginé celle de Ham, avec des tours et des remparts crénelés, John vint vers moi et se mit à me réciter les premières phrases de la fameuse ode à Sainte-Hélène : « Paix à toi, île de l'Océan ! Salut au souffle de ton rivage, salut à tes flots. Voici l'Océan qui vient ceindre de son écume, comme d'une blanche couronne, tes écueils révérés. »

Ses allures de colosse barbu et son accent d'un anglais que seuls les acteurs élisabéthains savent si bien saccader donnèrent à ces mots un éclat qui me permit de mieux appréhender le moment et de dissiper l'effroi provoqué par cette première apparition. Nous nous étions tant rapprochés du noir donjon marin qu'il s'était transformé en un enchevêtrement de retranchements, de bastions, de citadelles, de murailles de basalte. L'île, depuis toujours escale des flottes sur la route des Indes, ne disposait pas de port, et même pas de quai au long duquel les bateaux auraient pu s'amarrer. Une fois l'ancre jetée dans la baie, la sirène du RMS *St. Helena* retentit. Nous étions arrivés à Sainte-Hélène.

Comme à Ascension une barge amarra à couple presque immédiatement à tribord. Tony et David m'avaient dit que Gilbert n'était uniquement connu sur l'île que par un surnom : *THE Frenchman* (*LE Français* dont l'article défini devait être prononcé avec emphase) et qu'il était considéré comme l'un des personnages les plus importants, juste après le gouverneur. J'allais très vite me rendre compte que cela était fondé.

Nous n'eûmes par exemple pas à subir les lenteurs des services de l'immigration et des douanes qui étaient montés à bord. Non… nous fûmes les premiers passagers à descendre l'échelle de coupée suspendue le long de la paroi tribord des œuvres vives du RMS *St. Helena*. Geoff avait mis à notre disposition deux hommes de pont pour nous aider à réaliser ce qui ressemblait plus à un déménagement qu'à un débarquement puisque avec nous descendirent toutes nos valises, la malle métallique et d'innombrables cartons de victuailles congelées ou réfrigérées ainsi que les bidons d'huile d'olive achetés aux Canaries. Avec les deux marins, Gilbert et moi fûmes les seuls passagers à bord du premier canot.

De loin, je vis que le quai était noir de monde. Une foule compacte endimanchée. À quelques mètres du débarcadère, Dad fit un signe de la main à deux hommes qui attendaient à côté d'une vieille Land Rover. Je devinai qu'ils étaient deux de ses employés. Mettre pied à terre était une opération bien moins périlleuse qu'à Ascension car le débarcadère n'était constitué que de trois marches en pierre qui menaient à une minuscule plate-forme bétonnée, elle-même reliée à une surface plane où les pêcheurs entreposaient leurs prises du jour. Les employés nous accueillirent en aidant d'abord Gilbert à descendre, puis les deux marins à décharger du canot bagages et victuailles. Un policier vint saluer Dad au nom du gouverneur et lui proposa l'aide de ses hommes pour porter ses bagages.

Après être monté en haut des marches rendues glissantes et empuanties par le sang et les entrailles des poissons et mammifères marins, slalomant entre les corps de marsouins dont les pêcheurs avaient coupé les têtes qui gisaient à même le sol, et, après avoir enjambé quelques rouleaux de cordages, Dad me présenta d'abord au plus âgé des deux hommes dont il ne me donna que les surnoms : Capitaine Williams, le chauffeur puis Gurnet, le jardinier. Sans que je sache si ce fut mon imagination ou pas, j'avais l'impression que la foule cantonnée derrière des barrières improvisées m'observait. Je n'avais jamais ressenti une telle pression des regards sur ma personne. Littéralement, je me sentis scruté.

Je montai dans le véhicule avec un réel soulagement. La vétusté de sa carrosserie contrastait singulièrement avec le traitement de faveur auquel nous avions eu droit pour débarquer. Le policier ouvrit un passage au travers de la foule, et nous partîmes pour… Longwood.

Coincé sur la banquette à deux places de la Land Rover entre Gilbert et le Capitaine Williams, totalement égaré, je ne prêtai pas la moindre attention à l'unique bourgade de l'île nommée Jamestown. Je ne recommençai vraiment à retrouver mon sens de l'observation que lorsque le véhicule dut s'y reprendre à trois fois pour négocier un virage en épingle à cheveux sur une route fortement inclinée. Nous montions à Longwood et j'étais bien serré entre les deux hommes lorsque la route, bordée d'aloès et de lantanas en fleur, m'apparut enfin. Bien que ne pouvant que regarder devant moi, je me trouvai instinctivement attiré par une montagne d'une forme élégante, toute en courbes féminines. Je l'indiquai à Gilbert. Il me répondit qu'il s'agissait du Flagstaff, au bas duquel les régiments militaires campaient du temps de Napoléon.

Au fur et à mesure que nous montions, la température baissait et le bleu du ciel s'altérait pour devenir blanc lorsque nous franchîmes le poste de garde, la Longwood Gate qu'il fallait passer, comme du temps de Napoléon, afin d'accéder à l'enceinte de Longwood. Une grande route linéaire nommée Longwood Avenue s'offrit alors à nous. Son tracé rectiligne contrastait violemment avec tous les chemins sinueux que nous venions d'emprunter depuis les quais de Jamestown. Au bout de l'avenue se trouvait un portail blanc à deux battants qui, comme par enchantement, s'ouvrit à notre apparition. Des enfants, pieds nus et attifés de vêtements me rappelant ceux que je portais dix ans plus tôt en entrant au collège de Nesle et dont j'avais honte, semblaient avoir pris l'habitude de servir de portiers en échange d'une pièce que Dad leur donna par la fenêtre du véhicule.

Assoupie sous le soleil des tropiques, Sainte-Hélène, pas encore sortie de son ère coloniale, m'apparut d'emblée comme un monde à la fois suranné et enchanteur.

## La maison des illusions

J'étais enfin arrivé à destination. Par le portail que nous avions franchi, nous accédâmes à un sentier qui semblait avoir été creusé dans une masse végétale sombre et compacte créée par des pittosporums auxquels d'immenses araucarias servaient d'armature. Je mis à l'épreuve mes connaissances en botanique et ressentis une certaine fierté de pouvoir reconnaître un grand nombre d'espèces végétales normalement cultivées sous serre en France.

Au bout de ce tunnel, la lumière était si intense qu'elle semblait nous happer. Après un très bref aveuglement, Longwood House m'apparut comme une braise sortie du feu, d'un rouge sang que le soleil rendait incandescent. Sur le bateau, Dad ne faisait donc pas une quelconque figure de style purement littéraire en disant que l'ultime maison de Napoléon était une flamme au sommet d'un volcan éteint. Comme un magicien, il était parvenu à recréer cette impression de feu, d'un brandon incandescent.

Durant la demi-heure qu'avait duré le trajet entre Jamestown et Longwood, Gilbert m'avait expliqué qu'à Sainte-Hélène tout le monde recevait de manière quasi systématique un surnom. Ainsi, pour le *Capitaine Williams*, si Williams était son nom de famille, son véritable prénom était Derek. Son premier sobriquet avait été « Bas du cul » (*short ass*) en raison de sa petite taille et de ses jambes trop courtes, mais, lorsqu'il atteignit les cinquante ans, il se mit en tête de construire un bateau pour aller à la pêche. Dix ans plus tard, le bateau fut achevé mais n'alla pas plus loin que l'avant de sa maison. Pour cet exploit, il fut promu ironiquement au grade de capitaine. J'interrogeai aussi Gilbert sur la signification du pseudonyme du jardinier : Gurnet. Il me répondit que si son vrai nom était Hermon Thomas, les Longwoodiens l'avaient ainsi désigné en raison de sa façon de parler qui lui donnait l'apparence du poisson qu'on nomme gurnard en français (ou *gurnet* en anglais) lorsqu'on le sort de l'eau.

Je fus soulagé de descendre du véhicule où j'étais très inconfortablement assis. J'aurais souhaité, comme Gurnet, m'installer dans la benne de la camionnette mais je sentais que cela eût été très mal accepté par Dad, qui concédait une place essentielle au respect des classes sociales et à ses expressions. Il accordait une importance démesurée non pas à la place que l'on tient réellement dans la société mais au regard que l'autre porte sur vous. L'appréciation publique et les apparences étaient ce qui comptait. La réalité se devait d'être cachée, enfouie sous des masses de fausses informations contradictoires. Il avait adopté pour lui-même et pour ses fonctions professionnelles le principe : pour vivre heureux, vivons cachés. Et comment mieux se cacher qu'en se réfugiant derrière une réputation qui reposerait seulement sur des on-dit ?

Durant ce séjour, j'entendis les rumeurs les plus folles, lesquelles parfois se retrouvaient publiées comme autant de vérités par des journalistes sensibles à l'anecdote et à l'extravagance. Gilbert apparaissait dans la presse anglaise tantôt comme un dandy, un excentrique distingué ou un esthète. Les qualificatifs qu'on lui attribuait concernaient les habitants qui, selon lui, auraient passé leurs vies « entre libations, fornications et dévotions ». Ces mots d'esprit furent répétés jusqu'au Parlement britannique, auxquels un député crut bon d'ajouter qu'il n'était pas surpris que ce résumé émanât d'un Français, seul – toujours selon lui – capable de fornications après les libations. Un autre journaliste alla jusqu'à publier que Gilbert Martineau avait voyagé jusqu'en France avec le cadavre de sa mère morte à Sainte-Hélène plongée dans un baril d'« un des meilleurs cognacs qui se puisse ». On le présenta aussi comme un misanthrope, un homme blessé, impassible avec une expression inentamable et endurcie. À Ars-en-Ré, il était un écrivain, un historien, un érudit… à Sainte-Hélène, le maître des illusions, un mystificateur qui s'amusait à se mystifier lui-même.

La réalité ne fut dévoilée que bien plus tard par Jean-Paul Kauffmann, qui, le premier, comprit que cette apparence traduisait le profond désarroi de ne pas avoir pu être l'écrivain que Gilbert aurait rêvé devenir. Les années consécutives à la Seconde Guerre furent celles de toutes les illusions : les chèques en bois étaient honorés, celui qui n'avait pas un sou en poche pouvait prétendre être millionnaire sans être contredit, n'importe qui passait pour un grand romancier sans avoir écrit un seul livre. Il régnait alors dans la vie de tous les jours, les arts, la littérature, la musique, une liberté qui n'était pas encore entravée par des lois, des règlements, les vérifications instantanées de l'information par l'Internet. Homme de son temps, l'auteur puis l'historien Gilbert Martineau, sans avoir jamais rencontré le succès auquel il aspirait, jouait à être un grand écrivain à succès retiré du monde. Sa vie composée, même si elle pouvait paraître être un miroir aux alouettes, m'apparut vite comme une gageure, un défi. Hors du monde, à Sainte-Hélène, Dad se construisit une image qui devint sa plus belle création. Il se voulut prodigieux. Il le devint comme un magicien compose un spectacle. Il avait fait de même avec le logement où il habitait seul depuis cinq années et qui correspondait aux appartements où cohabitaient les compagnons d'exil de Napoléon, à l'exception de la famille du grand maréchal Bertrand qui demeurait dans une maison voisine.

Sur le perron, les employés de maison nous attendaient debout, en rang, avec des uniformes, les bras pendant le long du corps. Gilbert me les présenta dans un ordre très protocolaire : tout d'abord le vieux majordome à son service depuis plus de vingt ans, Percy Williams, puis la gouvernante Sheila Henry dite Loulou, la chambrière Iris Stevens et enfin Kevin Crowie, le boy ou valet.

Le chauffeur Capitaine Williams alla chercher l'aide des deux autres jardiniers pour décharger la camionnette. De nombreux produits étant surgelés, il fallait se presser car les cartons étaient sortis du réfrigérateur du bateau depuis déjà plus d'une heure, et il faisait terriblement chaud. Je vis alors arriver clopin-clopant Alfred Thomas, nommé plus simplement Alfie, et George Benjamin, surnommé Chicks (poussins), qui, portant un uniforme bleu et or, avait plus l'apparence d'un garde républicain à l'entrée d'un ministère parisien que d'un responsable de l'entretien immobilier.

Cette domesticité et ce train de vie désuet me mirent d'un coup mal à l'aise. Non pas par une quelconque conviction politique gauchisante, mais plus prosaïquement parce que c'était un monde dont je ne connaissais pas les règles. Et puis je ressentis l'impression d'être scruté, la même que celle éprouvée sur le quai au débarcadère. Je compris alors pourquoi David et Tony, à bord du RMS *St. Helena*, lorsqu'ils avaient appris que j'étais le fils de Gilbert, m'avaient immédiatement situé en haut de l'échelle sociale. Au premier abord, il leur semblait suspect que je passe des heures à discuter avec eux de leurs vies à Ascension et à Sainte-Hélène, mais, en révélant ma filiation, j'avais acquis à leurs yeux une légitimité nouvelle.

Pendant que le Capitaine Williams, Gurnet, Chicks et Alfie s'affairaient à ranger les victuailles, Kevin, sous l'autorité du vieux Percy, s'occupa des bagages – à l'exception de la malle métallique qui disparut dans l'arrière-cuisine avec les bidons d'huile d'olive. L'appréhension que je ressentis en pénétrant dans cette maison, qui m'apparut comme une survivance de celle que décrit Jane Austen, s'amplifia davantage lorsque j'entrai dans les logements de fonction du conservateur à Longwood House. Dès la petite pièce d'entrée, je fus affligé par la lumière blafarde et par l'odeur âcre de cire moisie, d'eau croupie et de produits insecticides mélangés qui enténébraient les lieux.

Sans oublier ces effluves entêtants dont je ne parvenais pas à identifier l'origine, qui achevaient de donner à l'ensemble une impression d'insalubrité.

Tout comme la vieille Land Rover jurait avec le traitement de faveur réservé à Gilbert lors du débarquement, l'intérieur malsain de cette maison me sembla incompatible avec la domesticité de la propriété… voire en totale discordance.

De la petite pièce d'entrée, Iris m'indiqua le corridor qui menait jusqu'à ma chambre située au rez-de-chaussée. La peinture verte de ce couloir étroit était écaillée et les murs recouverts de salpêtre. Iris m'avertit de faire attention au carrelage : parce qu'il était constitué de faïence des années 1930 mal jointes et avait été posé sur des épaisseurs différentes, les bords des petits carreaux jaune clair et blanc se révélaient extrêmement coupants.

On ne pouvait accéder à ma chambre qu'en traversant une salle de bains aux murs recouverts de petits carreaux bleus comme on en voyait dans les appartements des années 1960. Le sol s'ornait des mêmes faïences hétéroclites que le couloir. Ma chambre était celle qui, autrefois, avait servi au comte de Las Cases. On avait recouvert son sol en terre battue d'une moquette rouge lorsqu'elle avait été rénovée dans les années 1930. Iris me prévint que l'absence de dalle de béton rendait très difficile le nettoyage de la pièce, celle-ci étant toujours poussiéreuse, voire boueuse lorsqu'il pleuvait un peu trop. Je ne réagis même pas à ce que je découvrais, me contentant d'enregistrer dans mon cerveau embrumé les informations. Kevin avait déjà déposé mes sacs sur l'un des deux lits. La chambre se situait plein sud – ce qui, dans l'hémisphère Austral, était l'orientation la plus froide – et n'avait pour tout sanitaire qu'un lavabo en plastique jaune.

Je demandai à Iris de me faire visiter le reste de la maison. Avec elle, je sortis de la pièce en traversant à nouveau la salle de bains dotée du minimum. Elle me précisa qu'il n'y avait ni eau chaude, ni douche. Les toilettes jouxtaient la pièce. On retrouvait alors le couloir.

À droite se trouvait le bureau de Gilbert qui, du temps de Napoléon, servait d'appartement à l'officier d'ordonnance. Cette pièce disposait d'une porte vitrée qui donnait sur le jardin, à l'endroit exact où nous étions descendus du vieux véhicule. Les appartements privés de Gilbert, qui jouxtaient son bureau, étaient constitués de trois pièces : une au rez-de-chaussée communiquant directement avec son bureau par une petite porte, et deux à l'étage ; une servant d'antichambre et une autre de chambre à coucher où avaient été installés le lit du comte et de la comtesse de Montholon, une des méridiennes de Napoléon, un miroir de la comtesse Bertrand.

En redescendant au bureau et en reprenant le couloir, je retrouvai la petite pièce d'entrée qui permettait d'accéder au salon du baron Gourgaud (que Dad utilisait comme salle de vidéo) et aux appartements de la famille de Montholon, convertis de leur côté en bibliothèque et en salon pour prendre le café. De cette dernière pièce, on avait accès à l'appartement du docteur O'Meara, transformé en salle à manger, et aux cuisines constituées de trois pièces : la cuisine à proprement parler, avec fourneau Aga à anthracite qui chauffait sans discontinuer, la réserve qui fermait à clé et la salle de rangement par laquelle on devait passer, en sortant, afin d'accéder à la lingerie. Ce fut lorsque j'entrai dans la cuisine que je compris la nature de l'odeur que je n'étais pas parvenu à identifier : il s'agissait de la fumée du charbon qui brûlait en permanence.

Je remerciai Iris de la visite guidée et m'en allai rejoindre Gilbert, qui ne semblait pas se rendre compte combien il pouvait être difficile de trouver une place à soi dans un endroit constitué d'émanations du colonialisme, de prétentions, d'apparences et d'inconfort. Tout concourait à me mettre mal à l'aise. Mais lui était occupé à remettre en état les pièces constituant son intérieur. La première chose qu'il fit, en arrivant, fut de sortir d'un coffre-fort incrusté dans un mur, un immense trousseau de clés. Geste accompagné de la remarque qu'« avec tous ses employés il se devait de tout enfermer ». Je compris seulement plus tard que lorsqu'il disait

« tout », il voulait vraiment dire tout, de la cire aux produits dont toute cuisinière a besoin au quotidien comme le sucre, le lait et le sel. De toute évidence, n'accordant pas la moindre confiance à ses serviteurs, sa vie, à Longwood, semblait se transformer en continuel jeu de clés. Alors qu'il s'affairait à sortir des caisses une multitude d'objets de décoration – parmi lesquels une centaine de petits chiens en faïences diverses, des chinoiseries, des verreries, des ivoires –, il fut sans cesse sollicité. À chaque fois, il se rendit à la réserve et fournit ce dont la cuisinière, le majordome ou la lingère avaient besoin. Au goût du secret qu'il affectionnait, il ajoutait la suspicion.

Ce qui me surprit le plus, en le regardant se réinstaller, fut de le voir extraire de la malle une quantité impressionnante de cadres avec photographies dédicacées de personnalités composites qu'il installa sur les rayons de sa bibliothèque. Ainsi les princes Philip et Andrew côtoyèrent Rosemonde Gérard et son fils Maurice Rostand, Pierre Clostermann, Jean Cocteau, le duc de Veragua Cristóbal Colón, Leurs Altesses Impériales le prince et la princesse Napoléon, Charles de Gaulle, le prince Rainer von Hessen, etc. À travers cet étalage relationnel, Gilbert se mettait en scène. Ne parvenant toujours pas à m'habituer à l'odeur et à trouver mon espace, je me dis que ces célébrités n'étaient pas de trop pour cacher la misère de cette maison et, ainsi, s'illusionner !

Dépité par cette première impression, je sortis dans les jardins. Où je tentais de me rassurer en répétant – comme pour mieux m'en convaincre – les points positifs à tirer des six mois de mon séjour à venir : avancer dans mes cours d'agronomie et apprendre l'anglais. L'objectif de Dad – me mettre le pied à l'étrier pour prendre sa suite à Sainte-Hélène – m'apparut comme une bien mauvaise idée.

Iris sortit m'avertir que les déjeuners seraient servis tous les jours à treize heures. J'allai dans ma chambre et commençai à vider mes trois sacs. De la penderie en bois que j'ouvris s'exhala une odeur de moisi que je n'avais jamais humée. À Voyennes, vivant à côté des marais, j'avais pu acquérir une bonne expérience de l'humidité mais là, dans cette pièce dont le sol en terre battue était recouvert d'une moquette qui pourrissait, j'expérimentais quelque chose de nouveau. C'était comme d'avoir à vivre dans une tombe creusée à même la terre humide. Les étagères étaient recouvertes de mildiou qui teintait le bois d'iroko en blanc. Je me souvins alors que nous étions en été et m'interrogeai, inquiet, sur ce que pouvait bien être un hiver à Longwood… En me rassurant *illico* : de toute façon, je serais parti d'ici là.

Oui, vraiment, il avait fallu beaucoup de talent à Gilbert Martineau pour faire illusion et laisser croire que cette masure ressemblait à un bâtiment prestigieux, voire jouant le rôle de résidence diplomatique. Sa capacité à vivre dans l'inconfort me parut subitement des plus surprenantes. Car il ne paraissait pas une seconde affecté par les odeurs de renfermé, les moisissures, l'insalubrité intrinsèque des bâtiments. L'absence de douche fut, quant à moi, l'élément de confort qui me manqua le plus. La seule possibilité de nous laver était un bain hebdomadaire pris dans une eau noirâtre chauffée par un geyser alimenté de morceaux de bois et vieux journaux.

## Le Sainte-Hélène de Gilbert Martineau

Le déjeuner était donc servi à treize heures. Iris assurait le service de la table, rythmé par une petite cloche de cuivre que Dad faisait retentir à chaque étape du repas. Totalement égaré dans ce nouvel environnement, je me contentais d'observer en m'imposant l'apparence d'un flegme qui permettait à mes silences de ne pas être travestis comme la marque de l'ennui ou de la contrariété. Je n'avais pas perdu le goût du mutisme. Comme depuis le premier jour de notre rencontre à l'hôtel des Vikings au Havre, je laissais Dad interpréter un rôle bien rodé. Et suspectais qu'il avait encore nombre de scènes à jouer.

Je ne me trompais pas.

Lorsque nous étions tous les deux, nous déjeunions dans le salon Montholon. Une table ronde autour de laquelle six personnes pouvaient s'asseoir était placée à un angle de la pièce, près d'un gros poste de TSF permettant d'écouter la radio locale, appareil surmonté d'une autre radio presque aussi volumineuse destinée à capter les ondes courtes et plus particulièrement Radio France internationale.

Gilbert, fixé sur son passé, vivait à Longwood dans des souvenirs qu'il ne dévoilait que par bribes, histoire de conserver le droit de les embellir par quelques négligences factices. Ainsi, il me livra les motivations l'ayant conduit à postuler à Sainte-Hélène.

Tout avait commencé durant ses années de réserve militaire. Des années durant lesquelles il avait consciencieusement accompli ses périodes de formation en qualité d'adjoint à l'officier archiviste (en 1949), de navigateur aérien (en 1951) et maritime (en 1952). Il était devenu, dans la réserve, le 11 mai 1945, enseigne de vaisseau de seconde classe puis de première classe le 11 mai 1949. À compter du 1er janvier 1954, il avait été nommé, en activité de service, chef des services généraux et des opérations à la base aéronavale d'Aspretto. Le 21 juin 1954, pour ses années de service durant la Seconde Guerre, il avait reçu la croix de guerre.

L'événement qui allait marquer un tournant dans sa vie fut l'enterrement du couple impérial à Ajaccio en 1955. Il s'agissait de Clémentine Albertine Marie Léopoldine, princesse de Belgique, et de son mari, le prince Victor Napoléon dont on avait transféré le corps à cette occasion, tous deux inhumés dans la chapelle impériale. Défilant avec les militaires dans les rues d'Ajaccio, Gilbert se prit soudain d'une passion pour l'histoire napoléonienne. Et commença à s'intéresser au terrain de Campo dell'Oro, enclave concédée à la Marine nationale en raison de l'importance des surfaces suffisantes pour recevoir une formation de l'Aéronautique navale.

Sur la côte à l'embouchure du Prunelli, face au golfe d'Ajaccio, à l'entrée nord de Porticcio se dressait la tour de Capitello. Et Gilbert ne put que déplorer le mauvais état de l'édifice. Avec l'aide de marins volontaires recrutés sur sa base militaire, il entreprit de la restaurer. Mais il fallait obtenir au préalable la permission d'engager officiellement les démarches administratives en vue de légaliser l'occupation des lieux. Or, le préfet maritime de la région ne lui accorda cette autorisation de louer et d'occuper (à titre précaire et personnel) la batterie et la tour de Capitello que le 27 juillet 1957. À cette date, il était déjà arrivé à Sainte-Hélène où il avait débarqué pour la première fois le 5 décembre 1956.

Depuis cette date, patiemment, il parvint à se créer, dans une demeure pourtant inhospitalière, une image fantasque et occulte. Comme dans un miroir, il aperçut lui aussi ce personnage fictif. Il contempla sa propre réflexion et l'aima plus que de raison. Il y vit le sceau de Rimbaud : « Car Je est un autre », narcissisme que je mets sur le compte du grand nombre d'années durant lesquelles il avait vécu, seul, dans cette enfilade de pièces chargées d'histoire qu'était Longwood House.

Très rapidement, je compris qu'il souhaitait vivement que je fusse séduit par ce qu'il estimait être un grand train de vie. Mais, pour ne point paraître le penser, je ne souhaitais pas qu'il sût ce que je ressentais réellement, à savoir combien cette maison me semblait malsaine, combien cette domesticité me paraissait incongrue. Lorsque je l'avais rencontré six mois plus tôt, j'étais sauvage. Il avait voulu m'apprivoiser. Il pensait que son monde fantastique pourrait être ma cage. Eh bien, il s'était trompé. Il aurait fallu qu'il fît mieux que cela à l'homme ombrageux que j'étais : il eût fallu qu'il me domptât.

Comme pour mieux masquer mon trouble à devoir vivre dans cette maison pendant encore six mois, je lui posai des questions en rapport avec son *Napoléon à Sainte-Hélène*, dont j'avais achevé la lecture. La vallée du Pêcheur où l'Empereur rencontra des fermiers ; les histoires de la Nymphe et du Bouton de rose ; la première maison des Bertrand à Hutt's Gate, la vie quotidienne des militaires.

À Sainte-Hélène, les échappatoires ne manquaient pas. J'allai même jusqu'à aborder sa vie sur place et combien il devait s'y sentir seul. Il m'apprit alors que, jusqu'en 1979, il n'y était pas seul puisque ses parents séjournaient toujours avec lui. Pendant trente années, ils avaient partagé le quotidien de leur fils sur cet îlot lointain. La solitude supposée de Gilbert à Longwood House, celle que j'avais lue dans quelques articles de presse qui le présentaient comme un misanthrope, n'avait donc été qu'un autre de ses tours de magie, une autre pose adoptée pour séduire les quelques visiteurs qu'il retenait souvent à déjeuner ou à dîner.

Une fois, il me fit le récit de la mort de ses parents, disparition qui illustre à elle seule la difficulté qu'il y a de vivre au quotidien sur cette île. Sa mère, Bertha, mourut le mercredi 1er novembre 1978 à vingt-trois heures trente à l'hôpital de Jamestown. Durant les trente années passées sur place, elle s'était créé un réseau relationnel exclusif car elle n'avait jamais voulu apprendre l'anglais, mais les familles et les officiers retirés des défuntes colonies britanniques étaient souvent francophones. Gilbert et son père décidèrent qu'elle serait inhumée dans le cimetière d'Ars-en-Ré. Pour que cela puisse se faire, elle fut embaumée et sa dépouille, déposée dans un cercueil d'acajou, présentée à ses amis à Longwood House du 3 au 6 novembre, date à laquelle elle fut transportée à la morgue afin que le cercueil de plomb nécessaire à son transport par mer soit confectionné. Le premier bateau quitta Sainte-Hélène le 7 mars 1979 et les deux hommes accompagnèrent sa dépouille. Durant le voyage, du 7 au 20 mars, Gilbert ne put que déplorer la rapide déchéance physique de son père, dont la santé périclitait depuis la mort de son épouse. Le RMS *St. Helena* amarra à Avonmouth le 20 mars par un temps glacial ; tous deux se reposèrent à Southampton au Royal Hotel les 21 et 22 mars, débarquèrent au Havre le 23, dormirent à Cholet et arrivèrent à Ars-en-Ré le 24 dans l'après-midi.

Le 25, à sept heures trente, son père vint rejoindre Gilbert pour le petit déjeuner et lui souhaita le bonjour. Ce dernier n'eut pas le temps de lui répondre que la tête de son père tomba en arrière ; il mourut instantanément. Les pompiers ne vinrent chercher le corps qu'en fin de journée. Fernande et Gaston Cazavant l'assistèrent pour organiser la confection de cet autre cercueil, assurer le transport de celui de sa mère (dont le poids compliquait les opérations), aider aux dernières visites, funérailles, etc. Seule consolation : son père voulait être enterré à Ars-en-Ré, ses dernières volontés furent facilitées par le destin !

L'enterrement du couple se fit conjointement. Gilbert retint de cette cérémonie quelques images qu'il me confia : les deux cercueils avec le drapeau français sur celui de son père ; les anciens combattants ; le prêtre qui fit le service en latin ; le cimetière sous la grêle. Trois mois plus tard, Dad retourna à Sainte-Hélène avec l'un de ses neveux prénommé Franck, comme son frère mort pendant la Seconde Guerre en servant le maréchal Pétain.

Cette lugubre histoire ne fut pas de celles qui m'auraient permis de sortir du marasme dans lequel la maison de Longwood m'avait plongé dès ma descente de la voiture. Mais elle m'aida à mieux cerner le monde de Gilbert, ce monde où les exactitudes étaient souvent plus invraisemblables que les fables flatteuses mais banales qu'il composait. Je commençais à le comprendre… et à l'aimer.

## Le tabernacle vide de Longwood

Après le déjeuner, Gilbert alla, comme à son habitude, faire la sieste. Iris et Loulou, après avoir rangé la table et fait la vaisselle, baissèrent les stores orange dont toutes les fenêtres orientées ouest des appartements du maître étaient surmontées. La lumière blafarde des pièces intérieures devint sépulcrale.

Dad m'avait prévenu qu'il ne saurait être avec moi durant l'après-midi car il lui fallait impérativement mettre à jour la comptabilité du poste diplomatique dont il avait la charge. Je lui répondis qu'il ne fallait pas qu'il se fasse de souci pour moi et que je comptais aller visiter les appartements voisins, ceux qu'avait occupés Napoléon.

Je connaissais de l'Empereur uniquement ce que je venais d'en lire dans le *Napoléon à Sainte-Hélène* de Gilbert. Toute sa vie avant son départ de Plymouth m'était totalement inconnue. Je n'avais donc du personnage qu'une idée générale, à travers aussi ce qu'en avait écrit Byron, et je savais qu'il avait imprimé sur la France des images de gloire, de grandeur, de prestige, mais aussi de souffrances inégalées. Les qualités propres aux génies.

Les jardins que je traversai pour entrer dans les appartements de l'exilé m'apparurent aussi sombres mais féeriques que les premières images du film *Citizen Kane*. Même brume, même éclairage blême, même sentiment d'abandon. Je ne garde d'ailleurs de cette première visite qu'un souvenir en noir et blanc. Je retrouvai la pancarte sur laquelle étaient écrits les mots : « No trespassing » (Ne pas entrer). Puis, toujours comme dans cette scène qui ne dure que quelques secondes, une variété de grillages, de grilles et de barrières délimitant des clôtures contenues les unes dans les autres jusqu'à se rétrécir en disparaissant dans les murs de la maison me revint en mémoire. Par ce traveling, le cinéaste évoquait la finalité de la recherche implacable de la richesse et du pouvoir. Fut-ce un hasard ? Gilbert, durant le déjeuner, avait évoqué le souvenir d'une jeune fille de fermier qu'avait rencontrée Napoléon dans une vallée située à côté de cette maison. Son nom était, comme dans le film, Rosebud (bouton de rose).

Après avoir parcouru ces jardins abandonnés, je gravis les cinq marches de l'entrée couverte par un treillis en bois dévoré par des lichens grisâtres qui s'accrochaient, telles des barbes de chèvres, sur les croisillons. J'avais retenu de mes cours d'écologie au Paraclet que le lichen était certes un bio-indicateur de la pureté de l'air parce qu'il avait besoin de l'air pour se développer, comme de la lumière et de la chaleur, mais surtout de l'humidité. Pour ce que j'en avais vu durant les cinq heures précédentes, ce dernier élément ne manquait certainement pas !

La porte était, comme dans une église de village, ouverte en permanence. Malgré ma vision en noir et blanc des choses qui persistait, lorsque je franchis le seuil de cette maison, d'une façon presque imperceptible une légère coloration jaune pastel sur les murs réapparut. Le reste demeurait irrémissiblement sépia. L'odeur suffocante des appartements de Gilbert refit son apparition, mais amoindrie, laissant le remugle prendre le dessus.

George Benjamin, alias Chicks, était là, endormi sur une immense table de billard présentée comme un catafalque recouvert d'un drap blanc qui retombait jusqu'au sol. Il avait posé sur ce vaste lit improvisé une paillasse sur laquelle, vêtu de son uniforme de laine épaisse, il faisait la sieste. Je ne le dérangeai pas et le priai de faire comme si je n'étais pas là. Il m'en sut gré et, changeant de côté, reprit son somme. La vaste pièce était très haute de plafond. Quelques meubles et un nombre incalculable de vitrines donnaient à l'ensemble l'aspect d'une brocante. Je me dis que j'aurais bien le temps, avant mon départ dans six mois, d'examiner ces étals en détail. Seuls les deux globes, placés de part et d'autre de la cheminée noire, attirèrent mon attention. Je m'approchai d'eux mais, cachées sous une épaisse couche de vernis opaque, les inscriptions en étaient difficilement lisibles. La seule source d'éclairage de la pièce était celle du jour qui se frayait un chemin au travers des lames des volets. J'entendis alors un petit bruit dérangeant, comme un battement de cœur irrégulier. Après avoir regardé dans tous les sens d'où ce son pouvait provenir, je vis la main gauche de Chicks, par un mouvement régulier du poignet, cogner sans force la table avec une boule de billard, comme le balancier d'une pendule. Je pensai alors que ma présence l'empêchait de trouver le sommeil et me rendis dans la pièce suivante en fermant derrière moi, avec précaution, la porte qui séparait les deux pièces.

Plus bas de plafond que la pièce précédente, le salon, bien que disposant seulement de deux fenêtres à guillotine contre cinq plus deux qui encadraient la porte d'entrée, était plus lumineux que la salle du billard. Les volets étant ouverts, les couleurs refirent brutalement leur apparition : le bleu des motifs floraux disséminés sur un papier beige ; le kaki et le rouge foncé des sièges ; le vert du piédestal sur lequel reposait un masque mortuaire en bronze patiné placé entre les fenêtres ; l'or d'une couronne d'immortelles séchées, dont les millions de graines tapissaient le plancher de teck et donnaient une impression de neige artificielle ; la brillance des boiseries recouvertes de peinture Ripolin marron brillant ; les toiles d'araignées que la lumière transformait en fils d'argent. Pas de doutes, j'avais retrouvé mes facultés sensorielles. Sans en connaître la raison, un profond sentiment de tristesse m'envahit lorsque je vis couler du foyer de la cheminée noire de l'eau qui s'était probablement engouffrée dans les conduits. La petite rigole, qu'avec le temps l'eau avait creusée dans le plancher, semblait avoir donné au décor le tempo d'une lente et pernicieuse désagrégation. Elle n'avait pas encore traversé le salon mais elle semblait s'en moquer car elle avait devant elle l'éternité.

Sur le plancher, devant le masque mortuaire présenté comme un monument, était vissée une plaque de cuivre verdie où était inscrit : « Ici est mort Napoléon le 5 mai 1821. » Une superbe araignée mouchetée comme un tigre avait tissé sa toile entre le nez de bronze et les rideaux que le soleil et la lune avaient transformés en lambeaux. L'arachnide semblait vouloir les réparer mais, pour le moment, comme Chicks dans la pièce d'à côté, elle s'était assoupie.

Dans cette pièce, on ne pouvait pas dire que le temps s'était arrêté. Il était à l'image de l'humidité qui exsudait des murs : il dégoulinait avec une nonchalance imperceptible et assurée. Un alchimiste semblait avoir trouvé à Longwood le secret pour harmoniser le temps qui passe avec celui qu'il fait et en composer une unique mélopée. Complainte de l'ennui longwoodien. Lancinante. Napoléon était bien mort dans cette pièce il y avait plus de cent soixante ans, mais l'humidité en avait comme préservé la présence. Cette pensée me glaça le sang et me poussa vers la pièce suivante.

L'accumulation de vitrines qui, comme par magie, avait disparu dans le salon réapparut dans la pièce suivante. Il y en avait partout : sur les murs, les dessertes, les tables et même les chaises. Une note punaisée sur le mur indiquait que cette pièce avait servi en un premier temps de salle à manger puis de chapelle où Napoléon assistait régulièrement à des services religieux. Je me souvins des années où j'étais enfant de chœur. Les appartements de Napoléon contenus dans cet agglomérat de constructions qu'était Longwood House m'apparurent alors comme un tabernacle abandonné dans lequel ne serait restée qu'une hostie consacrée sans son ostensoir, ni aucun autre objet liturgique. Les quelques sections de murs laissées libres, sans cadre, ni sous-verre, laissaient apparaître un papier peint rouge brique avec motifs floraux couleur or. Comme dans la salle du billard, je me résolus à ne pas examiner les vitrines d'exposition et me contentai de survoler l'ensemble.

La pièce suivante, aux murs recouverts par un tissu blanc, en était, en réalité, deux, séparées par une porte basse. Le visiteur n'avait guère le choix de ses errances car il ne pouvait que se frayer un passage établi entre les vitrines d'exposition. L'ensemble donnait vraiment l'impression d'un déménagement en cours d'exécution.

Commençant à le connaître un peu mieux, j'imputai la mise en scène à Gilbert, qui avait voulu évoquer les lieux lorsque après la mort de Napoléon tous ses objets personnels avaient été inventoriés puis mis en caisse. Les seuls meubles non encore emballés étaient deux lits de camp – un dans chaque pièce – trois tables basses et quelques chaises. Dans la première pièce, un tableau représentait Napoléon par un auteur du début XX$^{e}$, James Sant, et dans la seconde, un autre le montrait dictant ses instructions au général Gourgaud. Je constatai que, là aussi, les araignées étaient très affairées. Un des lits avait des bras métalliques qui se rejoignaient au sommet ; eh bien, les toiles avaient totalement pris possession des structures, accentuant le sentiment d'abandon des lieux.

Je me mis à sourire en pensant – stupidement – que les déménageurs tardaient vraiment à faire leur travail. Il régnait en tout cas dans ces deux salles une atmosphère d'inventaire après décès. Napoléon était mort mais rien n'était encore décidé car, là aussi, se retrouvaient cette impression de lenteur, ce sentiment de nonchalance, cette apathie généralisée et contagieuse.

Je n'étais pas au bout de mes étonnements, tant la pièce suivante se révéla encore plus déconcertante. De toute petite taille, seuls deux meubles y étaient placés. Aucune vitrine. Au contraire, comme pour mieux surprendre le visiteur, le décor y était minimaliste. Les murs, sans aucun cadre, étaient ripolinés beiges avec un tel effet de brillance que l'on se serait cru dans une salle de bains ou une cuisine digne des vieux magazines des années 1950. Pour parfaire cette impression de modernité antinomique, il me semblait que la pièce venait d'être nettoyée au Kärcher ; la preuve, on en était même parvenu à en atténuer le remugle – ce qui relève de l'exploit à Longwood House.

Dans un angle se trouvait la baignoire de Napoléon, enchâssée dans un coffre en bois lui aussi laqué sans vergogne, mais en marron foncé cette fois. Le seul article non recouvert de peinture brillante était une armoire à linge en acajou placée à l'angle opposé, à côté de l'unique fenêtre dont elle grignotait l'espace. Le contraste entre les deux chambres à coucher et la salle à manger m'apparut époustouflant. L'abondance, le désordre, l'obscurité précédaient l'épure, la simplicité, la propreté, le brillant.

Les pièces suivantes, si étroites qu'elles ressemblaient à des corridors, étaient meublées de vitrines, contrairement à celles que j'avais remarquées avant, totalement vides.

Bien que je ne me fusse pas intéressé au contenu des précédentes, je trouvai énigmatique cette absence. Je ne retins que le nom des pièces – la chambre Marchand, le cellier, la chambre Piontkowski. L'exposition de vitrines vides me semblait trop ridicule pour ne pas être suspecte.

La dernière pièce, qui avait les dimensions d'une salle ordinaire, était la bibliothèque. J'y retrouvai là exactement les mêmes effluences que celles qui ont pris possession des bâtiments de Longwood House réservés à l'usage privé de Gilbert. Elles me forcèrent à rebrousser chemin.

Dans le sens inverse, je refis la visite, cette fois-ci, au pas de charge. J'ouvris la porte de la salle du billard en essayant de ne pas faire trop de bruit pour ne pas réveiller Chicks encore endormi. Le bienheureux !

Je me retrouvai dans les jardins qui, par miracle, avaient récupéré leurs couleurs véritables. Les rhizomes d'une herbe rampante – que je reconnus comme étant le kikuyu – semblaient, comme la moisissure dans les bâtiments, prendre patiemment possession des lieux en étouffant tout sur leur passage pour en devenir le linceul. Je ne savais vraiment pas quoi penser de ma visite.

Pas de contentement. Pas de révélation. Des sentiments mitigés. Le sujet m'était inconnu quelques semaines plus tôt ; je n'avais aucune idée préconçue de ce que j'allais trouver ; *a priori*, j'avais ressenti cette partie de Longwood House comme étant plus accueillante ou, pour être plus précis, moins décrépie que les appartements que nous occupions, probablement parce qu'elle était exposée nord, c'est-à-dire côté soleil... mais quelle déception.

Quand je sortis de la maison, des sensations d'enfermement et d'oppression, comme guidées par les rayons de lumière qui, par intermittence, parvenaient à percer les nuages, se diffusèrent très lentement en moi. Je ne pouvais plus me leurrer : ce que je découvrais était accablant, désolant, consternant. J'aurais aimé posséder le talent d'un Stendhal ou d'un Byron pour exprimer ce sentiment étrange d'avoir, en parcourant quelques mètres linéaires au travers de sept pièces banales, assisté à un effondrement. Ce fut bien lors de cette première visite que j'entrevis ce que Longwood House pouvait devenir pour exprimer la chute, la désagrégation d'un héros colossal. La médiocrité après la démesure. Le néant après la gloire. Les quelques pas qu'il fallait faire pour traverser les appartements de Napoléon à

Longwood m'apparurent comme autant de stations d'un chemin de croix. Ce calvaire augmenté par l'ennui, l'insignifiance, la douleur, l'espoir, semble avoir été rendu savamment interminable à dessein : pourquoi ? Par qui… ? Une chute ne se mesure-t-elle pas par la profondeur du précipice ?

En me posant une multitude de questions, je me surpris alors à me passionner pour le sujet. Je me demandai s'il ne serait pas plus convenable de remettre dans son tabernacle dépouillé les objets liturgiques qui composèrent le martyre de Napoléon à Sainte-Hélène. Redonner à la maison sa mémoire.

Durant ce premier séjour, je revins souvent déambuler dans les pièces des appartements qu'avait occupés Napoléon. J'affectionnais particulièrement le faire entre six et sept heures du soir, lorsque le jour tombait aussi brutalement que les températures. Je parvins à décider Gilbert à évacuer un grand nombre de vitrines – celles qui étaient vides mais aussi en regroupant les objets présentés. Et ne fus pas long à m'apercevoir que Dad appréciait que je donne mon avis. J'en ressentis presque de la reconnaissance, heureux de lui rendre une motivation que le temps et les habitudes avaient émoussée.

## Shopping en ville et Briars

Gilbert, impeccablement habillé d'une veste de tweed que le vieux Percy Williams avait soigneusement préparée, sortait de l'enceinte de Longwood House trois fois par semaine – les mardi, jeudi et samedi matin de dix à douze heures trente précises – pour aller en ville faire ses courses et visiter quelques relations d'affaires. Chacune de ses sorties était sans imprévu, ni pour lui, ni pour les Héléniens. Capitaine Williams avait préparé sa voiture, devenue légendaire sur l'île puisqu'il s'agissait d'une énorme Ford Mercury Cougar Villager achetée au commandant américain de la base de l'île d'Ascension.

D'un mètre soixante-dix de large sur des routes qui en faisaient rarement plus de deux, ce monstre noir faisait, une fois lancé, effet de piston. Elle fut une des toutes premières voitures de l'île à disposer d'un boîtier automatique. Tous les véhicules venant en face, qu'ils montent ou descendent, reculaient jusqu'à l'aire de croisement la plus proche en la découvrant. L'intention de Gilbert était d'en imposer autant – voire davantage – que le gouverneur, lui qui, dès qu'il franchissait l'enceinte de Longwood House, entrait en représentation. Il en imposait. Les enfants étaient fidèles au poste pour ouvrir et fermer le portail blanc. Parce qu'elle était conçue pour les routes américaines, j'étais assis côté droit, ce qui me parut étrange dans une conduite à gauche, distinction qui n'était pas pour déplaire à Dad.

Une fois arrivé en ville, il effectuait un circuit parfaitement rodé. Il avait obtenu des autorités locales une place de parking spécialement réservée dans la cour du bureau de la poste dont les services dépendaient des personnes et non des enseignes. Tommy Benjamin et sa charmante assistante Doris Joshua, de la supérette Greenland de Solomon, étaient les fournisseurs de viande et d'épicerie, importées en gros d'Afrique du Sud ou de la Grande-Bretagne. Tommy avait la lourde tâche de découper les animaux selon les instructions précises de Gilbert, qui les avait lui-même obtenues de son boucher d'Ars-en-Ré. Doris s'était assurée que les articles, listés la semaine précédente et regroupés par ses soins, n'étaient ni périmés ni exagérément coûteux. Le marchand de légumes Micky Benjamin, qui travaillait pour la coopérative agricole, avait mis de côté les légumes et fruits frais du moment. La prévenante serveuse Molly Thomas – la fille du majordome, Percy Williams –, de l'épicerie Thorpe, trouvait toujours le moyen d'obtenir ce que les autres n'avaient pu avoir. Les trois principaux commerçants de l'île avaient chacun leurs réseaux d'agences maritimes et, ce faisant, les articles d'épicerie et de quincaillerie étaient de qualités et de prix variés.

Quant à la femme d'affaires générales la plus dynamique de l'île, Eva Benjamin, elle était celle chez qui Gilbert passait le plus de temps puisqu'elle faisait office de banquière et de secrétaire. Elle réglait toutes les factures et préparait les enveloppes des employés rémunérés hebdomadairement en espèces. Cette fonction de comptable improvisée n'était pas sans intérêt pour elle : ses activités étaient rémunératrices en liquidités de Sainte-Hélène, monnaie utilisable uniquement sur l'île. Elle pouvait ainsi, à moindre coût, approvisionner ses comptes bancaires à Jersey. Réciproquement, Gilbert, en remboursant Eva par transfert bancaire depuis son compte au Crédit lyonnais à Londres, évitait les coûts totalement exorbitants que le gouvernement de Sainte-Hélène pratiquait sur tous les mouvements financiers.

Autre point de passage obligé en ville : la poste, qui faisait encore ses choux gras de l'émission de timbres. Gilbert se faisait envoyer d'Angleterre toutes les conserves, livres et vêtements qu'il commandait par l'entremise de catalogues spécialisés.

Sur le chemin du retour, qui se faisait entre midi et midi et demi, Gilbert s'arrêtait toujours à un lieu-dit nommé The Briars, situé à la lisière sud de Jamestown. Non seulement le climat, comme en ville, y était beaucoup plus chaud qu'à Longwood, mais aussi et surtout la lumière s'y trouvait intensément plus brillante ou, à dire vrai, moins blafarde. En 1959, Dad avait persuadé Dame Mabel Brookes (née Emmerton), l'une des cinq plus importantes fortunes d'Australie, d'acheter le pavillon où Napoléon avait passé les premiers cinquante-deux jours sur l'île afin de l'offrir à la France. La femme du joueur de tennis Norman Brookes, qui remporta deux Wimbledon avant la Première Guerre mondiale, à l'occasion d'une croisière sur un bateau de l'Union-Castle Line, avait fait escale à Sainte-Hélène deux ans plus tôt. À cette occasion, elle avait rencontré Gilbert, qui venait tout juste de prendre son poste.

Elle acquiesça avec beaucoup d'enthousiasme et décida d'acheter la propriété à la compagnie Cable and Wireless dont le principal actionnaire à Londres était l'un de ses meilleurs amis. Comme prévu, elle en fit don à la République française, qui l'accepta.

Autant j'étais subjugué par le climat et l'impression de bien-être qui régnait dans cette vallée, autant le pavillon me parut misérable et ressembler plus à un taudis qu'à une résidence ! De magnifiques jardins en terrasse semblaient y avoir existé, mais il n'en restait plus que des traces. Des traces que seul un botaniste pouvait déceler tant les espèces végétales les plus remarquables se retrouvaient camouflées par d'autres plantes puissamment invasives.

Si je parvins à pressentir le charme que cette maison établie sur une butte avait pu avoir, ce fut uniquement parce que mon imagination était très fertile ; aussi vivace que les mauvaises herbes qui avaient pris possession du site.

Capitaine Williams et Gurnet venaient y travailler trois fois par semaine mais, ne sachant probablement pas par où commencer, semblaient se contenter d'entretenir un sentier en taillant au cordeau des haies de plumbagos bleus. Le comte de Las Cases avait nommé ce chemin l'« allée du Philosophe » car, durant son séjour, Napoléon avait pris l'habitude d'y faire les cent pas, ce sentier tout en pente représentant l'accès principal par lequel les visiteurs se frayaient un chemin à travers la végétation pour pénétrer dans ce qu'il restait de la maison, bâtisse qui, même en état de ruine, avait gardé un charme tropical.

Nous ne restions aux Briars jamais plus qu'un quart d'heure afin d'être à l'heure pour le déjeuner.

Les trois repas que nous prenions ensemble à Longwood étaient des moments privilégiés. J'y retrouvais beaucoup de ce que j'aimais chez Gilbert : ses talents culinaires, sa verve, sa prestance, son art des non-dits, son art de vivre, ses blessures, son élégance. Plus les jours passaient, plus mon admiration pour cet homme grandissait. Toutes les mauvaises impressions et les réticences que j'avais eues à mon arrivée s'estompaient lentement.

L'élément de surprise n'opérait plus. Je ne me posais plus de question et acceptais Longwood House pour ce qu'elle était devenue : un reste post-colonial construit sur des illusions dont j'avais la chance de vivre les derniers soubresauts. En prenant pleinement conscience de la chance que j'eus de faire encore, en 1985, l'expérience de la vie coloniale dans un pays de l'Empire britannique, tout m'apparut soudain plaisamment saugrenu et enchanteur. Durant les repas qui furent souvent de longs monologues, je l'écoutais sans l'interrompre.

## Gestion coloniale

Pour un étranger à Sainte-Hélène, tout pouvait être extrêmement compliqué, anachronique et hors de prix. En revanche, pour ceux qui parvenaient à y être acceptés, l'île offrait des ressources aussi attrayantes qu'insoupçonnées. Un esprit communautariste avait supplanté un système économique et gouvernemental incohérent et était parvenu à faire d'une utopie un système qui fonctionnait. A contrario, pour un visiteur d'un jour ou un fonctionnaire contractuel, il était abstrus et onéreux de vivre à Sainte-Hélène. La société locale les laissait souvent à sa porte tout en les exploitant sans vergogne, leur faisant absolument tout payer. Seule ombre à cette société : elle était impitoyable envers ceux qui ne pouvaient ou ne savaient vivre en communauté.

Il n'y avait pas de banque. Tous les échanges se faisaient soit en liquide soit sous forme de troc. Administrativement et économiquement, Sainte-Hélène n'était même pas en marge du monde : elle était littéralement mise sur la touche, placée hors-jeu et marginalisée par sa mère patrie, le Royaume-Uni de Margaret Thatcher. Alors que la Dame de fer imposait à son pays un système ultra-libéral, dans ses colonies – le mot colonie était encore utilisé en 1985 – le dirigisme était la règle.

Depuis Londres, la Première ministre imposait un système dans lequel un gouvernement local fantoche exerçait à la fois le pouvoir d'orientation et de décision sur l'économie et la société. L'économie de l'île était planifiée sur des périodes de trois ans avec budgétisations annuelles. Le gouvernement de Sainte-Hélène avait contrôle sur tout : les activités portuaires, les assurances, les services bancaires, et même le plus important réseau de distribution d'alimentation. L'initiative privée était marginale, presque folklorique comme les pubs, le magasin général d'Eva Benjamin ou la pompe à essence de John Musk.

Que ce fussent la monnaie, la fiscalité, la justice, l'éducation, les salaires, les investissements, les affaires sociales ou l'orientation de l'activité économique par l'attribution de crédits et de subventions, tout était édicté par le gouvernement local. Les politiques du commerce extérieur, de la sécurité sociale et de la culture étaient considérées ineptes – ou superflues ; elles étaient totalement absentes, ou, tout du moins, invisibles – dans le paysage économique de l'île. Londres administrait sa colonie plus par obligation que par passion. L'organisation responsable de cette mainmise et de ce bâillon sur Sainte-Hélène au nom du gouvernement britannique était l'ODA (Overseas development agency). Cette agence d'aide au développement à l'étranger cultivait l'art du secret d'État. Sur une île où même les mystères d'alcôve étaient impossibles à préserver, elle s'obstinait à vouloir rendre confidentiel le moindre changement, la moindre décision. Cette confidentialité outrancière fut perçue comme un manque total de confiance envers la population qu'elle administrait.

## Indiscrétions

Je m'aperçus que ce qui pouvait ressembler à de la médisance – voire de la calomnie – n'était en fait qu'un bavardage qui ne prêtait à aucun jugement. Les ragots et autres commérages semblaient faire partie du cadre de vie. Pour profiter pleinement de cette oasis océanique, il m'apparaissait comme une évidence qu'il fallait renoncer à se cacher, à simuler ou feindre ; accepter ce principe de base comme première règle (non-écrite) de la collectivité.

Le centre névralgique de propagation des rumeurs était le RMS *St. Helena.* Ce seul lien avec l'extérieur avait d'ailleurs, comme toutes personnes physiques sur l'île, un surnom : Radio Atlantique Sud. Sainte-Hélène était beaucoup plus isolée qu'au temps de Napoléon. À son époque, rares étaient les jours sans qu'un bateau fît escale dans la baie de Jamestown où étaient ancrés deux ou trois voiliers en rade, apportant leur lot de marchandises de tous les comptoirs de la HEIC (Honorable Compagnie britannique des Indes orientales). J'avais lu dans quelques récits de marins de la compagnie que, pour protéger son intimité, rien n'était plus efficace, au temps de la marine à voile, que de faire un étalage du Moi privé et public, de raconter dans les moindres détails ses exploits de toutes natures. En faisant ainsi la preuve de leurs singularités, et en posant des limites fictives aux autres, les hommes se protégeaient eux-mêmes et supportaient mieux la promiscuité de la vie à bord des bateaux. Sainte-Hélène m'apparut comme un des voiliers à bord duquel ce principe de l'étalage du Moi était une nécessité, l'essence même de la vie en petite communauté car fondamental pour établir une relation de confiance mutuelle.

Je m'étonnais que Gilbert, pourtant officier de la Marine nationale, ne semblât pas vouloir accepter cette règle commune. À Sainte-Hélène, il dépensait une formidable énergie à tout dissimuler, comme par principe. Il ne faisait confiance à aucun de ses employés, à aucune personne sur l'île. Ce faisant, comme beaucoup d'autres expatriés, il était devenu l'objet d'allégations, de rumeurs folles et se promenait toujours avec son lourd trousseau de clés. Il maudissait cette île, aussi, pour cela.

Trois mois après être arrivé, je le voyais déjà se renfrogner, s'emporter pour des futilités ou de simples suspicions. Il ne tolérait aucune intrusion et s'encolérait lorsqu'une personne, même bien intentionnée, m'interrogeait sur ma famille, mes études en cours. Comme je l'avais déjà pressenti à Ars-en-Ré, la rumeur qui lui était la plus difficile à gérer fut celle qui consistait à faire de nous deux des amants et à estimer que notre relation père-fils était une manière de nous déguiser. Alors qu'elle ne me faisait pas plus d'effet qu'un murmure, cette interprétation provoquait en lui un embarras qui le plongeait dans un profond marasme.

Je ne pouvais qu'assister impuissant au désamour systématique que Gilbert nourrissait pour Sainte-Hélène. À Longwood, il se sentait protégé par son statut, par son image publique réelle, supposée ou fabriquée. Mais il se repliait sur lui-même en lançant l'anathème sur l'île en général et contre toutes ses composantes qui, qu'elles fussent ses habitants, ses fonctionnaires expatriés, son climat ou ses paysages, se voyaient systématiquement affublées de l'adjectif « foutu ».

Et, pour ne rien arranger à l'affaire, quelques jours après notre arrivée dans ce « foutu pays », je réalisai qu'il souffrait d'effroyables allergies qui ne se manifestaient qu'à Longwood. Car, dès que nous descendions à Jamestown, son rhume des foins s'arrêtait comme par miracle. Il en était réduit à attacher à son fameux trousseau de clés un vaporisateur de Ventoline qui lui dilatait les bronches et lui permettait de reprendre son souffle. Durant la journée à Longwood, il pouvait subir de fortes crises avec sensations de brûlure, des rougeurs, des gonflements et larmoiements oculaires. Il se réfugiait alors dans sa chambre à coucher située à l'étage, où il s'était fait installer l'air conditionné – apparu comme l'unique solution effective. À le voir ainsi diminué, je comprenais presque son rejet de cette « foutue île ».

Il me semblait pourtant qu'il passait à côté de bien des réjouissances locales. À Sainte-Hélène, où il se considérait comme un missionnaire en terre sauvage, il ne sympathisa qu'avec une dizaine de personnes ; tous les autres Héléniens étaient, à ses yeux, un auditoire qu'il mésestimait en raison de son inculture. Ce comportement, déjà observé à bord du RMS *St. Helena* lorsque étaient montés les passagers à Ascension, me mettait mal à l'aise.

Comme pour la justifier, je mis cette attitude au débit de son âge en découvrant que les autres personnes de sa génération présentes sur l'île – y compris celles qui constituaient son cercle d'amis – avaient le même comportement issu d'une sorte de survivance coloniale. Je me souviens en particulier d'un couple de banquiers retraités anglais ayant vécu à Hong Kong qui s'étaient fait construire une belle maison en haut d'un donjon de verdure derrière le mont de Halley. De même que Joan et Geoffrey Guy, qui avaient toujours vécu dans les colonies britanniques comme à la Dominique où Geoffrey avait été l'un des derniers gouverneurs britanniques. Eh bien, tous redoutaient de se faire voler, entretenaient la même méfiance maladive envers leurs serviteurs, avaient la même passion des clés, affichaient la même condescendance envers les Héléniens, proféraient la même aversion pour le gaspillage, et usaient du même vocabulaire méprisant pour désigner leur métissage. Les comportements de Gilbert qui me déplaisaient étaient, somme toute, habituels chez tous ceux de sa génération qui avaient vécu l'époque crépusculaire des colonies britanniques. Toutefois, une différence notable : il n'y avait pas dans leurs maisons respectives le sentiment d'enfermement qui se dégageait de l'appartement que Gilbert avait aménagé à Longwood House.

## Les champs de *flax* à Longwood

Durant ces six premiers mois à Longwood, ma vie fut loin d'être monacale. Et pour cause, je n'avais absolument pas l'intention de partager la réclusion volontaire de Gilbert. Pour me distraire des cours d'anglais et d'agriculture que j'accomplissais avec une farouche discipline, les après-midi – lorsqu'il ne pleuvait pas – j'aimais dévaler jusqu'au fond de la vallée du Pêcheur et me rendre à la maison perchée au sommet du haut piton qui surplombait le plateau de Prosperous, ruine qui semblait avoir été posée au bord d'effroyables précipices pour servir de décor aux bandes dessinées de DC Comics. Durant l'ascension vers cette bâtisse en ruine, mon imagination me faisait voir des chauves-souris s'échappant de cet environnement expressionniste digne des années 1940. Autre chemin affectionné, celui qui longeait la montagne Flagstaff côté ouest en descendant vers la Banks Valley au travers de plantations de mimosas inodores dits de Port Jackson.

Les promenades qui devinrent rapidement une assuétude furent celles qui m'entraînaient sur le sentier aboutissant aux *Foxy's folies* en dévalant le Bol à punch diabolique (Devil Punch Bowl) côté nord. Tout le long de ce chemin parsemé de petits abris et bordé de chanvre de Nouvelle-Zélande – localement nommé *flax* –, je pus rencontrer quelques filles et garçons de Longwood ayant coutume de se donner rendez-vous dans la bergerie située derrière le talus, à l'embranchement de la voie principale.

Encore timide et gêné par mon anglais balbutiant, je n'osais pas entamer la conversation avec eux. Qu'à cela ne tienne, ils firent toujours le premier pas en m'appelant par mon prénom anglicisé (Michael)... alors que je ne les avais jamais rencontrés. Si je n'avais pas compris qu'à Sainte-Hélène la moindre nouveauté devenait systématiquement information publique, j'aurais trouvé déconcertant que tous semblaient me connaître alors qu'ils m'étaient étrangers. Comme j'étais la nouveauté du moment à Longwood, il me parut compréhensible que je devinsse sujet à interrogations et à supputations. Contrairement aux personnes qui constituaient la société de Gilbert, les jeunes ne semblaient pas s'encombrer de considérations sociales ou de principes de bienséance. Presque à chaque fois, ces rencontres se firent sur le même schéma que la première : trois garçons et deux filles étaient assis devant la bergerie ; en passant devant eux, je les saluai ; ils se présentèrent (Shirley – Natalie – Brian – Douglas – Bill) et engagèrent une discussion. Après m'avoir interrogé sur ce que je pensais de leur île sans me donner le temps de formuler la moindre réponse, ils embrayèrent tout de go sur ma vie privée, voulant connaître mon âge et si j'avais une femme, une petite amie, un ou plusieurs enfants. Je les informai que j'avais dix-neuf ans et que je n'avais ni enfant, ni compagne ou compagnon. Mes réponses négatives durent être perçues comme autant de signaux car, même si je comprenais seulement un mot sur trois, il ne fallut pas longtemps pour comprendre que la conversation allait prendre un tour plus osé. Leur langage évolua vite : d'explicite, il devint graphique. Puis, toujours avec le même naturel, sans que je sache vraiment s'ils se moquaient de moi ou pas, ils passèrent du langage aux gestes. Deux garçons sortirent de leurs pantalons leurs attributs et une des deux filles s'approcha pour s'occuper des miens tandis que sa copine s'affairait avec le troisième homme. Nous finîmes tous les six dans le *flax* à nous rendre de mutuels services. Ce fut pour moi une première dont, en rentrant à Longwood House, je ne touchai pas un mot à Gilbert !

Je ne cessai par la suite de penser à cette scène et la simplicité avec laquelle les échanges et débats s'étaient déroulés bouleversa mes certitudes, mon comportement et mon approche de la sexualité en général. Ces Héléniens libres et décontractés avaient banalisé le sujet.

Je devais souvent retourner sur le sentier des *Foxy's folies*. Je ne revis jamais ensemble mes cinq premiers partenaires mais me réjouis de comprendre que cet endroit était suffisamment réputé à Longwood pour qu'à chacune de mes promenades je ne fusse jamais solitaire. Dans les champs de *flax*, je pus jauger ce qu'il restait en moi de morale, de gêne, de réticence et de blocages hérités de mon éducation picarde. J'avais encore du chemin à parcourir pour en être aussi libéré que mes partenaires héléniens, mais chaque nouvelle opportunité savourée dans ces landes me permit à la fois de poursuivre mon éducation sexuelle et d'améliorer mes connaissances de l'anglais local. Ce fut d'ailleurs durant ces rencontres que je découvris que les Héléniens avaient leur propre langage. Si bien que durant les mois de ce premier séjour, avec jubilation, non seulement j'en appris le vocabulaire et les codes mais je les retins !

Le plus déroutant, dans cette banalisation du sexe, fut de constater, lorsque je croisais ces amants d'un moment en ville, au pub ou ailleurs à Longwood – hors *flax* –, qu'ils se comportaient tous comme si absolument rien ne s'était passé. Je ne compris vraiment qu'à la fin de mon séjour que je me trompais : ils ne niaient pas ce que nous avions fait et faisions encore, mais, plus simplement, que ce qui s'était passé ou se passait entre nous ne méritait pas le moindre commentaire puisque nous ne nous cachions en rien.

Pas de honte. Pas de culpabilité. La vie dans sa plus banale expression.

Il eût été incongru d'en faire étalage puisque c'était déjà connu. L'information eût été de la vantardise. Ces nuances dans les règles du commérage me plurent. N'est pas bavard qui veut. Il n'est pas plus grosse déception pour une commère que de s'entendre répondre après avoir délivré le ragot du jour : « Oui, je sais ! » ou « Et alors ?! » Après mon enfance à Voyennes, mon éducation à Ars-en-Ré, j'affinais décidément mes connaissances dans l'art des silences.

Une ombre cependant à ces promenades impromptues : à dénombrer le nombre de cannettes vides qui traînaient dans les bosquets de *flax*, je compris vite que la bière était la boisson la plus prisée de l'île. Je m'en étais déjà aperçu à bord du RMS *St. Helena,* puisque dans le dortoir improvisé sur le pont extérieur entre Ascension et Sainte-Hélène, il y en avait partout et dans des quantités impensables. Bien plus que l'usage du cannabis qui, quoique illégal, était assez habituel sur l'île – il y poussait sauvage –, cette consommation excessive d'alcools causait d'importants dommages humains.

**Bonheurs épars de Banks à Longwood**

Bien entendu, les promenades et le sexe ne furent pas les seules distractions de mes études agricoles et d'anglais durant ce premier séjour. Je pris aussi goût à la natation. Par un étroit sentier nommé la route des Boers (Boer Road), en mémoire des personnes emprisonnées sur l'île durant la guerre des Boers qui l'empruntaient pour rejoindre leurs campements, j'explorai la vallée de Banks d'où j'avais un accès direct à l'océan.

La baie où je passais des heures à nager dans une eau constamment à 24/25 °C était dominée par des fortifications centenaires construites à flanc de falaise. Toujours avec mon baladeur vissé sur les oreilles, j'éprouvais un réel sentiment de félicité fait de plénitude et de liberté. Étendu sur la petite plage de galets, je redécouvrais toutes les symphonies et les chants de la terre de Mahler que Gilbert avait sur des disques vinyles et que j'enregistrais, moi, sur des cassettes. J'y fus toujours seul, à l'exception de trois occasions durant lesquelles je rencontrai par deux fois Richard, un Hélénien passionné de plongée qui m'enseigna les règles de base de l'apnée, Jade et Yaseen, un couple de yachtmen sud-africains qui firent escale et avec lesquels je partageai mon repas sur leur bateau ancré au large ainsi qu'une longue baignade.

Pour revenir de Banks à Longwood, le sentier qui contournait le Pain de sucre et le Flagstaff était tout en montée. Avant de retourner à Longwood House, j'aimais prendre un pot Chez Willie-Joe, un bar – nommé « Aux armes de l'Empereur » mais que tout le monde dans le village entendait « Aux bras de l'Empereur » (The Emperor's Arms) – devenu une annexe de l'épicerie Solomon.

Parce que les Héléniens recevaient leurs salaires, leurs pensions ou leurs aides en fin de semaine, les vendredis et les samedis, une foule compacte – principalement des hommes – prenait littéralement possession du parking qui se trouvait devant les entrées principales du supermarché, de la pompe à essence et du pub. Pour ne pas avoir à payer le service de Willie-Joe, ils achetaient à l'épicerie leurs packs de bière ou leurs bouteilles de Malibu coco et de rhum, qu'ils vidaient sur le parking. Beaucoup de ces hommes avaient charge de famille mais souvent, au lieu de rapporter chez eux leurs maigres ressources, ils dépensaient leur solde en spiritueux. Rares étaient les femmes qui, ces deux jours-là, osaient s'aventurer pour faire leurs courses. Immanquablement, elles se faisaient siffler et devenaient l'objet de quolibets obscènes. Elles s'arrangeaient donc toujours pour acheter leurs provisions du lundi au jeudi. Le dimanche, en raison d'un règlement édicté par l'Église anglicane qui bénéficiait d'un quasi-statut de religion d'État, aucune activité autre que la prière n'était autorisée dans l'île, y compris pour les non-croyants ou les membres d'autres religions. Les dimanches matin, on trouvait en tout cas des hommes encore imbibés d'alcool étendus à même le sol jusqu'au portail de Longwood House !

Longwood apparaissait – et apparaît encore – comme un îlot dans Sainte-Hélène. À de nombreuses occasions, à bord du RMS comme lors de discussions avec des résidents de Jamestown ou d'autres districts, j'avais constaté que le reste de l'île regardait les Longwoodiens de la manière dont les Amiénois considéraient les résidents du Pigeonnier.

La plaisanterie la plus connue était de dire qu'en traversant Longwood on avait toujours la possibilité d'être molesté. Les Longwoodiens avaient en effet la réputation d'être des frustes, de manquer de subtilité, de ne pas avoir de conscience, de se montrer violents et surtout d'être en état d'ébriété permanent. Sur le parking de l'épicerie Solomon, où se regroupait tout ce que Longwood avait d'ivrognes, j'appris en fait les modes de fonctionnement et les codes de la société hélénienne, données que les ouvrages ou rapports rédigés sur le sujet négligeaient. Je me surpris à trouver leur compagnie euphorisante. Ils étaient sociables, bavards et prompts aux confidences. Au grand dam de Gilbert, j'aurais presque pu devenir un « Longwood Boy » s'il n'y avait eu déjà, en moi, la volonté de demeurer le Français que je suis.

L'église anglicane Saint-Marc voisinait avec le supermarché Solomon et Chez Willie-Joe (Emperor's Arms), tous partageant le fameux parking. Elle était entourée d'un jardin laissé en friche et dans lequel, entre les futaies de chèvrefeuille du Cap et de plumbagos, s'étaient naturellement formés des lits de jasmin dont les fleurs avaient la blancheur des draps. Ils semblaient avoir été placés là – par l'Église ? – pour le repos. Ces berceaux de verdure odoriférante étaient appréciés par tous puisqu'ils servaient aussi bien à ceux dont l'alcool n'entamait pas les ardeurs sexuelles que pour ceux dont, au contraire, la boisson avait inhibé toutes envies érotiques et ne souhaitaient que dormir.

## Survivances coloniales

Les codes de la société hélénienne s'avéraient irréfragables. Les habitants étaient socialement répartis sur quatre strates difficilement perméables. Le groupe le plus important en nombre était celui dit des « Héléniens » car constitué de ceux qui étaient nés à Sainte-Hélène ou de parents îliens. Tous de sang-mêlé, à ma grande confusion ils se plaisaient à se définir eux-mêmes en fonction du niveau de coloration de leurs peaux. Ainsi untel était surnommé par dérision Ours polaire parce qu'il était le plus foncé de tous, une autre Blanche-Neige, etc. Ces cinq mille cinq cents Héléniens se répartissaient sur deux seules couches sociales différenciées plus par les niveaux d'études que par leurs finances.

Les deux autres strates étaient constituées d'expatriés. La première se situait à la surface de la société de Sainte-Hélène, fine comme une toile cirée que l'on jetterait sur une table de bois pour en cacher la modicité. Il s'agissait des fonctionnaires coloniaux en fin de carrière, issus d'une bureaucratie ministérielle londonienne qui s'était dissoute avant eux vingt ans plus tôt, le Colonial Office. Depuis 1966, date où cet organisme avait disparu, ces Britanniques exclusivement blancs quasiment en quarantaine vivaient dans la nostalgie d'un empire colonial dont il ne restait sur la surface du globe que des confettis comme on en trouve encore quelques jours après les nettoyages aux lendemains de grandes agapes.

L'autre sous-ensemble d'expatriés se composait de quelques reliques humaines de l'ère coloniale, qui vivaient sur place leurs retraites avec des pensions qui ne cessaient de se dévaloriser. J'eus le privilège d'en croiser quelques-unes. Dans les rues de Jamestown, nous rencontrions aussi bien des officiers qui s'étaient inventé une carrière militaire que ceux qui, au contraire, avaient effectivement participé à la gloire de l'Empire britannique mais ne s'en souvenaient plus. Une cohorte de prétendus hauts fonctionnaires de l'Empire se mêlant à ceux qui avaient joué un rôle au sein des administrations birmane ou indienne, mais qui avaient la décence – en parfaits gentlemen – de ne pas dénoncer les affabulateurs. À de vrais banquiers se mélangeaient de faux colonels, et à de faux administrateurs se greffaient de vrais généraux dotés d'une simplicité et d'une courtoisie qui, pour un Français tout juste sorti de son Pigeonnier, semblaient inénarrables. Pour paraphraser le titre d'un livre de Kipling, ces survivants apparaissaient au garçon de dix-neuf ans que j'étais comme des hommes qui voulurent être rois ou qui oublièrent qu'ils le furent. La tolérance des Héléniens envers ces vétérans nostalgiques, ces blessés, ces excentriques et mythomanes était remarquable. Elle fut même salvatrice à ces personnages décalés qui purent, grâce à elle, vivre leurs dernières années avec la conviction de leurs identités rêvées. Sainte-Hélène a été, pour eux, le dernier rocher sur lequel leurs rêves purent s'accrocher. Coquillages humains, ils faisaient partie du paysage.

Ces vestiges humains ou, comme on le dirait en anglais de manière plus courtoise, « *characters* » d'une époque révolue ont contribué à établir ma fascination pour Sainte-Hélène dont la beauté réside autant – sinon plus – en ses habitants que dans ses paysages. Instantanément, Sainte-Hélène m'apparut en effet comme l'île des fables indiennes qu'aimait raconter Rudyard Kipling. Sans nuance, de demi-teinte, de dégradé ou d'arrière-plan, les histoires du lieu étaient toutes d'une netteté brutale. Elles étaient les certitudes du moment. Entre les diplômés qui oubliaient jusqu'au nom de leurs écoles, mais obtenaient audacieusement l'emploi local désiré et les officiers qui s'ajoutaient des galons comme poussent les branches aux arbres, durant les années 1980 l'île respirait un air de fin d'un règne, d'une époque : celle des colonies britanniques.

## Eva et Edward Benjamin

À évoquer ainsi les « autochtones », les premières personnes qui s'imposent à moi sont des amis de Gilbert. Dès son arrivée à Sainte-Hélène, en décembre 1956, il s'était en effet lié avec l'un des plus entreprenants couples d'Héléniens du XX^e^ siècle : Eva et Edward Benjamin. Durant mon premier séjour, Edward était le boulanger de l'île. Homme qui trouvait devant son four, les mains dans la farine, une paix qu'il n'avait plus chez lui depuis fort longtemps, il fut la première personne à laquelle Gilbert me présenta. De petite taille, au corps sec et doté d'yeux pleins de tendresse, à plus de soixante-quinze ans il travaillait toujours dans sa boulangerie, qui était son domaine. Et possédait un charme étonnant qui ne devait rien à son physique ou à quelque artifice ; sa discrétion et son silence constituaient sa force. Malgré mon anglais balbutiant, je le comprenais presque car il parlait en articulant chaque mot.

Ainsi, peu après mon arrivée, un jour où nous étions venus lui rendre visite, il nous raconta qu'un client, après avoir trouvé une souris coupée en deux dans sa miche, s'était plaint auprès du département de l'hygiène... Il allait poursuivre son récit quand, soudainement, il l'interrompit, voyant le président du Comité de la santé publique entrer brusquement dans sa boulangerie. Suivi par les douze membres dudit comité. Gilbert et moi décidâmes de nous mettre en retrait. Le président présenta le corps du délit au boulanger, un sachet scellé contenant la souris déshydratée. Edward, toujours impassible et calme même dans l'adversité compte tenu de l'importance des faits reportés, resta silencieux et ne sembla nullement embarrassé. Au contraire, il imprima ostensiblement sur son visage une expression de soulagement. Toujours sans un mot, il se retourna vers une table enfarinée, ouvrit un tiroir et en sortit un autre sachet. Et, à la grande confusion du comité, il remercia celui-ci en déclarant : « Vous me rassurez car figurez-vous que ce matin j'avais trouvé l'autre moitié. » Il tendit alors au président l'autre moitié de la souris qu'il tenait par la queue et s'en retourna à ses fourneaux. Ne sachant que répondre, le comité quitta la boulangerie dans un silence religieux !

La scène nous hallucina et amusa beaucoup ! Edward continua à pétrir le pain jusqu'à son dernier souffle. Même lorsqu'il fut hospitalisé, son médecin lui avait interdit toute activité, il fit venir, durant la nuit, ses mitrons à l'hôpital afin de le porter assis dans un fauteuil jusqu'à la boulangerie pour superviser le travail. À l'aube, bien avant qu'ait lieu l'inspection du praticien, il avait été reconduit dans son lit. Le médecin ne sut, ou fit semblant, de ne rien savoir du stratagème !

Comme souvent, dans une société vivant à huis clos, les affaires personnelles rejoignaient celles de la collectivité, pour tous l'important était qu'il y ait du pain chaud au matin.

Quant à son épouse, Eva, petite dame que j'ai toujours connue vissée sur un tabouret dans un magasin qui portait son nom, elle en avait fait ses choux gras. En plus d'être la force motrice de sa famille, elle était aussi la plus entreprenante – et première – femme d'affaires de l'île.

Eva avait commencé sa carrière en travaillant pour le gouvernement. À ce titre, elle fut la première fonctionnaire de la colonie, à qui l'on donna la responsabilité des commandes publiques subventionnées. La grande partie de la population de l'île était si pauvre que même les produits de première nécessité comme la farine, le lait, la margarine, le sucre… seraient restés inabordables sans l'aide du gouvernement. En quelques mois, elle avait donc établi des contacts avec des fournisseurs, qui lui conseillèrent de se mettre à son compte. Après un premier magasin, comme il en existe des dizaines sur l'île, elle en ouvrit un autre et, rapidement, constitua une entreprise prospère de vente au détail d'épicerie, de vêtement, d'essence, de cigarettes, d'alcool et de souvenirs pour touristes. Elle parvint à convaincre son mari de quitter l'enseignement pour diriger et développer la fameuse boulangerie, laquelle faisait partie d'un lot immobilier qu'elle acheta à un certain Fred Broadway.

Pendant cinquante années, Eva ne laissa passer aucune opportunité : que ce fût la gestion des subventions accordées à Sainte-Hélène après la Seconde Guerre mondiale ou la commercialisation des carburants et des cigarettes pour lesquelles elle était parvenue à obtenir un monopole de la Tobacco International, tout lui réussissait. Le tout accompagné – ou fruit – d'un sacré tempérament.

## Ombres coloniales

Eva Benjamin était perspicace et ne laissait passer aucune opportunité financière, je viens de l'écrire. L'histoire du colonel Armitage vaut d'être contée.

Elle avait loué à ce dernier un appartement situé à l'étage, juste au-dessus de son principal magasin de Jamestown. Lui avait rapporté de sa carrière en Inde et en Birmanie de nombreux souvenirs et meubles qu'il arrangea dans les lieux avec de nombreuses tentures, tapis et cachemires. Or il n'avait, pour tout revenu, que sa retraite, retraite qui, fâcheusement, n'avait pas été revalorisée proportionnellement à l'augmentation du coût de la vie sur l'île. Un jour, le colonel tomba gravement malade. Alors que le vieil officier agonisait, ses débiteurs commencèrent à prélever méthodiquement les meubles et ornements de l'appartement en guise de paiement. Après quinze jours d'agonie, il ne restait plus à l'étage qu'un lit en bois de fer sculpté, dans lequel le colonel survivait encore. Heureusement pour tout le monde, ils n'eurent pas longtemps à attendre, avant que le vieux militaire trépassât, pour se saisir du lit. Cruauté du destin et des hommes, au moment de payer ses funérailles, personne ne voulut régler la note. Ces soldats, élevés dans la gloire et l'immensité de l'Empire britannique, étaient acculés à vivre dans les reliquats de la grandeur coloniale passée, en exilés volontaires à Sainte-Hélène, et peu les soutenaient. Gilbert, qui respectait le vieux colonel, s'assura, par le biais de la loge de franc-maçonnerie (loge 533) de Sainte-Hélène dont il était le membre le plus gradé, que ses obsèques fussent dignes et bien conduites.

Le cas Armitage n'était pas unique. J'étais de mon côté fasciné par un certain colonel Drake qui, après une longue carrière militaire aux Indes, vint mourir dans l'une des plus belles maisons de Jamestown – celle qui est devenue depuis la pension de famille Harris'. Suffisamment aisé pour s'offrir une grande demeure où vivre seul, mais trop avare pour se payer l'aide d'un employé de maison, il mourut fortuné et solitaire. Son corps ne fut découvert que quelques semaines après son décès. Il était alors étendu sur son lit revêtu de son plus bel uniforme, portant toutes ses médailles.

En écoutant le médecin légiste, que Gilbert ne manqua pas d'inviter, raconter sa découverte et le parcours du défunt, j'eus l'impression d'être entré dans un roman d'Agatha Christie dans lequel évoluaient des personnalités diverses. Le plus distingué d'entre eux était un pilote de la Royal Air Force ayant participé à la bataille de la Manche. Dans cette galerie de portraits, le plus affabulateur était un faux colonel qui parlait de sa chasse aux tigres (sic), à dos d'éléphant, en Afrique du Sud (re-sic) alors que tout était fictif. Ce qui était le plus édifiant pour moi fut d'observer l'extrême politesse – presque la bienveillance – avec laquelle l'ancien pilote, qui avait passé toute son enfance en Rhodésie, avait accepté d'écouter de telles balivernes.

Moi-même j'assistais d'ailleurs à des scènes où la distinction britannique semblait trop caricaturale pour être crédible. Et pourtant… c'était à cela que ressemblait cette île en 1985 : une caricature de l'Empire colonial britannique.

Je me souviens d'un certain colonel Grant, qui habitait sur le site le plus extraordinaire de l'île, Signal Hill, une maison construite au flanc d'une falaise qui semble encore défier les lois de la pesanteur. Il s'était accordé le grade de colonel, alors qu'il avait les manières et percevait la pension du caporal qu'il avait été. Mais lui prétendait être victime d'un malentendu. De sa supposée carrière militaire passée dans les contrées lointaines, les Héléniens ne retinrent que sa bigamie, qu'il assurait légale. Une chance pour lui, les services officiels sur l'île étaient encore balbutiants – le gouverneur avait tout pouvoir – et la justice très laxiste sur les questions de mœurs, surtout si elle impliquait un fonctionnaire colonial.

Heureusement, parmi ces personnages pas souvent sympathiques mais toujours atypiques, sortaient du lot quelques véritables gentlemen. Dont le major Strong, l'un des prisonniers anglais connus dans l'opération militaire que l'histoire a retenue sous le titre du film *Le Pont de la rivière Kwaï.* En ayant gardé quelques séquelles cérébrales et souffrant d'hyperacousie, il avait pu trouver à Sainte-Hélène la tranquillité dont il avait besoin. Parmi les gens qui l'ont connu, une expression revient sans cesse le concernant : « Un vrai gentleman. » Il fut celui qui assura l'intérim pendant deux années aux domaines français avant que Gilbert n'arrive.

L'exotisme de ces personnages n'épargnait pas les femmes dont les extravagances ne cessèrent jamais de me surprendre.

Il y avait Iris Black Stocking (iris au collant noir) qui arrêta les pendules de sa vie au jour de son mariage avec Charly Thomas, lequel se présenta à l'église en caleçon et, dès la cérémonie religieuse achevée, chassa les invités en ordonnant à Iris : « Maintenant nous allons au lit ! » Cette fougue amoureuse fut dramatiquement écourtée par la mort prématurée de Charly après qu'il eut avalé une arête de congre. Elle ne se remit jamais de la disparition de son époux qu'elle avait soigné de manière radicale. Afin de le sauver, à l'aide d'une tenaille, elle avait tenté d'extirper l'arête elle-même... mais lui remonta les intestins depuis l'anus. Elle ne trouva pas l'os de poisson, son mari décéda. Aimant Charly d'un amour que la mort et les années n'émoussèrent pas, elle avait conservé religieusement sa robe de mariée, qu'elle allait, en signe de deuil, porter pour ne plus la quitter ! Je ne connus Iris Black Stocking qu'habillée de cette tenue, que ce fût pour aller faire ses courses ou simplement prendre un verre au pub. Elle m'impressionna encore plus lorsque je découvris sa maison située en bordure de la route principale d'Half Tree Hollow, bâtisse dont les murs extérieurs étaient recouverts de couleurs et motifs qui auraient pu susciter l'intérêt d'un musée d'art moderne. Hélas, lorsque Iris Black Stocking mourut, sa fille recouvrit ces fresques d'une couche de peinture orange uniforme.

Il y avait aussi Tatie Lou, la femme à la caravane... Australienne d'origine, un jour elle avait débarqué, venant de nulle part, avec un mobile-home qu'elle avait baptisé *Susy Wong* en souvenir d'un voyage en Asie. Les enfants de Jamestown se régalaient des histoires qu'elle racontait volontiers. L'intérieur de la roulotte, rempli d'objets exotiques et mystérieux, donnait l'impression aux gamins de se trouver dans un palais des merveilles. Tatie Lou avait fait plusieurs fois le tour du monde et Sainte-Hélène représentait son dernier voyage. S'étant mis en tête de mourir et d'être enterrée dans sa roulotte, elle avait conservé juste assez d'argent pour que sa caravane, qui ne pouvait plus rouler, puisse être hissée sur une barge et couler au large de l'île, dans l'océan. Son vœu ne fut pas exaucé : on l'inhuma comme le commun des mortels, conformément à la loi. Sa caravane, que j'ai vue pourrir sur place, a disparu.

Je n'ai pas non plus oublié Matty, gravement handicapée d'une hanche, à la suite d'une mauvaise chute. Elle habitait dans une petite maison située derrière l'église Saint-James. Les gens la regardaient se déplacer entre la rue de l'église et l'épicerie, qui se trouvait à deux cents mètres, partageant des sentiments allant de la compassion à la moquerie. Car, tout au long du chemin, elle s'agrippait aux murs comme un insecte et se reposait aux pas des portes. Lorsqu'ils la rencontraient, les enfants la raillaient, les bigots baissaient la tête préférant ne pas croiser son regard, les hommes la sifflaient… Mais, elle, feignant de ne rien voir, continuait à ramper le long des murs. Impassible. Un jour, un touriste prénommé Hans, qui avait décidé de passer une année sabbatique à Sainte-Hélène, loua Mundens, une maison surplombant, dans un cadre époustouflant de beauté, l'entrée côté est de la baie de Jamestown. Il la remarqua et en tomba éperdument amoureux. Une idylle commença et Hans, pour lui permettre d'aller chez lui, à Mundens, prit l'habitude de placer Matty dans une brouette de maçon puis de la conduire jusqu'à sa maison. Matty partagea les mêmes sentiments pour Hans, qui l'épousa. Il était fortuné, et, de retour en Angleterre, ne lésina pas sur les moyens pour lui offrir de nombreuses opérations chirurgicales et programmes de rééducation. Matty retrouva l'usage de ses jambes, eut deux enfants et vécut dans une superbe maison à Oxford où Hans, toujours très à l'aise, occupa un emploi de cantonnier... pour meubler ses journées.

Et que dire de la douce Kathleen O'Connor qui, les pieds dans l'océan de la baie de Rupert's, récoltait le sable noir dont elle remplissait des bennes de camion à l'aide de seaux. Kathleen, le travail achevé, aimait se reposer dans les bras des hommes sans jamais s'attacher à aucun. Lorsque j'allais me baigner à Rupert's, je la voyais encore, vieillie et seule, assise regardant dans le vide la ligne d'horizon. Elle semblait s'être enlaidie à dessein en se donnant un air de sorcière, les cheveux gris hirsutes et le corps empâté.

Dot, elle, était célèbre pour ses beignets de poisson et pour avoir eu tous ses enfants d'hommes différents. Elle servait des *fish-cakes* tapissés des cendres qui, immanquablement, tombaient des cigarettes qui ne quittaient jamais ses lèvres recouvertes d'un rouge aux contours approximatifs...

Et il y en eut tant d'autres encore, qui me donnèrent la délicieuse impression que j'étais sur cette île « chez moi » au milieu d'hommes et de femmes dont j'avais le temps de déchiffrer les personnalités.

L'anonymat était banni et, avec lui, l'obscurité. J'y pris le goût de la lumière, y devins épigé. La discrétion, la mesure et la décence, qui n'empêchaient ni la transgression ni l'excentricité spontanées, furent paradoxalement, à Sainte-Hélène, les règles fondamentales. Avec une exception notable : l'oncle Edwin que je ne connus pas mais qui, plusieurs années après sa mort, faisait encore jaser pour ne pas avoir respecté ce règlement implicite. Son histoire demeure révélatrice de la société hélénienne si riche de contradictions.

## L'oncle Edwin

En 1985, Chez Willie-Joe, on parlait encore, bien que déjà décédé, du vieil Edwin uniquement sous l'appellation d'« oncle Edwin ». Il était, par son obéissance aux règles du Trust, en restant sur l'île, héritier de la dynastie Thorpe. À lui tout seul, il représentait la deuxième génération, la première étant celle qui avait bâti la fortune.

Il tint un rang éminent dans la colonie : membre du Conseil, shérif, juge de paix. Seule ombre au tableau : il était célibataire. Toute l'île se répandit en rumeurs et se demanda à qui irait le magot s'il venait à quitter ce monde sans héritier légitime. Or, il avait deux héritiers possibles. D'abord une nièce, fruit du coupable rapport entre un cadet et une métisse qui besognait dans un bistrot londonien ; celle-ci fut exclue de la succession par la volonté de l'aïeul lui-même. Puis un neveu, fils d'un frère qui gagnait péniblement sa vie en vendant en Angleterre des machines à coudre rotatives.

À ceux qui l'interrogeaient, l'oncle Edwin répondait d'un ton mystérieux qu'il n'avait que cinquante ans, que les hommes de son âge étaient encore en état de procréer. Il produirait donc l'héritier du nom le moment venu. À le voir, gras comme un cochon de Chine, assis, caressant son triple menton sur sa bedaine, tenir de pareils propos, les gens se disaient que l'entreprise de procréation serait de taille ! Elle se présenta cependant.

Edwin, dont le surnom à Sainte-Hélène était Humpty Dumpty, occupait le poste de président de la Chambre de commerce, une véritable sinécure dans une colonie où le commerce était réduit à l'exportation de déjections d'oiseaux et de *flax* dont personne ne voulait plus. Cette fonction lui permit de correspondre, sur un beau papier à en-tête, avec les chambres de commerce de New York et de Hong Kong sur un pied d'égalité. C'est ainsi qu'il reçut, un beau matin, une invitation à se rendre au Congrès mondial des chambres de commerce, à Montréal.

Il lança la nouvelle aux quatre vents, en profitant pour glisser avec détachement qu'une femme des Amériques ferait bien dans l'arbre généalogique des Thorpe. Son valet, surnommé la Pibale, fit savoir à tous, sur ordre exprès de son maître, qu'Edwin faisait des préparatifs extraordinaires. Il emportait avec lui une garde-robe comprenant un smoking et un habit pour le gala d'ouverture, lequel serait présidé par un membre de la famille royale. Le Tout-Sainte-Hélène se dit qu'avec son bel habit, son gilet empesé et des escarpins qui lui venaient de son père,

Humpty Dumpty dénicherait certainement un beau parti.

Il s'embarqua donc en grande cérémonie, conduit au quai par les membres du Comité de la chambre de commerce et un représentant de chaque corporation. Edward Benjamin représentait par exemple celle de la boulangerie. L'oncle Edwin, lui, avait revêtu pour l'occasion un costume de tweed qui lui venait de sa famille et au sujet duquel il aimait à répéter qu'un bon tweed doit faire trois générations… Une fois sur le bateau, invité à la table du commandant, il parla bien haut de ses terres, de ses biens et de l'important congrès auquel il allait participer. Un témoin du voyage a laissé un fragment de la conversation qui fut affiché Chez Willie-Joe :

« Nous aurons sans doute la reine à la cérémonie de clôture, mentionna-t-il.

— Alors vous allez être présenté, s'extasia une dame.

— Mais cela est déjà fait, madame… j'ai même eu l'honneur de dîner à bord du *Britannia* quand Sa Majesté a visité Sainte-Hélène… ainsi d'ailleurs qu'avec son père, le roi George, quand j'ai eu l'honneur de représenter Sainte-Hélène aux cérémonies de son couronnement. »

Arrivé sur la terre ferme, il marqua les esprits. Et produisit un grand effet parmi les délégués des chambres de commerce du Commonwealth, commerçants aisés et Africains en costumes traditionnels. Il ne manqua pas de préciser qu'il représentait sa propre firme, n'étant point, comme la plupart des participants, des délégués employés par des multinationales.

Au congrès, Humpty Dumpty se présentait par ces mots : « Je suis Edwin Thorpe… un magnat du chanvre et du guano… une immense fortune. »

Ce fut avec de tels propos qu'il aborda, un beau matin, une secrétaire de séance qui buvait une tasse de thé au restaurant du congrès et sur laquelle il laissa tomber son regard émoustillé. Il se mit soudain à faire la roue comme un jouvenceau, ce qui n'était pas aisé eu égard à son physique ingrat. Beau parleur comme tous les hâbleurs, il ne manquait jamais de jouer avec sa chevalière gravée aux armes des Thorpe : trois oiseaux aux ailes déployées sur fond de gueules. Il offrit à la dame éblouie une autre tasse de thé, puis un doigt de sherry… un dîner au champagne… et un voyage à Sainte-Hélène.

Prit-elle peur en apercevant depuis le bastingage l'île aride ? La propriété de Humpty Dumpty n'était-elle pas aussi grandiose que son imagination ou que les propos de l'oncle Edwin le lui laissaient croire ? La fortune du prétendant n'était-elle pas suffisante ? Personne n'a pu, à ce jour, me dire les raisons qui firent qu'aussitôt débarquée elle rembarqua.

Personne n'oublia sur l'île comment le fidèle valet d'Edwin mourut du tétanos après qu'une fourche eut transpercé son pied nu ou encore comment l'oncle se plaignit à l'intendant de l'hôpital de ne pas avoir sauvé son fidèle serviteur. Nul n'ignorait également, Chez Willie-Joe, la façon dont il fut remis à sa place lorsqu'il reçut pour toute réponse à cette plainte qu'il aurait dû payer davantage son fidèle serviteur afin de lui permettre de s'offrir une paire de chaussures pour le travail. Étrangement, je n'entendis les récits de ce triste personnage qu'au pub de Longwood ; à croire que ce lieu se prêtait à cette sombre existence !

**Les fantômes et intemporalité de Longwood**

Comme Les Hauts de Hurlevent, Longwood House était un paradis pour misanthrope, un endroit complètement à l'écart de l'agitation du monde qui, sous la protection d'un océan et comme saoulé par un air trop pur et salubre, somnolait. Située en haut d'un plateau à une altitude de cinq cent cinquante mètres, la maison était exposée aux alizés qui la balayaient avec une obstination désolante. Ces vents constants sud-est inclinaient les quelques arbres rabougris qui y poussaient. En étendant leurs rameaux vers le même côté, ils semblaient implorer, les mains tendues, l'aumône au soleil. Comme Les Hauts de Hurlevent, la partie de Longwood House occupée par Napoléon avait été solidement construite, avec des fenêtres étroites profondément enfoncées dans les murs et les angles protégés par de grandes pierres en saillie. Comme pour mieux souligner le solide aplomb de cette section, l'autre partie était un agglomérat de constructions temporaires.

Gilbert, homme passionné par les auteurs du XIXe siècle, prêtait beaucoup d'importance au spiritisme, à la communication avec l'au-delà. En 1968, son éditeur anglais, John Murray, alla même jusqu'à lui offrir un morceau de l'oreiller sur lequel la tête de lord Byron reposait lorsqu'il expira. À l'aide de ce fragment de ouate – et selon ses dires, car je ne cacherai pas ici mon scepticisme à ce sujet –, il parvint à établir un lien avec le poète maudit non seulement pour discuter mais aussi pour délivrer ou recevoir des messages d'autres esprits. Dad semblait raisonnablement doué pour trouver le pont qui le conduisait vers les « messagers » qu'il recherchait. Durant mes années à Sainte-Hélène, je ne cessai d'être surpris par les témoignages de personnes locales qui attestèrent que Gilbert leur avait permis de communiquer avec un de leurs proches récemment disparu.

Le premier à vanter le talent de Gilbert fut John Bailey, rencontré à bord du RMS *St. Helena*. Il avait lui-même un hobby de même nature : le recensement des fantômes de l'île avec lesquels il entreprit d'entrer en communication. L'histoire de Sainte-Hélène est remplie de pages relatant, avec nombreux détails et souvent mots crus, les morts atroces d'esclaves évadés, de militaires et d'alcooliques accidentés, de femmes et d'enfants torturés et de suicidés. Lorsque ces décès furent rattachés à une grotte, un rocher, une maison ou tout autre lieu bien précis, quasi systématiquement ces morts finirent fantômes. Longwood House ne faisait pas exception à cette règle sauf que, curieusement, elle n'était pas hantée par celui de Napoléon mais par un homme qui s'était accaparé les lieux bien avant le décès de l'Empereur. Le baron Gourgaud mentionna d'ailleurs ce revenant dans son journal les 12 et 13 février 1816.

Gilbert prenait très au sérieux cette affaire de fantôme à Longwood, dont ses chiens et sa mère sentirent, en leurs temps, la présence. Il voulut en savoir davantage sur son compte et, au milieu des années 1970, invita une nécromancienne écossaise. Elle lui révéla que la maison était occupée par un navigateur danois qui y était resté depuis sa mort, survenue durant une escale au milieu du XVIII^e^ siècle. Elle lui en donna une description physique détaillée qui laissa Gilbert sans voix : elle correspondait trait pour trait aux récits que lui en firent Eva Benjamin et sa mère, qui l'avaient vu : vêtements marron, culotte jusqu'aux genoux, bottes et surtout ce détail concordant : un foulard écru à pois sombres noué autour du cou. Gilbert me précisa que seuls des enfants et des femmes eurent le bonheur de le rencontrer ou de sentir sa présence.

En ce qui me concerne, bien trop sceptique et rationnel par nature, je ne rencontrai à Longwood House aucun fantôme. Je ne saurais cependant taire une sensation insaisissable qui se produisit dans cette maison de manière sournoise, souterraine et doucereuse. J'y perdis le sens de la perception du temps qui passait. Je ressentis un dérèglement de mon horloge interne qui altéra ma capacité à estimer la durée d'un moment et, parfois même, de me tromper. Souvent, avec une impression de fréquence cardiaque ralentie, le temps sembla ne plus évoluer, comme figé. Concurremment, les journées s'écoulèrent si rapidement que je fus le premier surpris lorsque je me rendis compte que le bateau par lequel nous devions repartir avait jeté l'ancre dans la baie de Jamestown.

Ce premier séjour à Sainte-Hélène ne fut pas sans conséquence : j'y abdiquai tout sens d'immédiateté et y appris la délectation de la lenteur. J'étais parvenu à créer ma propre harmonie entre le temps biologique, le temps mesuré et le temps vécu. Je ne m'en rendis vraiment compte que lorsque je retournai en France où, étonnamment, je ne ressentis plus le besoin, poussé par une indicible urgence, des derniers vêtements, livres, CD ou autres nouveautés. J'étais comme désynchronisé de l'actualité sociale et professionnelle.

Sainte-Hélène me fit prendre conscience que le temps était une question de perception. Il pouvait aussi bien s'étirer que se rétrécir. Je me surpris à flâner, à ne plus porter de montre.

Encore aujourd'hui, après une parenthèse durant laquelle un sentiment d'urgence s'imposa en moi, je suis de nouveau sous l'emprise de cette lenteur qui m'a fait accepter d'être à mon rythme, à mon tempo devant un écran pour me remémorer des images éparses de cette vie passée. Sainte-Hélène m'a appris à prendre le temps ou à le perdre avec ravissement. Ce n'est pas un hasard si, sur l'île, l'activité la plus répandue est la marche à pied dont le rythme ressemble plus à de la flânerie qu'à un mode de déplacement. Comme la vitesse limitée à quarante-cinq kilomètres à l'heure sur ses routes, l'île fait l'éloge d'une lenteur qu'elle tient pour vertu. Elle en possède toutes les principales caractéristiques : petite pour ne pas épuiser, abstruse pour faire réfléchir, nuancée dans ses climats et ses paysages pour ne pas ennuyer, silencieuse sans être muette pour maintenir l'attention, aux climats changeants pour ne pas baisser la garde.

## Noir val

Le jeudi 5 décembre 1985, jour de mes vingt ans, fut une de ces journées ensoleillées et chaudes inhabituelles à Longwood. Je décidai d'en profiter pour aller visiter à pied, depuis Longwood House, le domaine de la Tombe. En chemin, je m'autorisai un petit détour par le sentier des *Foxy's folies* où je revis Brian avec l'une de ses amies. Une fois de plus, ils eurent tous les deux un peu de temps à passer avec moi dans les champs de *flax*.

Arrivé en bas de la vallée, en passant par un bucolique cottage qui me fit penser à la série TV *La Petite Maison dans la prairie*, je rencontrai Adrian Wade, le seul employé de Gilbert que je ne connaissais pas encore. Comme Gurnet, Captain Williams,

Kevin, Percy, Loulou, Alfie et Chicks, il était employé par l'État, seule Iris étant rémunérée à titre personnel par Dad. Les traitements étaient scandaleusement bas puisqu'ils atteignaient à peine vingt-cinq pour cent du salaire minimum en France. Une souspaie institutionnalisée par le gouvernement colonial qui m'embarrassait au plus haut point tant elle était, en plus, en totale discordance avec le coût des produits trouvables en magasins, deux fois supérieurs aux tarifs pratiqués en Europe.

J'aperçus une estrade de béton abîmée entourée d'une grille de fonte sur laquelle restaient quelques traces de peinture noire. De nombreux barreaux et pics manquaient. Imaginant que se trouvait devant moi la tombe sans nom ni corps de Napoléon, je fus stupéfait par la puissance du silence et la noble inutilité de cet endroit laissé à l'abandon. D'immenses araucarias plantés au pied même de la dalle de ciment, entourée d'une barrière de fonte déformée et corrodée, donnaient au lieu un aspect de crypte dont des poutres de voûte se seraient détachées, laissant apparaître quelques rayons de soleil au travers des fissures.

L'ensemble ressemblait à une cathédrale gothique en ruine dont les pierres disparues auraient été remplacées par une profusion d'immenses arbres imbriqués les uns dans les autres, les branches sinueuses s'entrelaçant inextricablement et le feuillage cherchant en vain le jour. Avant de le visiter, je m'étais imaginé l'endroit comme lord Byron ou Chateaubriand l'avait compris : un lieu où la nature serait là, toute-puissante, l'incarnation et la grandeur divine du moment forçant la méditation et la mélancolie. La crypte de branches et de troncs que je découvris ne m'inspira en vérité qu'une profonde déception : celle d'une crypte où la nature s'était asphyxiée et autodétruite. Rien de romantique ni de serein dans le spectacle d'un cosmos sans air. Au lieu de découvrir « l'astre de la lumière » décrit par le vicomte de Chateaubriand, je n'avais trouvé que « le soleil noir » de Gérard de Nerval.

Désillusionné mais pas tout à fait dépité, je m'en retournai à Longwood House. Ayant le besoin de me ragaillardir, je repris la même piste qui, par un raccourci au travers du *flax*, passait par la bergerie sur la route de *Foxy's folies*. J'eus l'aubaine de rencontrer deux Héléniens que je n'avais encore jamais vus : Richard et Lisa...

Durant mon premier séjour à Sainte-Hélène, je ne retournai plus me promener dans la vallée de la Tombe, qui n'était alors qu'une fosse vide camouflée par une nature devenue inhospitalière par désintéressement. Je compris alors que les idées mélancoliques n'ont de charme que lorsqu'on n'a jamais été soi-même profondément malheureux ; quand la douleur, dans toute son âpreté, s'empare de l'âme comme elle l'avait fait pour Dad, il ne restait plus qu'une indicible asthénie. Le temps lui paraissait éternel, comme s'il ne devait jamais finir. Le paysage d'abandon de la vallée de la Tombe n'illustrait plus la légende napoléonienne mais la lassitude de Gilbert, qui y avait obturé les accès vers le ciel. Les aigles avaient relâché leurs serres et semblaient s'être définitivement envolés. Il ne manquait plus que les corbeaux noirs, chers à Edgar Poe, pour que le tableau d'une forêt maléfique fût complété et que ce Noir Val puisse devenir le décor naturel de scènes d'horreur. J'aimais et respectais trop la nature pour ne pas devoir la dédaigner.

De retour à Longwood House, durant le dîner qui était, comme tous les jours, servi à dix-neuf heures, je racontai ma visite à Gilbert en me gardant bien de lui faire part de ma désillusion. Je me contentai de lui dire que le lieu me semblait être devenu une extension de la fosse tant il était sombre, et que j'avais remarqué l'absence de fragments des grilles de fonte qui entouraient la tombe. Il m'expliqua que la disparition de ces éléments était le fait de chasseurs de reliques, lesquels ne résistaient pas à la tentation de repartir avec « un des piquets qui entouraient la tombe de Napoléon à Sainte-Hélène ». Et me révéla que cette grille provenait en fait de Longwood New House, une maison qui avait spécialement été construite pour Napoléon mais ne fut achevée qu'au moment de sa mort. Il me précisa l'emplacement de Longwood New House et que cette barrière se trouvait à l'emplacement actuel de l'église Saint-Marc. Lorsqu'il prononça le nom de ce saint, je ne pus que sourire en songeant aux lits de jasmin. Mieux encore, je fus en mesure de résoudre un de ses problèmes. J'avais remarqué, durant mes aventures dans les jardins de cette église, des éléments métalliques absolument identiques à ceux de la barrière de la tombe. Je l'informai donc de ma découverte – en prenant soin de ne pas lui en préciser le contexte – et lui promis d'en rapporter quelques échantillons. Le lendemain, il les examina et fut ravi de s'apercevoir que, depuis 1949, lorsque Longwood New House avait été détruite, ces grilles étaient restées enfouies en lisière de la propriété.

## Complainte longwoodienne

Durant ces premiers six mois passés à Longwood House, les journées furent organisées en fonction des formes que pouvait prendre l'humidité qui saturait l'air invariablement. La règle voulut qu'aux nuits pluvieuses succédassent des matinées brumeuses, des après-midi de grand soleil transformant tout le plateau en sauna humide et des immuables couchers de soleil furent accompagnés d'une chute brutale des températures, éprouvante pour le moral. Parfois, des pluies et des brouillards parvenaient à brouiller les cartes et à rompre cette monotonie en se produisant à n'importe quel moment de la journée.

Face à ces soubresauts affligeants des éléments, la maison ne remontait pas plus l'humeur. L'ensemble des bâtiments composites semblait n'être qu'une longue bâtisse difforme alanguie sur un plateau venteux et soumise à la grisaille du climat. Longwood House essayait de trouver un sommeil qui ne venait pas. Rendue insomniaque par les nuages qui lui galopaient dessus, elle était, immobile, condamnée à somnoler.

Au fur et à mesure que les jours s'égrainèrent, le rouge sanguin des murs s'atténua. Après quelques semaines, je n'y prêtais même plus attention. Ils devinrent gris, couleur ubiquiste de Longwood. Sur le plateau de Longwood, la courbure terrestre de la ligne d'horizon visuelle est très importante ; sa distance angulaire y est d'une telle élévation qu'elle délivre une impression de flottaison durant les pluies ou de flottement lorsque le ciel se dégage. Cette alternance provoquait en moi une oscillation de sentiments qui passaient, sans transition, de l'écrasement à l'allégresse. Seule constance durant ce séjour : je ne sus éteindre la complainte de l'ennui longwoodien que j'entendis en visitant pour la première fois le salon où mourut Napoléon. Lancinante comme l'eau qui, ruisselant sur les murs du salon, décollait les papiers peints.

Les fuites dans les toitures, la pluie dégoulinant le long des murs et des fenêtres, l'eau débordant des gouttières mal ajustées, les ruissellements continuels devinrent un chant monotone. Je ressentis très fortement cette mélopée rébarbative adoubée d'une impression de stagnation du temps qui annihilait l'énergie. Quel tableau ! Combien l'Empereur dut s'ennuyer et se morfondre !

Je sus résister aux chants des sirènes de l'accablement et de l'oisiveté en me plongeant dans les cours d'agriculture que je parvenais toujours à finir promptement, et à renvoyer les devoirs par la poste selon le programme établi en début d'année scolaire.

Mes cours d'anglais m'occupaient aussi. Je pris pour professeure Betty Crowie, la maîtresse d'école communale de Longwood. Elle ne parlait pas français et ce n'en fut que mieux. Elle n'avait pas non plus l'accent hélénien reconnaissable dès le premier mot prononcé : « oïland » pour « Island » (île). Et décida de faire avec moi exactement ce qu'elle faisait avec les analphabètes qu'elle avait aussi comme élèves. Nous travaillions sur un petit roman de John Steinbeck, *La Perle*. Elle venait trois fois par semaine, vers seize heures, à la fin des classes et avant de reprendre la lecture et l'étude de *The Pearl*, nous résumions nos journées. Je me gardais bien de lui parler des jardins de Saint-Marc ou de la route des *Foxy's folies* puisque Betty appartenait à la « classe éduquée et convenable » de Longwood et que j'avais vite compris que la société longwoodienne était, encore plus profondément qu'ailleurs sur l'île, scindée en deux classes sociales non pas séparées par des considérations matérielles mais par l'éducation et les niveaux de coloration de la peau – la blanche étant la plus estimée.

Mon statut d'étranger m'offrit cette occasion unique de pouvoir être accepté dans chacune d'elles.

J'étais, en vérité, d'ailleurs.

Qu'ils furent ceux, anonymes, que je croisais dans les champs de chanvre ou sur le parking de Chez Willie-Joe, ce sont les Héléniens que je rencontrai durant ce premier semestre qui parvinrent à m'extirper de mon apathie chronique. J'étais conquis par leur simplicité, par leur conception de la vie en société, par leur amoralisme, par leur indifférence bienveillante, par leur adaptabilité. Comme une homochromie, où qu'ils furent, quoi qu'ils fissent, ils s'harmonisaient si bien à leurs nouvelles fonctions et à leurs nouveaux environnements, dans lesquels ils excellaient immanquablement. À la fin de mon séjour, je rendis les armes : ils réussirent là où Gilbert, par ses artifices, échoua et ne parvint « qu'à » parfaire mon éducation. Les Héléniens me domptèrent.

Sainte-Hélène ne m'apparut plus, grâce à eux, comme une île isolée. Elle ne fut pas et ne serait jamais pour moi « qu'une » île rendue légendaire par Napoléon, et je ne fus pas subjugué par ses paysages. Mais elle m'offrit un mode de vie, une société taillée sur mesure dans laquelle je fus si heureux que j'en éprouvais parfois même de la honte. Mon Graal.

Si, le 25 avril 1986, lorsque nous quittâmes Sainte-Hélène avec Dad, je n'étais pas encore certain que l'île serait l'endroit où j'allais vivre, je pressentais qu'elle deviendrait mon choix de vie, mon mode de fonctionnement, mon aspiration. Signe annonciateur : pour être certain de devoir revenir, je ne dis au revoir à personne en quittant les rochers noirs.

Autant, en débarquant, l'île et ses habitants m'avaient enchanté, autant la maison de Napoléon à Longwood fut une déconvenue inattendue. Je découvrais une demeure banale, à la réputation usurpée, située en haut d'un plateau venteux, humide et froid. Tout le contraire de ce que Sainte-Hélène offre par ailleurs : le soleil, la luxuriance de la végétation et la chaleur de ses habitants. Quelque part en moi, cette demeure ressemblait étrangement à l'idée que je m'étais faite du biographe de lord Byron. En cela, Longwood devenait extraordinaire. J'avais l'impression de me retrouver dans un livre, un livre que j'allais devoir dévorer en spectateur engagé.

## Les vétérans des Malouines

Le voyage du retour fut identique à l'aller. Même « ding gue ding gue dong ». Même bruit de tambour du RMS *St. Helena* en retombant sur le fond plat de sa coque. Même condition de transport des Héléniens vers Ascension, logés sur le pont comme des boat people. Mêmes escales à Ascension et Tenerife. Avec un Geoff toujours aussi étonnant. Une Léa toujours aussi délicieusement déjantée. Un Gilbert toujours affairé aux corrections des manuscrits de ses deux prochaines biographies : une sur Franz Liszt et une autre sur Pauline Borghèse. Les passagers britanniques embarqués au Cap, en Afrique du Sud, ainsi que les Héléniens et les fonctionnaires britanniques ressemblaient à s'y méprendre à ceux à bord du RMS *St. Helena* au mois de novembre précédent. L'équipage était d'ailleurs le même, à l'exception du capitaine Bob Wyatt remplacé par Martin Smith, un loup de mer anglais arrogant, caricaturalement xénophobe et raciste. Il fallait l'entendre parler des Écossais qu'il comparait à des bougnouls *(wogs)* pour qu'un Français comme moi puisse croire et prendre la mesure de l'animosité qui perdurait entre les royaumes d'Angleterre et d'Écosse. Ce capitaine, qui faisait jouer le *Rule Britannia* en entrant dans chaque port ou en croisant n'importe quel bateau étranger – c'est-à-dire non anglais –, usait de tout sujet pour se vanter. Selon lui, « l'Angleterre de Margaret Thatcher avait gagné la guerre des Falklands », créditant délibérément cette victoire du Royaume-Uni au seul royaume d'Angleterre afin de souligner l'origine anglaise de la Dame de fer.

À bord du RMS *St. Helena*, il y avait des mots incorrects, interdits même. Ainsi d'utiliser « Malouines » pour désigner les îles que les Britanniques avaient annexées en 1833 en en expulsant les colons argentins. Afin d'affermir son pouvoir dans la durée, Londres y favorisa l'établissement de colons britanniques et débaptisa l'archipel que la toute jeune nation argentine – créée en 1810 – avait revendiqué officiellement en 1820. Le gouvernement argentin l'avait effectivement colonisé à partir de 1823 en y installant des fermiers. Il avait même pris la peine d'officialiser sa souveraineté trois ans plus tard en y dépêchant un gouverneur représentant le jeune pays latino-américain. Depuis ce coup de force, les Argentins ne cessaient de dénoncer la spoliation territoriale et de revendiquer l'archipel au nom du droit des peuples à la décolonisation. À l'opposé, Londres continuait de mettre en avant le droit des peuples à disposer d'eux-mêmes en clamant haut et fort que seul comptait le fait que la population fût majoritairement d'origine britannique. Ce différend avait provoqué un conflit armé en 1982 dans lequel le petit RMS *St. Helena*, initialement construit pour canoter sur les grands et paisibles lacs canadiens, s'était retrouvé aux côtés des imposants HMS de la flotte de Sa Gracieuse Majesté. Alors qu'au voyage aller je m'étais totalement immergé dans ce qu'avait pu être le périple de Napoléon à bord du HMS *Northumberland*, durant les quinze journées du retour, je prenais un malin plaisir à interroger les membres de l'équipage sur cette épopée singulière. Une à une, comme dans une série télé, je découvris les péripéties de cette guerre avec le même sentiment d'absurde folie que celui que j'avais ressenti cinq ans plus tôt en découvrant les aventures du Chevalier de la Mancha. Chaque jour, j'écoutais le maître d'hôtel, le cuisinier, le commissaire, l'homme de pont, le mécanicien, le navigateur, la fille de cabine… me raconter ce qu'il était convenu d'appeler, en France, la « guerre des Malouines ». Bien entendu, en ne nommant pas ce conflit « guerre des Falklands », les Anglais ne pouvaient qu'en déduire de quel côté les Français s'étaient rangés.

## Retour à Ars-en-Ré

Le mercredi 14 mai 1986, nous arrivâmes à Ars-en-Ré vers dix-sept heures trente. Le soir même, nous fûmes invités à dîner chez Dilou, la cousine de Gilbert à la verve aussi tonifiante et vivifiante que l'air marin qui souffle entre Ars-en-Ré et Les Portes-en-Ré. Dad et Dilou étaient tellement en phase que par leur discussion la vie rhétaise reprit son cours exactement là où nous l'avions laissée six mois plus tôt. Comme si nous n'avions pas quitté l'île charentaise.

Dilou avait une façon unique de fumer et de tenir ses cigarettes. La regarder avaler la fumée tout en discutant Histoire, passant sans transition de Henri IV à Duperré ou Napoléon – elle avait tous les *Historia* depuis le numéro 1 ! – avec le non moins fumeur Gilbert, ressemblait à une mise en scène pour plateau de télévision.

Ce second séjour fut très bref car Gilbert et moi étions convoqués au tribunal de grande instance de Paris afin que celui-ci se prononce sur la demande d'adoption de Gilbert. Le jugement fut rendu le 5 juin. Par application de l'article 363 du Code civil, je devais désormais être appelé Dancoisne-Martineau et non plus Dancoisne.

Nous en profitâmes pour rester une semaine à Paris et moi pour savourer mes derniers jours de liberté avant la caserne. Gilbert rendit visite à ses relations et amis. Exactement la même liste que celle du mois d'octobre précédent. Une exception toutefois : Guy Hocquenghem, qui vivait dans sa maison de garde-barrière en province.

**Soldat...**

À jamais nostalgique de la vie artistique et culturelle de Paris, Gilbert arriva toujours à susciter des rencontres avec les personnalités montantes du moment. En 1980, son admiration s'orienta vers l'écrivain Guy Hocquenghem qui, dans une lettre postée de Saint-Amand-Montrond au mois de novembre 1980, lui répondit que « l'ex-bonapartiste (celui, à cheveux longs, du pont d'Arcole) » était très ému de recevoir du courrier de Longwood House.

Une correspondance entre les deux hommes s'établit, et quelques projets aussi. Malheureusement, ces idées ne débouchèrent sur rien. L'écrivain mourut durant ce qu'il est convenu aujourd'hui de nommer les « années sida », le 28 août 1988. À l'époque, les médecins n'avaient pas encore à leur disposition le seul traitement antirétroviral AZT qui n'existait que depuis l'année précédente et uniquement aux États-Unis d'Amérique.

1985 fut l'année de mes vingt ans, celle de ma rencontre avec Gilbert, de mon premier voyage à Sainte-Hélène, et où le test de dépistage des anticorps dirigés contre le virus du sida fut mis au point. Lorsque je revins en France en 1986, parce que j'avais pris des risques sans le savoir, je devais en toute logique entreprendre des analyses. Je ne le fis pas.

Délibérément.

Les services de santé de l'époque recommandaient le dépistage mais, dans le même souci de transparence, ne laissaient aucune place à l'espoir. Leur message ne pouvait être plus clair : faites-vous tester et, de deux choses l'une, ou vous saurez que vous pourrez vivre, ou que vous être contaminé et que vous n'aurez aucune chance de survie. Pas la moindre lueur d'espoir dans leurs indications. Une véritable condamnation à mort. Sans appel. Non seulement il n'existait pas le moindre traitement, mais personne dans le monde médical ou politique ne savait parler du sida, sur lequel la plupart admettait ne rien comprendre. Comme eux, je choisis de ne pas savoir. Toutefois, bien que ne connaissant pas mon statut virologique, j'avais parfaitement assimilé qu'il fallait protéger mes futurs partenaires. En d'autres termes, continuer à vivre normalement avec quelques grammes de latex en plus.

Et puis, la vérité était que j'avais autre chose dans la tête : me débarrasser au plus vite de mes obligations nationales !

Après « trois jours » d'évaluation à Limoges, j'appris que j'étais affecté au 519$^{e}$ régiment du train à La Rochelle. Les douze mois de service militaire, qui devaient commencer le 1$^{er}$ juillet 1986, coïncidèrent avec ma première année d'enfant adopté qui ne correspondait pas tout à fait à ce à quoi je m'attendais. Dans mon esprit, c'était un moyen d'offrir à Gilbert ce qu'il désirait le plus. Mais lui avait une approche très XIXe siècle de la manière dont un homme devait, à l'en croire, accomplir non seulement sa vie mais surtout assurer sa survie, sa continuité, sa pérennité. J'en pris réellement conscience le jour où nous reçûmes la lettre du tribunal de grande instance : en lisant la décision positive, il sembla transcendé. Le voir ainsi me combla. Je fus heureux d'avoir pu lui offrir cette paternité tant désirée. De mon côté, je n'avais pas encore pris la mesure de l'importance et la satisfaction d'avoir un père. Mon éducation restait à faire. Pour ce qui était de la discipline, l'armée s'en chargea.

Sous cette toute nouvelle identité, je devais rejoindre mon régiment quelques jours plus tard. Lors du départ de la maison, Gilbert m'accompagna en voiture jusqu'au débarcadère de Rivedoux pour prendre le bus jusqu'à La Rochelle. À l'expression de son regard, je le sentis très affecté et cela me troubla : c'était la première fois que je quittais une personne… que mon départ attristait. Et pourtant je devais être seulement absent deux mois. J'assimilai alors la signification du mot « séparation ».

Après deux mois d'entraînement et d'évaluation durant lesquels j'explorai les forêts et champs de manœuvre de Fontenay-le-Comte et de l'île d'Oléron sous le commandement du capitaine Garcia, je quittai l'escadron d'instruction pour servir de secrétaire et de chauffeur au commandant en second, le lieutenant-colonel Desrousseaux de Medrano. Un poste occupé deux mois avant de revenir à l'escadron d'instruction en qualité de secrétaire jusqu'au terme du service. Si partir des bureaux du colonel signifiait avoir à quitter le confort d'une machine à écrire IBM à boule pour une vieille machine à bras métalliques qui ne cessaient de s'entremêler et se bloquer, je ne pouvais que me réjouir de cette affectation. Et pour cause, pas tracassante, elle me permit d'avoir quartier libre tous les soirs après six heures et ne subir des tours de garde qu'un week-end sur trois. Gilbert partageait ma joie de ne pas être encaserné vingt-quatre heures sur vingt-quatre et m'ébahit en m'offrant de prendre à sa charge la location d'un studio dans le centre-ville de La Rochelle.

Au 1er novembre 1986, j'emménageai donc dans un petit appartement au second étage d'un vieil immeuble en attente de réhabilitation de la rue Léonce-Vieljeux. Pour l'argent de poche, je repris mes vieilles habitudes : dessiner dans la rue comme à Péronne, Paris ou Amiens, notamment la « grosse horloge », dessin le plus demandé... Dans mon studio, je découvris la peinture à l'huile, ayant désormais les moyens d'acheter aux « couleurs du temps » toutes les toiles, tubes et pinceaux nécessaires à ma production.

Durant cette première semaine de novembre, Gilbert repartit pour Sainte-Hélène. Ce départ solitaire lui fut très difficile. Il ne pouvait déserter son poste sur l'île, poste qu'il avait accepté de conserver bien qu'il fût officiellement à la retraite. La séparation se révéla très pénible. Seule consolation pour lui : retrouver le soleil.

À la caserne, sous la supervision d'un adjudant Peirote, je devais de mon côté préparer, avec un autre soldat appelé du contingent, les dossiers des nouvelles recrues. Ma chance fut que l'adjudant, sous le commandement du capitaine Gilles Garcia, nous accorda une totale confiance. Au bout de quelques semaines, nous nous rendîmes compte que ces tâches étaient assez rébarbatives mais souvent passionnantes car toujours personnalisées : au début critique à l'égard du service militaire que j'assimilais à une réminiscence du servage, j'en vins à nuancer mes propos. Grâce à l'intelligence du capitaine Garcia, de nombreux cas sociaux purent trouver, dans le cadre de l'armée, des solutions ou, tout au moins, des ébauches de réponses à leurs problèmes.

Toutefois, globalement, ce service obligatoire demeurait une perte de temps pour une grande majorité d'entre nous.

**... Sida**

L'armée me permit de découvrir les petits bonheurs domestiques d'une vie rangée selon un ordre établi par des obligations professionnelles. Chaque soir, je regagnais mon appartement de la rue Léonce-

Vieljeux avec le réel contentement d'avoir une vie méthodiquement tranquille et simple. La nuit tombait très tôt et je profitais de ces longues soirées solitaires pour essayer de découvrir les techniques de la peinture à l'huile.

Cette félicité presque bourgeoise, bien rangée, disciplinée et planifiée fut cependant vite interrompue. De mon séjour bisontin, je n'étais resté en contact qu'avec Daniel. Je fus donc très heureux lorsqu'il annonça son intention de venir me rejoindre à La Rochelle. Mais lorsque, le samedi 15 novembre, je le vis descendre du train, j'éprouvai un choc. Lui qui était, un an plus tôt, grand, mince et peu musclé m'apparut maigre. Terriblement maigre. Je me gardai de lui en faire la remarque et essayai de cacher mon embarras.

Nous parlâmes des autres membres de notre bande à Besançon, et la discussion s'orienta sur lui. Pour la première fois, il évoqua sa famille, ses parents, bourgeois aisés francs-comtois, son enfance hyper protégée... Je l'écoutais avec beaucoup d'attention. Malgré sa métamorphose physique, son visage creusé, fatigué, je retrouvais ses grands yeux verts. Bien que je l'aie subodoré autrefois, il me confirma qu'il prenait de la cocaïne, drogue à laquelle il s'était accoutumé. En retour, je me confiais un peu aussi. Il se réjouit de me voir peindre, d'avoir évacué la souffrance de mon manque d'amour parental, d'avoir repris mes cours d'agriculture et rigola lorsque je lui racontai que je m'étais fait adopter.

Puis il aborda sa situation médicale. Était-ce l'effet de la cocaïne ou d'autre chose, il l'ignorait. Il se sentait en permanence fatigué, victime d'une diarrhée continuelle. Je lui demandai s'il était allé voir un médecin. Il me répondit qu'il avait fait le dépistage anonyme du VIH. Et était séropositif. Il avait lu tout ce qu'il y avait de publié sur cette maladie et refusait d'entrer dans le circuit des hôpitaux qui ne pouvaient, à ses yeux, lui offrir mieux que ce qu'il obtenait par la cocaïne. Je n'avais aucun jugement ou conseil à donner. Par un seul geste, toucher ses lèvres pour essuyer quelques miettes du gâteau que nous mangions – je parvins, maladroitement, à lui faire comprendre que j'étais là pour lui. Il perçut le message puisqu'il ne précisa pas la date de son retour pour Besançon ni la durée de son séjour rochelais. Le voyage l'ayant fatigué, je lui proposai ma chambre à coucher qui devint la sienne.

Gilbert revint en France le 10 mars 1987. La santé de Daniel, elle, se détériorait à vue d'œil. La maladie semblait dévorer ses chairs et ses muqueuses. Opportunément, Dad fut happé par un projet de film. L'adaptation de son *Napoléon à Sainte-Hélène,* avec Yves Rousset-Rouard, le patron de Trinacra comme producteur. Gilbert avait accepté d'en être le conseiller historique et Jean-Louis Richard, le directeur. Il resta à Ars-en-Ré et travailla à la rédaction d'un script.

De mon côté, parce qu'elle était encore une maladie diabolisée, je m'efforçais de ne partager la douleur du sida de Daniel avec personne. Je savais que la révéler aurait inévitablement entraîné la compassion ou des jugements préconçus sur l'usage de la drogue et du VIH, qu'aucun de nous n'aurait voulu supporter, blessures qui condamnaient les victimes du mal à un même silence, à une même exclusion sociale.

Les week-ends, en m'assurant bien que mon ami ait tout ce dont il pourrait avoir besoin, je le laissais seul pour lui donner un peu d'espace et lui démontrer qu'il n'était d'aucune façon un poids. Il aurait détesté se voir comme un frein à ma liberté. Il me fallait lui signifier que nous étions tous les deux libres. S'il eût ressenti chez moi la moindre contrainte, il aurait été capable de reprendre la route vers l'inconnu, seul. J'en profitais pour retrouver Gilbert, Hélène et Dilou à Ars-en-Ré. Le plus difficile était alors de ne rien laisser paraître et de me replonger dans la vie rhétaise comme si de rien n'était.

Daniel mourut le 21 avril 1987. Il n'avait pas trente ans. Je ne découvris son corps inanimé qu'en rentrant, comme à l'accoutumée, après ma journée de service militaire. J'appelai les pompiers, qui constatèrent le décès. Le médecin légiste diagnostiqua une overdose et, comme pour nombre de personnes décédées durant ces années à la suite de complications liées au sida, ne mentionna pas dans son rapport le mot maudit ni même la formule tristement consacrée : « Complications liées au VIH. »

Mon ami avait refusé de revoir ou ne serait-ce que parler à ses parents, qui l'avaient tant chéri durant son enfance et son adolescence. Je m'autorisai cependant, moi, à leur annoncer la mort de leur fils par téléphone et à leur en donner les vraies raisons. Leur réaction me permit alors de prendre la mesure du sentiment de honte qui entourait les malades du sida, encore plus s'ils étaient toxicomanes.

Je m'occupai de l'incinération et n'eus aucun scrupule à leur envoyer, par DHL, l'urne de ses cendres, le certificat de décès et la facture du prestataire mortuaire. Mon réconfort fut d'avoir au moins eu le temps et les moyens de l'accompagner. « Amour, divine flamme ; amour, triste fumée… »

Ses parents m'avaient fait promettre de ne jamais raconter l'histoire de leur fils, mon camarade, en le mentionnant nominalement. J'ai honoré ici cette promesse en changeant, pour ce récit, son prénom par celui, qui, selon lui, l'avait fort probablement contaminé.

# Chapitre 3

## Entre deux salves

*Courage ! Faisons un grand effort, et accomplissons, avec le sentiment du devoir, notre destinée sur cette terre. Je te salue, vieil océan !*

Lautréamont, *Premier Chant de Maldoror*

Mon service militaire se termina le 30 juin 1987 par une salve d'honneur pour notre classe sur la place d'Armes de La Rochelle. L'étude de la civilisation hittite évitée de peu (nous verrons pourquoi un peu plus loin), mes cours d'ingénieur agricole par correspondance planifiés pour trois années, je repartis avec Gilbert par le premier RMS d'Angleterre qui devait arriver à Sainte-Hélène le 20 juillet 1987. Avec toujours la même malle métallique, toujours par Avonmouth et un voyage depuis Ars-en-Ré absolument identique au premier : mêmes routes, mêmes hôtels, même équipage, mêmes officiers. Une chose en plus : à partir de l'île d'Ascension nous ne fûmes plus les seuls Français à bord. Yves Rousset-Rouard et Jean-Louis Richard embarquèrent avec leur photographe/cinéaste, Jean-Claude Espagnet.

J'avais déjà rencontré Yves Rousset-Rouard qui nous avait invités à déjeuner au Polo de Paris lorsque je devais passer les différents tests pour l'emploi du ministère des Affaires étrangères. Et vu un grand nombre de films qu'il avait produits – comme les trois premiers *Emmanuelle*, la série *Les Bronzés* ou *Debout les crabes, la mer monte !*... et surtout *Le Père Noël est une ordure*, film culte de ma génération dont je connaissais par cœur des répliques entières. Durant les deux jours de mer entre l'île d'Ascension et Sainte-Hélène, Gilbert passa beaucoup de temps avec le producteur à discuter d'un projet de série télévisuelle qui relaterait les années d'exil de Napoléon. Durant ce voyage, j'eus de mon côté la possibilité de bavarder avec Jean-Louis Richard. Gilbert m'avait dit de lui qu'il était un réalisateur et un scénariste mais j'appris, non sans admiration, qu'il était aussi un acteur dont la filmographie ressemblait à un best of des films français depuis 1960. Le lendemain de son embarquement, après le dîner, comme à mon habitude, je retrouvai Léa dans l'alcôve du Main Lounge. Jean-Louis Richard se joignit à nous et nous parla de son rôle dans *Le Dernier Métro*, de son ex-femme Jeanne Moreau, d'Alain Resnais avec lequel il avait tourné quelques films.

L'enthousiasme d'Yves Rousset-Rouard ne suffit pas. Le film resta en l'état de script. Il ne se concrétisa ni au cinéma ni à la télévision. Je ne vis jamais ce que Jean-Claude Espagnet filma sur l'île. Toutefois, huit années plus tard, ce voyage ne fut pas sans succès puisqu'il fut le point de départ de *La Dernière*

*Salve*, un duel théâtral entre Napoléon et son geôlier écrit par Jean-Claude Brisville et interprété pour la première fois au Théâtre Montparnasse par Claude Brasseur, Jacques François et Yves Lambrecht… C'était le 5 septembre 1995, soit treize jours après la mort de Gilbert. Yves Rousset-Rouard, qui en était le producteur, eut la bonté de m'inviter à la première. Je ne pus m'empêcher de regarder la pièce comme si Gilbert avait été à mes côtés. La représentation achevée, durant les applaudissements, je sentis la présence de Dad s'estomper jusqu'à disparaître totalement lorsqu'il n'y eut plus de rappel. Je reconnus là sa manière très distinguée et toujours affectée : il venait de me dire adieu comme il avait vécu, avec classe. Je ne devais jamais plus ressentir sa présence. Pour moi, le titre de la pièce ne pouvait être plus approprié : cette œuvre fut bien notre dernière salve.

Entre ces deux salves, il y eut huit années.

## Recrutement

L'idée de postuler pour l'emploi de conservateur des domaines français à Sainte-Hélène s'imposa comme une évidence. Je savais que le poste avait été laissé vacant faute de candidat depuis 1983, année à laquelle Gilbert avait atteint la limite d'âge de soixante-cinq ans. Ayant besoin de prendre du recul… où, plus loin qu'à Sainte-Hélène, pouvais-je reculer ?

Traditionnellement, depuis l'achat par la France des domaines nationaux en 1857, la fonction était remplie par des militaires qui, s'ils partaient jeunes à la retraite, recevaient des pensions assez modestes. Ce fut le cas dès le premier conservateur en 1857 – nous sommes donc sous le second Empire et les domaines étaient « impériaux » – avec le capitaine Martial Gauthier de Rougemont, vétéran de Waterloo. Un siècle plus tard, même scénario. En 1956, alors que la guerre d'Indochine se terminait et que celle d'Algérie prenait de l'ampleur, Gilbert – alors enseigne de vaisseau de première classe, chef des services généraux et des opérations à la base aéronavale d'Aspretto en Corse – postula et obtint le poste de conservateur des domaines français à Sainte-Hélène dont il avait appris la vacance dans les circulaires du ministère de la Défense nationale ; priorité étant donnée alors aux militaires invalides ou à la retraite.

Gilbert ne s'était vraiment intéressé à l'Empire et à Napoléon Ier que l'année précédente à l'occasion de l'enterrement de Clémentine de Belgique et du transfert du corps de son mari le prince Victor Napoléon pour lesquels il défila, représentant son régiment. De la même façon, avec des marins de l'Aéronautique navale, il avait entrepris la restauration de la tour de Capitello d'où, le 24 mai 1793, le futur empereur des Français retrouvait sa famille afin d'échapper aux troupes de Paoli et de s'enfuir à Toulon. Sa candidature, parce qu'elle se situait parfaitement dans la tradition des militaires à la retraite ou mis à la disposition du ministère des

Affaires étrangères, fut donc considérée comme naturelle et correspondant parfaitement aux critères du poste.

En 1987, malgré cette longue tradition administrative d'emploi réservé aux militaires, je postulai. Mon dossier était on ne pouvait plus mince. Certes, j'avais en ma faveur le soutien de mon prédécesseur qui s'engageait auprès du ministère des Affaires étrangères à me former puis à rester à mes côtés le temps – comprendre au moins une année – nécessaire à ma formation et au bon fonctionnement d'un poste reconnu comme atypique au sein de l'administration centrale. Les autres éléments favorables à ma candidature furent que la tradition du recrutement parmi les militaires en retraite s'était singulièrement émoussée et que l'emploi n'attirait en externe – et encore moins en interne – pas les foules.

Au mois de mai 1987, je fus donc reçu à Paris, rue La Pérouse par le service du personnel pour des tests et entretiens divers dont le dernier fut conduit par Serge Mucetti. Fin juin, j'appris que ma candidature pour un contrat à durée déterminée de trois ans en qualité de « conservateur des domaines » était retenue mais on m'annonça aussi que, pour des raisons administratives et budgétaires, celui-ci ne pourrait être effectif qu'à compter du 1er décembre 1987.

Une fois ma candidature approuvée, je m'aperçus que mon futur emploi nécessitait de travailler avec Gérard Hubert, le conservateur en chef du musée national des châteaux de Malmaison et Bois-Préau, qui avaient à Sainte-Hélène un certain nombre d'articles en dépôt. Le ministère des Affaires étrangères l'ayant informé de sa décision de m'envoyer pour trois ans sur l'île, il souhaita me rencontrer.

Je me rendis au château de Malmaison que je découvris pour la première fois. Après m'avoir fait visiter toutes les pièces en compagnie de sa femme Nicole, nous montâmes dans son bureau situé au dernier étage. Là, il m'informa que, en découvrant mon faible niveau d'étude et mon jeune âge, il souhaitait que je puisse suivre une formation « en accéléré » à l'école du Louvre avant mon départ. Avec ses relations il lui serait possible de mettre sur pied spécialement pour moi un programme compressé et, en un an, il en était convaincu, je pourrais suivre l'ensemble des cours d'histoire de l'art, d'archéologie, d'épigraphie, d'anthropologie et de muséologie qui duraient normalement trois ans. Séduit par sa propre idée, comme pour m'en donner un avant-goût, il m'offrit deux livres : un sur « l'art hittite » et un autre sur « l'art assyrien ». Bien que les sujets me parussent passionnants, ils me semblèrent bien éloignés de mon futur emploi à Sainte-Hélène. Et, qui plus est, pour un CDD de trois ans.

Suivant cette visite au château de Malmaison, je m'en retournai à Paris un peu dépité. Je m'en ouvris à Gilbert, qui me conseilla de ne pas m'en soucier, de faire comme si Gérard Hubert ne m'avait rien demandé. Le lendemain, Dad téléphona pour lui expliquer que, bien que son idée fût excellente, le poste de Sainte-Hélène ne saurait souffrir une plus longue vacance et que, depuis quatre ans, il n'y avait officiellement pas de titulaire. Un compromis fut alors trouvé : en un premier temps, durant un an Gilbert me formerait à la gestion administrative et comptable du poste et des collections. Puis, dans un second temps, durant ma formation de conservateur à l'école du Louvre à Paris, Gérard Hubert désignerait une personne de son choix pour assurer mon intérim à Sainte-Hélène.

Je pouvais dès lors repartir, impatient de tourner cette page laissée vide par Daniel et dont le papier portait en filigrane les quatre lettres SIDA.

**Île de Sainte-Hélène, Atlantique Sud**

Le 20 juillet 1987, comme deux ans plus tôt, avec les valises, les victuailles et la malle métallique, nous débarquâmes comme si nous étions encore les personnes les plus importantes au monde. Cette fois-ci, l'étonnement s'était estompé. Je ressentis le poids des regards sur moi mais ils ne m'embarrassèrent pas. Je revis les quais et Jamestown avec le sentiment étrange de n'être parti qu'une journée ou deux.

De retour à Longwood House, la maison qui, deux ans plus tôt, m'avait fait l'effet d'une braise incandescente, me sembla simplement rouge terne, sans flamme. Je retrouvai, inchangée, la mélopée de

Longwood qui, désormais, m'apparut douce et réconfortante. Cette complainte de l'ennui longwoodien ne me rebutait plus… elle m'émouvait. Je retrouvai aussi avec un pincement au cœur – et non plus comme la première fois une gêne – les employés de maison, Loulou, Iris, le vieux Percy et Kevin qui nous attendaient sur le perron. Non seulement le désuet était devenu mon cadre de vie mais je n'en avais plus honte. Lorsque j'entrai dans les appartements où nous habitions, je recouvrai immédiatement les effluves, uniques, inchangés. Si déplaisants fussent-ils, ils étaient devenus rassurants. Cette constance me rasséréna et un sentiment de contentement intense s'empara de moi. J'avais renoué avec mon havre de paix, ma thébaïde ; la félicité suprême et monotone. Je regardais désormais avec beaucoup d'attendrissement Gilbert reprendre son trousseau de clés et ressortir de leurs caisses les bibelots et les cadres de ses illusions. Même ma chambre, restée aussi malsaine qu'une tombe humide et terreuse, m'apparut accueillante. Pour la première fois de ma vie, je ressentis la satisfaction qu'il y avait à revenir « chez-soi ». Rassuré, j'étais un homme heureux. Les images horribles des derniers jours de la vie de Daniel perdaient déjà leur effet obsessionnel. Ma chambre aux aspects de caveau, le ciel gris, l'humidité pénétrante, le cadre anachronique, l'inconfort matériel… tout était resté comme je l'avais laissé vingt mois plus tôt. Les seules choses altérées étaient les chaussures et ceintures de cuir que j'avais laissées dans les placards littéralement dévorées par le mildiou ; tout avait pourri. Les T-shirts blancs, eux, avaient jauni et étaient même décomposés par endroits. Seuls les jeans semblaient avoir résisté à la moisissure. Je compris enfin les raisons qui, malgré sa détestation de l'île, attachaient Gilbert à Sainte-Hélène : l'immuabilité qui non seulement rassure mais provoque aussi l'oubli.

Pour la première fois de ma vie, je pouvais utiliser cette expression : « Je suis de retour à la maison. » Mon adresse postale était : « Longwood House, île de Sainte-Hélène, Atlantique Sud. »

Dad s'était engagé auprès du ministère des Affaires étrangères à profiter des quatre mois qui précédaient ma prise de fonctions officielle, prévue en décembre, pour m'enseigner les rudiments de la gestion des collections, de l'entretien des propriétés et de la comptabilité publique avec l'utilisation des différents formulaires auto-carbonés de la Trésorerie générale pour l'étranger. Toutefois, nous décidâmes de ne commencer cette formation que lorsque l'équipe de Trinacra Films serait partie ; ce qui me laissa plus de temps que nécessaire pour poursuivre ma découverte de l'île.

Durant mon premier séjour, je m'étais contenté de parcourir à pied les alentours de Longwood. Cette fois-ci, Gilbert m'accorda une avance sur mon premier salaire à venir pour acheter une Mini Clubman rouge foncé de 1969 avec laquelle je pus enfin partir à la découverte du reste de l'île.

Bien que la voiture ne fût pas de toute jeunesse et que son radiateur fuît, elle me permit de me rendre à peu près partout. J'appris à reconnaître ses limites : la route abrupte et étroite qui descendait à Sandy Bay par des séries de virages escarpés à 360 degrés fut au-delà de ses capacités mécaniques. Sur une distance d'à peine quinze kilomètres, j'empruntais des sentiers qui me conduisaient des paysages semblables à ceux du désert du Nouveau-Mexique et de la Corse, vus dans des magazines de géographie, à ceux des montagnes verdoyantes du Jura, que j'avais explorées durant les mois passés à Besançon. Toutes les routes semblaient se situer dans une citadelle imprenable au milieu de laquelle se dresserait une verdoyante chaîne de pics. Arrivé cette fois-ci au mois de juillet, je découvrais l'hiver de Sainte-Hélène avec son oppressant couvercle gris. Les nuages plombaient presque tous les jours ses sommets, préservant l'île sous une chape.

Elle semblait n'exister que pour ceux qui seraient prêts à faire l'effort de la regarder en prenant leur temps, et notamment celui de l'écouter en silence. Elle ignorerait presque à dessein ceux qui se contenteraient de vouloir la visiter et ne sauraient que la subir.

Pour visiter Sainte-Hélène, il faut appréhender la lenteur. Entre deux averses, il arrivait qu'une éclaircie se produisît, dévoilant ainsi l'insignifiance de ses contours et de sa taille que, coquette, elle s'efforçait de masquer avec les brouillards. La rapidité avec laquelle les nuages se déplaçaient semblait être une anomalie dans cet hymne à la nonchalance qu'était la nature de l'île. Les paysages, qu'ils fussent immenses masses rocheuses, marées ondoyantes de *flax*, forêts tropicales ou de fougères, semblaient s'être alanguis, bercés par un chant langoureux. Tout paraissait attendre un improbable lendemain.

Je reconnus là, comme par mimétisme, les traits des quelques Héléniens avec lesquels j'avais établi des liens quelques mois plus tôt. Il me semblait qu'ils savaient toujours opposer à la rudesse de leur histoire et à la misère une forme d'alanguissement, de résignation. Comme les volcans éteints depuis des millénaires, les habitants n'avaient jamais été rebelles : ni révolte, ni grève, ni plainte. À peine un murmure qui se perdrait dans le silence de l'océan. Cette île était le paradoxe d'un confinement dans l'immensité de l'Atlantique Sud.

**La belle Américaine**

En plus du temps que Gilbert dut passer avec l'équipe d'Yves Rousset-Rouard, il fut accaparé par une autre histoire qui l'agaça. Durant mon service militaire, il fut à Sainte-Hélène, bien malgré lui, entraîné dans une aventure qui aurait été comique si elle n'avait pas fait l'objet de poursuites judiciaires. Je savais que la péripétie l'avait fortement embarrassé car il attendit que je fusse à bord du RMS pour me la raconter.

Une superbe Américaine de vingt-cinq ans avait quitté la Californie pour venir sur l'île. Elle était prénommée Ethel. Sa beauté était telle que, trente ans plus tard, quelques officiers et subalternes du RMS *St. Helena* en restent encore tout émoustillés. Durant le voyage, elle devint le centre de toutes les attentions. Elle était habillée avec tout ce que la mode des années 1980 pouvait offrir de plus sexy pour les femmes. N'ayant que l'embarras du choix de l'officier qui l'aiderait à descendre l'échelle de coupée et à sauter sur le débarcadère de Jamestown, elle arriva enfin à sa destination. Ethel se rendit à son hôtel, le Consulate, qui se trouvait à deux cents mètres des quais. Elle prit possession de sa chambre et en sortit quelques minutes plus tard transfigurée par des parures et des vêtements identiques à ceux que portait deux cents ans plus tôt l'impératrice Joséphine, la première femme de Napoléon.

La magnificence de ces vêtements éclipsa presque sa beauté.

Impérialement, elle descendit les marches du Consulate Hotel pour se poster le long du trottoir. Déjà avec ses vêtements modernes, son éclat ne lui permettait pas de passer inaperçue. Ainsi fagotée, Ethel devint le centre de l'attention de tous ; femmes, hommes, enfants, chiens et mainates confondus. On vint lui demander ce qu'elle souhaitait et elle exprima le désir d'avoir une calèche tirée par deux chevaux pour se rendre à Longwood House où elle avait rendez-vous avec… son époux, Napoléon, dont elle avait été séparée trop longtemps. On lui expliqua qu'il ne restait plus qu'un seul cheval sur l'île et qu'il était bien trop vieux pour faire quoi que ce soit. On lui proposa une vieille Chevrolet de 1929 convertie en char à bancs pour les touristes. À défaut de mieux, elle accepta. Arrivée à Longwood House, habillée d'une robe ceinturée sous la poitrine et dévoilant avantageusement ses seins, elle entra dans la salle du billard où elle rencontra Chicks. Elle s'enquit de savoir si Gilbert Martineau se trouvait à Longwood car elle désirait ardemment le rencontrer pour lui expliquer la raison de sa venue.

Dad la reçut. Elle put lui expliquer en détail son affaire. Elle était amoureuse de Napoléon avec lequel, par le biais d'une compagnie de Los Angeles spécialisée dans la délivrance de messages de l'au-delà, elle entretenait depuis plusieurs années une correspondance secrète. On lui avait donné la possibilité d'être facturée soit par message transmis soit pour des périodes déterminées. Elle avait choisi l'option du forfait annuel. Le dernier mot qu'elle avait reçu de son impérial époux précisait qu'il lui délivrerait lui-même la prochaine missive à… Sainte-Hélène.

Ethel demanda s'il serait possible de rester dans la maison toute la journée. Gilbert, qui n'était pas insensible au spiritisme, lui en donna la permission. George Benjamin, alias Chicks devrait, bien entendu, la surveiller. Elle ne devait rester sur l'île que pendant la semaine que durait la navette du RMS *St. Helena* avec Ascension. Toujours vêtue Empire, la belle Californienne fut donc présente à

Longwood durant les heures de travail, c'est-à-dire de sept heures et demie du matin à dix-sept heures. Après trois jours, elle n'avait reçu aucun message, aucun signe, aucune indication. Rien.

Elle demanda alors la permission de rester à Longwood House la nuit qui serait, selon elle, plus propice aux communications occultes. Gilbert accepta à la condition qu'elle rémunérât elle-même un surveillant. Elle acquiesça. Trois jours passèrent ainsi. Durant lesquels elle ne reçut toujours rien. Il ne lui restait plus que deux jours avant que le bateau ne repartît pour Le Cap. Elle comprit alors qu'elle s'était trompée de lieu pour collecter son message. Elle acquit la certitude que la dépêche lui serait délivrée sur la tombe de son impérial amant. Elle s'y rendit immédiatement et y resta deux jours et deux nuits. Elle en perdit non seulement le sommeil mais oublia l'horaire du bateau, qui partit sans elle. Sur la pierre tombale de Napoléon, elle tomba en léthargie.

Réanimée, elle fut examinée par le médecin qui l'autorisa à regagner son hôtel. Gilbert commença alors à émettre quelques doutes sur sa santé mentale et donna à ses employés l'instruction de lui interdire l'accès aux domaines. En agissant ainsi, il ne s'imaginait pas qu'il venait de lui apporter la réponse à ses questions. Elle interpréta cette interdiction comme la solution de sa quête : Gilbert était, à n'en pas douter, le protecteur, le gardien de l'âme de Napoléon. En cette qualité, il était celui qui détenait et qui retenait le message qu'elle était venue chercher. Elle l'accusa dès lors de rétention de ses secrets intimes !

Comme à Longwood House il n'y avait pas d'eau chaude, Gilbert ne se faisait couler un bain qu'une fois par semaine en se servant d'un geyser. Ce bain était pris chaque dimanche, immuablement entre neuf et dix heures trente. Chicks le lui ayant dit, Ethel attendit donc patiemment un dimanche pour entrer, vêtue d'une robe de voile presque transparente, dans la salle de bains en cassant les fenêtres. Comptant sur l'effet de surprise, sa pudeur et son absence de moyens de défense, elle menaça Gilbert d'un éclat de verre pour qu'il lui livrât enfin ce message qu'il détenait et qu'il s'obstinait à ne pas vouloir partager.

Dad ne me dit jamais comment il s'extirpa de la baignoire. Pudiquement, il passait à l'étape suivante, lorsque la belle Américaine fut conduite en prison et que le gouverneur, qui en avait encore le pouvoir, ajouta son nom sur la très courte liste des individus interdits de séjour à Sainte-Hélène. Elle fut expulsée manu militari par le bateau suivant.

De retour en Californie, Ethel déposa une plainte contre le gouvernement de Sainte-Hélène pour expulsion abusive et une autre contre Gilbert pour non-délivrance de courrier en sa qualité de « gardien de l'âme de Napoléon ». Dans les deux cas, les dossiers furent jugés irrecevables par la justice américaine. Dans le dossier qui mettait en cause Gilbert, il fut même admis que « gardien de l'âme de Napoléon » n'entrait pas dans le cadre de ses attributions professionnelles.

## Au service de Napoléon en 1987

Le délire de la belle Américaine, si anecdotique fût-il, mit en exergue l'interprétation même de mon nouvel emploi, mal défini. Que n'aura-t-on pas nommé ce poste de « conservateur des domaines français à Sainte-Hélène » : gardien du temple, gardien de la mémoire, de l'âme, de l'esprit... toutes les analogies religieuses possibles y passèrent. Même moi je n'échappai pas à cette association mystique. Lorsque j'arrivai à Sainte-Hélène pour prendre la charge des lieux napoléoniens de l'île, mes premières impressions furent d'avoir été recruté pour servir un homme puissant nommé Napoléon dont les années de gloire étaient passées et qui aurait décidé d'utiliser les reliquats de sa fortune afin de vivre loin du monde, reclus, invisible même de ses serviteurs. Tout se prêtait à cette confusion. La poste recevait encore du courrier directement adressé à Napoléon, qui refusait obstinément d'en prendre connaissance. Un mur de pierre de plus d'un kilomètre était même en construction tout autour de sa propriété. Sur place, son nom n'était mentionné que par des chuchotements. La pauvreté sur l'île était telle que seuls les barbotages permettaient à un grand nombre de survivre, mais les voleurs épargnaient Longwood House en raison de la malédiction qui y était

Carte actuelle
de l'île de Sainte-Hélène.

James Bay, sur le versant nord de l'île, où le RMS *St. Helena* accosta en 1985 avec, à son bord, Michel Dancoisne-Martineau.

Vue aérienne de Longwood House, résidence de Napoléon sur l'île, où il vécut de 1815 jusqu'à sa mort, en 1821.

Collection particulière

Longwood House, en 1818 et en 2016. Vue latérale donnant sur la véranda, l'ancienne salle de billard et le salon.

Collection particulière

Longwood House, en 1818 et en 2016. Vue de la face nord, avec la véranda attenante aux anciens appartements de Napoléon.

Collection particulière

Longwood House pendant le tournage en 2001 de la mini-série *Napoléon*, basée sur l'ouvrage de Max Gallo, réalisée par Yves Simoneau et diffusée à partir de 2002 sur France 2.

Collection particulière

Parade de chars lors du St. Helena Day en mai 2013, fête célébrée tous les ans en commémoration de la découverte de l'île, en 1502. On peut voir la rue principale, Main Street, à Jamestown, et un char représentant Longwood House.

Vue aérienne de la tombe vide de Napoléon, dans la vallée du Tombeau. Il y reposa de 1821 à 1840, date à laquelle son corps fut rapatrié à Paris, puis inhumé aux Invalides.

Cérémonie militaire autour de la tombe vide de Napoléon, en avril 2014, en présence des marins de la mission Jeanne d'Arc et de leur chorale.

Vues aériennes du versant sud-est de l'île avec le Barn et le Flagstaff en arrière-plan.

La vallée des Briars et sa cascade. Lieu-dit à la lisière sud de Jamestown où se trouve le pavillon dans lequel Napoléon passa quelques semaines.

La vallée du Pêcheur (ou vallée de la Nymphe, Fisher's Valley en anglais), au sud-est de l'île.

Le fort de High Knoll, à quelques kilomètres de Jamestown. Érigé par la Compagnie britannique des Indes, il avait pour but de défendre l'île contre d'éventuels attaquants, notamment les Français.

Collection particulière

Centre de Georgetown, capitale de l'île d'Ascension, avec son bâtiment colonial à colonnades et son horloge.

Collection particulière

Île d'Ascension : ancien bassin où étaient entreposées les tortues de mer avant d'être mangées.

Création Studio Flammarion

attachée. La crainte du « mauvais œil » qui planait sur la bâtisse était notoire. Des visiteurs déposaient même des fleurs au pas de sa porte. Tout concourait donc à me faire croire que cette maison vide était encore habitée par un homme seul, Napoléon.

Dans le premier contrat, mes fonctions étaient ainsi définies : « conservateur des domaines français de Sainte-Hélène au consulat général de France à Londres - Résidence Longwood House (Sainte-Hélène). » Les mots « Napoléon » et « musée » n'étaient jamais mentionnés. J'avais simplement l'obligation de résider à Longwood House pour en assurer la surveillance et le maintien. En l'absence d'autres définitions ou d'indications détaillées et précises des activités principales, mes fonctions me semblèrent bien abstraites. Je m'en remis complètement à Gilbert pour m'expliquer ce que l'on attendait de moi dans les trois ans à venir. Je découvris alors que l'emploi que j'avais accepté n'avait pas grand-chose à voir avec l'interprétation qu'en avaient les uns et les autres.

La mystique soustraite, mon poste était celui de gardien et de gestionnaire de trois propriétés de l'État français à l'étranger, avec un rôle de représentation nationale dans les activités officielles du gouvernement local. La personne contactée, parce que seule sur place, était le chef de poste et, à ce titre, avait toute la liberté de déterminer les priorités.

Gilbert, gaulliste jusqu'au plus profond de son âme, privilégia l'importance de la présence nationale sur ce rocher du bout du monde. Il la concevait comme une gageure, un coup d'éclat de la nation française, un acte de bravoure digne du très Français Cyrano de Bergerac. Forcer le respect, imposer l'inutilité et défendre avec fermeté une certaine image de la France sur l'île. Comme les militaires de l'armée coloniale britannique qui s'étaient localement inventé des carrières militaires fabuleuses, Gilbert parvint même à asseoir sur l'île l'idée d'une exterritorialité des propriétés françaises. Les questions de préséance, de place à occuper à l'occasion des cérémonies officielles, de protocole occupèrent le plus clair de son temps.

Une fois l'équipe d'Yves Rousset-Rouard partie, Dad m'initia aux différentes tâches comptables, à la gestion courante des collections et au suivi des inventaires. En comparaison avec les cours d'économie et de comptabilité que je poursuivais dans le cadre de mes études agricoles, je trouvai le système du règlement des dépenses par ordonnancement provisionnel assez archaïque et nécessitant une quantité superflue de formulaires. En tout cas, il avait l'avantage d'être transparent.

Bien que je ne dusse officiellement prendre mon emploi que le 1er décembre, je m'occupai déjà seul de la comptabilité et de l'administration courante dès octobre. Le plus curieux dans cette période de formation fut l'utilisation du télex dont les mémoires de masse étaient des rubans de papier souple. Ce support d'entrée-sortie perforé avait le fâcheux inconvénient de s'emmêler et de s'autodéchirer. Les couper-coller avec ciseaux et glue au coin du feu allumé dans la cheminée du bureau s'imposèrent comme les distractions obligées des journées de pluie.

Sur le terrain, ma première mission fut la chasse aux nuisibles. Les plus visibles d'entre eux étaient les rats, qui grouillaient partout, aussi bien dans nos appartements que dans ceux de Napoléon, les jardins et la vallée de la Tombe. Toute l'île en était infestée mais le gouvernement de Sainte-Hélène avait mis en place une politique de contrôle qui, si elle ne permettait pas d'en envisager l'éradication, réussissait au moins à en limiter le nombre à un niveau acceptable. De ce fléau nul n'était épargné ; ainsi, quelques mois après mon retour, j'appris la mort de John Bailey de la leptospirose ou « fièvre des rats ».

Toujours est-il que Gilbert, dont la politique était d'être en tout indépendant des autorités britanniques, n'autorisa pas les agents du service de l'hygiène local à entrer dans les domaines afin d'y déposer les poisons et pièges adaptés. Cette décision fut une aubaine pour les rongeurs, qui semblaient s'être passé le mot et pullulaient autour comme à l'intérieur de Longwood House ainsi que dans la vallée de la Tombe. Cette infestation ne le fit pas changer d'avis, Dad s'obstinant à refuser l'entrée d'agents « étrangers » sur « le territoire français ». Il me fallut dès lors commander et mettre en place des dizaines de kilogrammes de raticide.

Une autre nuisance, surtout visible la nuit, infestait Longwood : les cancrelats. Ils pullulaient par milliers aussi bien dans les placards, les tiroirs, pas uniquement dans la salle de bains ou la cuisine mais aussi dans les salons et appartement de Napoléon, où pourtant ils n'avaient rien à se mettre dans les mandibules. Je trouvai un moyen d'en modérer la population grâce à des produits qu'on vaporisait sur tous les murs, une fois tous les quinze jours.

Et enfin, et non moins nuisible, l'autre plaie des domaines étaient les termites qui semblaient avoir fait de Longwood House leur temple sacré. Depuis la mort de sa mère Bertha en 1978, Gilbert avait perdu son enthousiasme et semblait ne pouvoir vivre que sur ses souvenirs. Il avait baissé la garde et remettait sans cesse au lendemain les traitements indispensables. Certes Chicks avait mis sous les pieds des meubles des plaques métalliques, essayant de barrer le chemin aux insectes dans le bois, mais force était de constater qu'ils étaient de retour absolument partout et avaient bien avancé dans leurs travaux destructeurs. Les achats de bidons entiers de poison anti-termites Rentokil restèrent, durant les trois premières années de mes fonctions, la dépense d'entretien la plus importante. Fin 1990, j'étais cependant parvenu à rétablir la situation et, ce faisant, devins expert dans la lutte contre les ravageurs.

La dernière affaire que Gilbert eut à gérer concernait des plaintes de touristes féminines. À l'occasion de visites sur la tombe, ces dames durent subir la vision des attributs sexuels du gardien qui ne pouvait s'empêcher de les leur exhiber. Le gardien était franc-maçon comme Gilbert. Dad et l'évêque établirent un plan d'action concerté et il fut décidé que ce serait l'évêque qui écrirait pour s'excuser et demander pardon à toutes celles que ces *génitalias* – c'est le terme qu'il utilisa dans ses courriers – avaient pu surprendre, choquer ou scandaliser. Le gardien en fut quitte pour la perte de son emploi et son départ vers l'île d'Ascension.

## Un anticonformisme contractuel à durée indéterminée

Administrativement, le poste de Sainte-Hélène était tout et son contraire : officiel et marginal, insignifiant et symbolique, original et conventionnel, étatique et non conformiste. Ces propriétés de l'autre bout du monde ne pouvaient qu'avoir une importance anecdotique pour l'administration diplomatique qui en avait la charge. Parce qu'uniques en leur genre, elles semblaient n'entrer dans aucun cadre bureaucratique existant. Faute de mieux, elles étaient condamnées à des modes temporaires de gestion. Lorsque j'en pris la charge, elles avaient été placées dans la case « chancellerie » de la section « postes à l'étranger ». Sur le papier, elles étaient rattachées au consulat de France à Londres qui, en raison des sept mille cinq cents kilomètres qui les séparaient et son accessibilité bimensuelle, n'avait aucun moyen logistique d'en assurer effectivement la tutelle. Comme tout agent du ministère, je devais être noté annuellement, mais personne ne pouvant avoir de vision globale et suivie de mes activités, cette notation fut, parce que vide de sens, inexistante.

Il n'était pas question de musée, de visite du public, de collections, de conservation préventive. Sainte-Hélène était un bien immobilier de l'État, c'est tout.

Ainsi résumé, nous étions cependant bien loin des attentes et des perceptions du public, dont le nombre oscillait annuellement entre cinq et sept mille selon le nombre de bateaux de croisière qui y faisaient escale de décembre à avril. Parce que ce n'était pas un musée, il ne pouvait y avoir ni boutique, ni service commercial, ni billetterie.

Ce fossé entre les attentes des visiteurs et la compréhension qu'en avait la bureaucratie française ne datait pas d'hier car il avait déjà été péniblement vécu par le premier des conservateurs qui, durant les dix années qu'il passa sur l'île de 1858 à 1867, ne sut définir sa mission. Entre les instructions qu'il recevait de la Maison de l'empereur Napoléon III, les attentes des passagers des nombreux bateaux qui faisaient escale et les exigences du gouvernement local, il n'eut d'autre possibilité que de résumer son rôle à la seule représentation et présenter à Longwood House des pièces aussi vides que la tombe.

Mon intention première n'était pas d'en réformer le mode opératoire – je n'avais pas cette ambition –

mais d'apprendre à vivre en marginal tout en donnant l'impression de conformisme et en en imposant sa dimension nationale. Gérer le paradoxe horsnorme/formel. Entretenir des bâtiments historiques qui n'en avaient pas le statut. Offrir au public un musée qui n'en avait pas la reconnaissance officielle. Je compris alors qu'il fallait être un thaumaturge de la trempe de Gilbert qui, pendant trente ans, sut naviguer à vue, pour offrir au public la vision du martyre de Napoléon à Sainte-Hélène qu'il recherchait et trouver une ligne budgétaire sur laquelle Sainte-Hélène parviendrait à poursuivre sa lancinante existence. Faute de définition précise de mes fonctions, il me fallut donc en cerner le contenu de façon empirique à partir de la pratique de mon prédécesseur et par une réponse pragmatique aux problèmes que je rencontrai.

Aussi contradictoire que cela put paraître, contractuel de la fonction publique, je dus me mettre à la marge non seulement de la société, mais du monde à cause de mes activités. En choisissant de travailler et de vivre à Sainte-Hélène, avoir une vie ordinaire n'entra jamais dans le domaine du possible.

Sainte-Hélène était un mode de vie en soi, à la fois formellement conventionnel et totalement déjanté. Ce dualisme incompatible avec la vie moderne me plaisait ; même davantage, il me motivait. Alors que j'avais prévu de ne rester en poste que trois ans – le temps de finir mes cours par correspondance –

lorsqu'en 1990 le ministère des Affaires étrangères me proposa de renouveler mon contrat, je n'eus pas une seconde d'hésitation pour accepter l'offre et abandonner à jamais l'idée de devenir ingénieur agricole, un an à peine avant les examens finaux. Dans le cadre de ces études, je venais d'achever un rapport sur la toute nouvelle coopérative de pêche qui s'établissait tout juste sur l'île. Une fois de plus, il me fallut faire preuve d'imagination pour justifier aux directeurs des musées nationaux de Malmaison, Nicole et Gérard Hubert, de ne pouvoir pas encore suivre les cours à l'école du Louvre. (Nicole n'était « que » chargée de mission en tant qu'épouse du conservateur en chef, mais, dans les faits, c'était bien elle qui dirigeait l'établissement.) Chaque fois que je les rencontrais durant mes séjours en France, ce fut le sujet que j'esquivais au mieux de mes capacités diplomatiques. Toutefois, lorsque je signai mon troisième contrat consécutif, le 1er décembre 1993, ils m'informèrent que le diplôme de l'école du Louvre ne leur apparaissait plus comme une condition essentielle à mon maintien sur l'île, en charge des collections qu'ils avaient mises en dépôt.

L'élément déterminant dut être que Gilbert resta mon mentor. Comme Télémaque jeté par une tempête sur une île, je découvris son monde qui devint le mien. J'essayais de retenir les explications qu'il ne cessait de répéter auprès des services administratifs français avec lesquels il devait travailler mais qui ne comprenaient rien à ce qu'il essayait de faire sur place.

J'écoutais une à une ses luttes contre des personnalités locales qui, comme le gouverneur Massingham, osèrent le défier en écornant l'image de la République française. Je le regardais dédaigner les fonctionnaires britanniques locaux qui s'obstinaient à lui refuser les prérogatives diplomatiques auxquelles il pensait avoir droit. J'admirais son entêtement et sa résistance aux vigoureuses corrections qu'il recevait continuellement, mettant à mal son manque d'humilité. L'obstination de Gilbert à vouloir maintenir l'apparence de la « grandeur de la France » était admirable. Avec lui, les lieux napoléoniens à Sainte-Hélène étaient devenus une véritable fiction dans laquelle tout était soigneusement mis en scène, comme la folie créatrice attirerait irrésistiblement un génie vers le vide. L'attraction de l'inutile. Faire avec passion un travail dont tout le monde semblait se moquer. Un emploi taillé sur mesure pour Gilbert.

## L'ivresse parisienne

De par la mort de ses amis et de son frère, à la fin de la guerre, Gilbert qui faisait des versions latines comme d'autres font des mots croisés, s'appropria les mots de Maximien : « Maintenant qu'une longue vie me pèse et me serait inutile, puisque je ne puis vivre, ah ! du moins que je puisse mourir ! Oh ! qu'elle est affreuse la loi qui courbe l'infortune sous le poids de la vie ! La mort n'obéit pas à la volonté de l'homme. » (Élégie I.) Et, tant qu'à mourir, pourquoi ne pas le faire en s'enivrant. Le Paris de la Libération fut le lieu idéal pour cela.

Le 10 novembre 1947 : « Je n'ai qu'une inquiétude et c'est moi. Je m'interroge et c'est souvent en vain, comme dans l'opéra. Deux détails m'inquiètent dans mon comportement et que je me tue à analyser : d'une part mon "improductivité", d'une autre mon goût de tout gâcher ce qui peut m'être agréable ou même utile. Je sens en moi une force de production que seuls mon manque de volonté et mon inlassable bougeotte parviennent à annihiler. Serai-je "l'homme d'un seul livre" ? Parviendrai-je à vaincre mon indicible répugnance à m'enfermer avec quatre feuilles de papier ? »

Promu aspirant de marine de réserve, le 11 novembre 1944, il fut dégagé de ses obligations militaires. Commencèrent alors dix années parisiennes qui furent une suite ininterrompue de rencontres avec des personnalités politiques, des célébrités mondaines et d'immenses talents artistiques et littéraires. Elles n'engendrèrent qu'un immense vide et un infini désir de s'inventer une vie. Discuter sur l'éternel féminin jusqu'à quatre heures du matin chez Roland Petit, prendre le thé chez Rosemonde Gérard, rencontrer, durant des occasions mondaines aussi éphémères que futiles, la princesse d'Orléans-Bragance, Christian Bérard, Jean Babilée, Jean Cocteau, Jean-Paul Sartre, Felix

Youssoupov, Alice B. Toklas, Thornton Wilder, Louise Faure-Favier, Marie Laurencin, André Gide, Jean Cocteau, Roger Peyrefitte, etc.

À la lecture de ses lettres et de son journal intime, une évidence apparaît : à trop côtoyer ceux qu'il admirait (principalement André Gide et Jean Cocteau), il annihilait ses propres capacités à mener à bien le moindre projet d'écriture. Totalement paralysé par l'immense talent des autres, sa propre incapacité à créer, à se concentrer le ramenait sans cesse vers le souvenir des jeunes hommes qu'il avait vus mourir ou qui « combattaient l'approche de la mort dans le combat furieux qu'est le délire ». Il ne se remettait pas d'avoir eu à passer « un bras autour d'un cou tiède, moite, battant de fièvre, lent véhicule de l'engourdissement inévitable ».

Lorsque le 15 mai 1947 ses parents quittèrent définitivement Paris pour se retirer à Ars-en-Ré, il dut prendre un logement. Ne disposant d'aucun revenu stable, il s'installa dans l'hôtel St. Georges rue de Seine « avec bidet et un lavabo que dissimule un paravent miteux ». Toujours incapable de reprendre pied avec la vie civile, en y emménageant et en perdant le confort de l'appartement familial, il ajouta dans son journal : « Mais est-ce que cela change quelque chose ? »

Il enchaîna des projets de romans ou de biographies dont la rédaction n'alla jamais plus loin que leurs titres : *Le Voyage des songes*, *Fiasco*, *Rimbaud*, *Tchaïkovski*. Le 23 janvier 1948, il résuma sa vie faite, selon lui, « de désirs impossibles à satisfaire, de solutions médiocres, d'inconfort matériel et de solitude morale. Des dettes. Peu de perspectives ! » Lucide, il s'accorda « encore quelques mois d'expérience et puis vogue la galère. Si rien ne va plus, on changera de jeu et on ira tenter sa chance ailleurs. N'est-ce pas ma chance ? »

Il tenta d'ouvrir avec Francis Savel une galerie de livres et de tableaux à Paris. Il se construisit même des châteaux en Espagne comme celui de se retirer à Ars-en-Ré et d'ouvrir une maison littéraire pour les artistes parisiens. Nouvel échec. « Je renonce, je méprise, je piège, je fuis… »

Entre Ars-en-Ré, où il respirait à pleins poumons l'air, le soleil et le vent, et Paris où il redevenait l'esclave de ses désirs et de son imagination, il enragea de ne plus savoir quoi faire de sa vie. Ne pouvant devenir auteur lui-même, en 1949 il se résigna à entreprendre des traductions qui lui permettraient au moins de payer les factures. Il commença par *Un garçon près de la rivière* (*The City and the Pillar*) de Gore Vidal pour les éditions des Deux-Rives. Il reprit peu à peu goût à la vie. En accomplissant ses quinze jours de période de réserve militaire à la base aéronavale de Saint-Raphaël, il retrouva Jean Cocteau qu'il revit ensuite à Milly-la-Forêt où l'écrivain vivait avec son fils adoptif, Doudou (Édouard Dermit). Même s'il se disait encore que tout ce qu'il entreprenait l'était « avec une fièvre de mauvais augure », il accepta la direction des guides de voyage Nagel pour la France. Pour la première fois de sa vie, il reçut des fiches de paie. Cet emploi lui permit d'entreprendre de nombreux voyages : Italie, Canada, Islande, Danemark, Suède, Norvège… Le 1er janvier 1951, il fit le bilan de l'année achevée : « Beaucoup de travail ; des résultats. Premiers essais d'embourgeoisement : premier smoking, première voiture. »

Cette éclaircie fut de courte durée car un an plus tard, il s'aperçut que « côté affaires » : « tout [allait] mal et la faillite [frappait] à la porte tous les matins. » Il lui fallut envisager, « en toute sérénité », une nouvelle occupation. Il rencontra à Saint-Germain-des-Prés, « où quelques bourgeois désœuvrés s'endorment devant leurs huîtres », le journaliste américain Elliott Stein, son « opposé radical ». Cette rencontre sans lendemain permit à Gilbert d'être introduit dans le milieu militaire américain basé à Paris. L'admirateur de l'armée de l'Oncle Sam supportait très mal les insultes du genre « *Yankee, Go home* ». Combattre cette injustice devint pour lui un moyen de détourner son mal-vivre. Autre dérivatif qui l'aida à garder un pied dans deux mondes : l'écriture et la publication des livres de Serge Lifar et pouvoir assister à tous les événements parisiens du moment.

Puis, le 8 juillet 1953, survint la mort de Rosemonde Gérard qui marqua un arrêt brusque dans la vie parisienne de Gilbert. Avec madame Edmond Rostand, le 10 juillet suivant, il enterra ses illusions de devenir un écrivain célèbre. Il utilisa ses maigres économies en commandant à la sculptrice britannique d'origine lettonne Dora Gordine – le milieu mondain de l'époque nommait l'artiste « La Gordine » – son portrait en buste et quitta la capitale pour Ars-en-Ré où il retrouva sa mère adorée et sa « vie simple des champs et du soleil, de la mer et du sable. Le parler grave, haut, le rire énorme, les sentiments désuets désolément francs, l'examen journalier de petits problèmes. Le maire a-t-il, ou non, dit cela ? Le poisson est-il bon ou non ? Les vents sont-ils encore à l'ouest ? Va-t-on emprunter le chemin de la côte ? » Comme son père et son frère, son cœur était marin.

Le 2 novembre 1953, il enfila son uniforme d'enseigne de vaisseau de première classe pour une affectation d'officier subalterne à la base aéronautique navale d'Aspretto, installée en Corse. Le 7 novembre, en emménageant à Ajaccio, il termina le journal de ses années parisiennes par une citation de Nietzsche : « J'habite ma propre maison. Je n'ai jamais imité personne. »

### Une vie ordinaire à Longwood House avec Gilbert

La fonction de gardien des lieux napoléoniens de Sainte-Hélène était minorée par les propos d'historiens ou de passionnés napoléoniens qui considéraient le maintien des bâtiments, jardins, forêts superfétatoires à la légende napoléonienne. Selon eux, il n'y avait pas besoin d'illustration physique. Il fallait laisser le temps opérer son action destructrice sur les biens. Laisser s'effacer les vestiges tangibles pour ne laisser qu'un vide plus significatif de la notion abstraite qu'est la légende. Le croupissant plus en accord avec le mythe que la préservation matérielle. Maintenir un vide, bâtisseur de l'inutile.

De mon recrutement en décembre 1987 jusqu'à sa mort survenue en août 1995, Dad resta à mes côtés. Tous les trois ans, mes contrats de travail furent renouvelés. Lentement, sans rien brusquer, je modifiai le mode de fonctionnement des domaines, qui faisait la part trop belle à la représentation au détriment de l'entretien courant. Avoir un majordome, une cuisinière, une assistante, un homme à tout faire/jardinier et un boy pour s'occuper de notre confort était excessif et surtout au détriment des travaux d'entretien qu'il y avait à accomplir. Le majordome Percy, qui avait déjà plus de soixante-quinze ans, partit à la retraite ; Chicks mourut en 1987. Je les remplaçai par deux hommes de mon âge, Tony Green surnommé Diddy et Gary Thomas, dit Gary-Bishop (l'évêque). J'avais persuadé Gilbert d'accepter de n'avoir « plus que » deux personnes à notre service personnel au lieu des quatre employés de maison. Toutefois, il conserva Loulou et Iris, qu'il rémunéra lui-même.

Lors de ces recrutements, je découvris que je devais mettre quelques barrières à ma vie sexuelle. En acceptant d'être un patron, lors de mon retour à Sainte-Hélène pour prendre mon poste je m'interdis les *Foxy's folies* et les couchettes de jasmin de l'église Saint-Marc pour ne pas être confronté aux embarras qu'elles pourraient générer, comme lors des entretiens d'embauche. L'insouciance et la liberté que j'avais vécues à Longwood en 1985 n'étaient plus envisageables.

Je m'installais de fait dans la société de Sainte-Hélène aux côtés de Betty (mon enseignante d'anglais), des Héléniens diplômés qui constituaient l'élite de la population, des commerçants et des expatriés. Toutefois, mon terrain de chasse ne fit que se déplacer. Je découvris alors d'autres aspects plus spécifiquement coloniaux de la société locale que je n'avais pas suspectés en 1985.

Entre les fonctionnaires expatriés, l'échangisme était très répandu et si notoire qu'il ne faisait que rarement l'objet de commérage. Étant célibataire, et de loin le plus jeune d'entre eux, je n'entrais pas dans leur circuit. Je me tenais à l'écart de cette communauté non seulement à cause de la moyenne d'âge qui avoisinait les soixante ans, mais surtout en raison du comportement pédophile de certains ex-officiers coloniaux qui me répugnait. Je m'en entretins d'ailleurs avec Eddie Brooks, le chef du gouvernement, qui m'informa qu'il était parfaitement au fait de la situation mais que tout cela n'avait guère d'importance car les filles – il ne mentionna pas la possibilité masculine – étaient, selon lui, consentantes, tout comme leurs parents ou tuteurs.

À l'époque de la dissolution du Colonial Office, ses fonctionnaires furent incorporés dans le grand ministère du Foreign Office. Eddie Brooks en faisait partie. Il en fut certainement le plus sain mais aussi le plus désillusionné. Une bouteille de gin à la main, je le voyais assister impuissant à la fin d'un monde colonial qu'il regardait sombrer. Il avait profondément aimé cette société qui n'avait plus raison de subsister. L'alcool fut le meilleur des remèdes, qu'il partageait abondamment avec sa femme. Durant des réceptions organisées dans sa résidence de Lufkins, je fus le témoin des derniers éclats des colonies britanniques qui disparurent avec lui à l'aube des années 1990. J'en retins une multitude de courts récits. Je me les remémore souvent comme on rouvrirait un album de photos dont les photographies jaunies révéleraient un monde construit sur un enchantement devenu désillusion.

Dès mon retour en 1987, la nouvelle de mon recrutement ne fut pas longue à se propager dans toutes les strates de la société hélénienne. Gilbert avait si bien réussi à se créer une réputation d'élévation – à laquelle les Anglais locaux associèrent une fortune matérielle et un réseau relationnel qui allait jusqu'aux portes de Buckingham Palace – qu'il passait pour un magnat. Pour cette raison, à mon corps défendant, je me retrouvai au milieu d'une histoire née d'un malentendu et d'un regard mal interprété qui fit croire à un gouverneur que j'avais des intentions pour sa fille, ce dont il fut enchanté. Il alla jusqu'à approcher Dad et lui signifier qu'il ne serait pas opposé à notre union…

Pratiquement tous les midis, Gilbert invitait à déjeuner à Longwood House les Français de passage sur leurs yachts ou sur le RMS, les chefs de service, les médecins, les expatriés coloniaux retraités, le gouverneur, les officiels britanniques etc. Il était brillant, il épatait, il était respecté. J'étais fier de l'avoir comme père. Les invitations du midi étaient souvent rendues le soir ce qui permettait à Loulou et Iris d'avoir leurs soirées de libres.

## Trouver sa place

En prenant soin de ne pas changer les habitudes de Gilbert ou d'entrer en conflit avec celles-ci, je m'employai à ne modifier Longwood House que par des apports que seule l'amélioration de notre confort justifiait. J'introduisis l'emploi des déshumidificateurs qui, au bout de quelques semaines, avec des feux dans toutes les cheminées de la maison, eurent pour effet d'avaler les effluves. Dans ma chambre – celle du comte de Las Cases –, je décidai de faire couler une dalle de béton de quarante centimètres sur laquelle je posai une moquette. Je déménageai dans le salon Gourgaud le temps des travaux. Avec Gurnet, Diddy et Gary-Bishop, je creusai à l'aide de pelles et de pioches et retirai la terre battue du sol par les fenêtres. Je profitai de ces travaux pour faire installer une douche et un chauffe-eau électrique dans la salle de bains voisine. Si se faire couler un bain par semaine en chauffant l'eau dans un geyser en brûlant du bois et du papier semblait exotique et amusant à certains, au bout de quelques semaines ce système devenait astreignant.

À proximité de toutes les fenêtres, je m'appliquai à planter des espèces très odoriférantes. Les roses embaumèrent les mois d'hiver, de juillet à octobre, et les brunfelsias (plus connus sous le nom d'« *Hier, Aujourd'hui, Demain* ») ceux de l'été, de novembre à juin. Quant au jasmin, il parfuma la maison toute l'année. En un peu plus d'un an, nous parvînmes à atténuer l'impression générale de vétusté du logement. C'était bien entendu des travaux immobiliers plus cosmétiques que structuraux mais qui, avec l'emploi de déshumidificateurs, faisaient illusion. Nous collâmes et remîmes aussi à niveau tous les carrelages des années 1930.

À partir de 1989, entrer dans les draps de mon lit ne fut plus comme d'avoir à se glisser dans des gants humides et froids. Pareillement, le cuir de mes chaussures ne se recouvrait plus de mildiou en l'espace de quelques jours. Je trouvai même le moyen d'adapter la pièce où, du temps de Napoléon, l'on conservait son argenterie en un atelier de peinture. J'y installai un poêle alsacien envoyé par le ministère des Affaires étrangères, que nous désignions uniquement par le mot « département ». Parce qu'inscrit dans la longue liste des postes à l'étranger, le département nous envoyait chaque année un catalogue d'articles que nous pouvions commander et qui nous étaient expédiés depuis

Paris. Ce système d'approvisionnement fonctionnait remarquablement bien et semblait idéal pour Sainte-Hélène où on ne trouvait absolument rien à acheter localement.

Durant ces années, nous pûmes donc recevoir de l'argenterie, de la vaisselle de Limoges, tout à fait adaptées aux réceptions que Gilbert organisait avec grand panache.

Le musée de Longwood et la correspondance avec les chercheurs, collectionneurs et passionnés restèrent la chasse gardée de Dad. Sa présence à mes côtés sur l'île apportait auprès des institutions culturelles françaises une légitimité scientifique et morale que je n'avais pas. Je me contentais de lui faire quelques suggestions d'ordre pratique. Rien de plus. En complétant chaque jour mes connaissances de l'histoire napoléonienne, et plus particulièrement de la période de l'exil, je me mis en tête de refaire tous les jardins tels que Napoléon les avait souhaités et dont on connaissait les moindres détails, de restaurer de fond en comble les appartements des amiraux des Briars que Gilbert s'était résigné à abandonner, et de faire entrer un peu de lumière autour de la tombe où la nature s'était atrophiée.

Par petites touches, je découvris le monde de Gilbert. Durant les dix années où je l'ai connu, je n'ai jamais été tenté d'en savoir plus sur son existence d'avant 1985. Je ne prenais que les informations qu'il me donnait et m'en contentais. Toutefois, je sentais bien que des fantômes rôdaient ; des nuages sombres qui lui faisaient regretter la vie. Gilbert était un mélancolique : le temps lui était éternel, sans fin. Pas une seule fois je ne lui mentionnai ma vie au Paraclet, à Amiens, à Péronne, Nesle ou Ham. Tout ce qu'il savait de moi concernait mon adolescence à Voyennes et les raisons de mon indifférence envers mes parents et pour la plupart de mes frères et sœurs. Même après sa mort, je n'ai pas essayé de fouiller dans son passé. Je souhaitais garder de lui seulement le souvenir de nos années communes. J'ai brûlé les volumes de son journal, qu'il m'avait demandé de détruire, et mis de côté, sans les ouvrir, les autres.

## Les jardins de l'espoir

Après la mort de Chicks et le départ à la retraite de quatre autres employés que Gilbert avait maintenus en fonction au-delà de l'âge légal, il me fallut reformer l'équipe des domaines. Cette tâche se révéla quasiment impossible : les salaires étaient très bas – l'équivalent du quart du Smic – et toute la population active avait déserté l'île pour Ascension et l'archipel des Malouines, où les rémunérations avec d'importants avantages s'avéraient de six à vingt fois supérieures à celles qui étaient pratiquées à Sainte-Hélène. Nous subîmes aussi de plein fouet les conséquences de la guerre des Malouines, où la Grande-Bretagne s'employa à favoriser une migration de citoyens provenant des dépendances britanniques. Cinq ans après le conflit entre le Royaume-Uni et l'Argentine, Sainte-Hélène se trouva privée de sa génération des dix-huit/trente-huit ans. Les seules personnes que je pouvais recruter étaient celles qui étaient revenues au foyer entre deux contrats ou pour des raisons familiales. Des situations toujours temporaires qui m'obligèrent à devoir sans cesse procéder à de nouveaux recrutements. Le seul avantage à ce rythme soutenu des départs fut d'asseoir mes accointances avec un très grand nombre de familles de Longwood.

En me fondant sur les plans établis en 1860 par le capitaine Masselin, qui les traça avant de les détruire, et sur des photographies aériennes, je commençai dès l'hiver 1987, avec tous les employés temporaires qui se succédèrent, à recréer les jardins de Longwood House tels qu'ils se trouvaient à la date de la mort de Napoléon, le 5 mai 1821.

Je concentrai mes efforts sur le dessin et la topographie des jardins en bêchant mais surtout en piochant, tant la terre argileuse y est dure. Je commençai par celui qui, côté ouest, communiquait directement avec la chambre à coucher de Napoléon par une porte vitrée protégée par un treillis en croisillons de bois peint en vert. Je poursuivis par celui qui, lui aussi clos par une barrière de bois vert, correspondait au côté est des appartements de Napoléon formant un T. J'entrepris ensuite les deux jardins ouest dont le premier était clos par une barrière. Ces jardins de Longwood n'étaient qu'une succession d'enclos délimités par des barrières. Les limites s'imbriquaient les unes dans les autres : des clôtures contenues dans d'autres enceintes elles-mêmes cernées par des palissades elles aussi circonscrites par des parapets et des murs. Comme pour en accentuer la complexité, chaque jardinet avait son propre dessin géométrique souligné d'allées creuses. Paradoxalement, les fossés devinrent les sentiers pédestres et les espaces floraux des clos. La conception alambiquée de ces jardins d'un peu moins d'un hectare était en porte à faux avec leur parti pris de géométrie et d'ordre. Ils semblaient avoir été pensés comme s'ils devaient être une emphase de l'exil, de la solitude, de l'emprisonnement. Les herbes ligneuses appelées Kikuyu, que les Héléniens nomment « herbe du diable », avaient quant à elles envahi l'ensemble du domaine en en recouvrant de nombreuses surfaces, telle une couverture mitée que l'on aurait jetée à dessein pour cacher la misère des sols.

Ces jardins étaient situés sur un haut plateau constamment balayé par des alizés. Les vents avaient si bien travaillé qu'ils avaient appauvri les sols argileux, lesquels avaient pris l'aspect de la roche et de la lave ; d'où l'aspect sépia qui m'était apparu la première fois que j'avais visité les lieux en 1985. Les terrains appauvris à l'extrême, je m'appliquai à leur rendre les éléments nutritifs longtemps disparus. Je ne comptais plus le nombre de pioches, de bêches, de cargaisons de fumier, de tombereaux de lisier, de sacs de déchets de poisson et de sable qu'il nous fallut pour rendre à l'espace un aspect végétal. Si le sol restait compact et collant lorsqu'il était humide et très dur et fendillé lorsqu'il s'asséchait, il pouvait néanmoins de nouveau retenir suffisamment l'humidité et les minéraux ; de quoi y propager des agapanthes, des kniphofias, des jasmins, des iris, des ébéniers de Sainte-Hélène et toutes les plantes locales endémiques. Après de nombreux échecs, et malgré ce sol difficile à travailler qui s'engorgeait vite lors de fortes pluies, nous parvînmes à retenir une panoplie d'espèces vivaces dont l'enracinement n'était pas profond et peu sensible à la circulation de l'eau et de l'air.

Autre particularité du sol argileux de Longwood, il ne se réchauffait que très lentement, donnant à l'endroit une fraîcheur inattendue lorsque le soleil était au zénith. Inversement, chauffé, le terrain ne se refroidissait que lentement à la tombée du soir, lorsque la température chutait rapidement de cinq degrés vers six heures. Cette opposition des éléments provoquait une sensation d'extrême inconfort à tous ceux qui étaient hypersensibles mentalement et physiquement aux variations de températures. Dont, hélas, je faisais partie. Seule consolation : je découvris dans les *Mémoires de Marchand*, le valet de Napoléon, que je partageais avec l'Empereur cette particularité qui se manifestait par des sautes d'humeur et des gênes intestinales.

Faute de crédits suffisants pour l'eau, je ne pus pas remettre en place les espèces employées par Napoléon. Les pêchers, les rosiers, les grenadiers, les avocats, les fraisiers furent remplacés par des plantes plus adaptées au climat et au sol. Cette liberté prise avec l'histoire me permit cependant de maintenir la théâtralité si chère à Gilbert en donnant, au rythme des saisons, des gammes de couleurs qui imprimaient à l'ensemble de Longwood House des apparences tantôt dramatiques, reposantes, mélancoliques ou flamboyantes. Fier de ses jardins, au mois de décembre 1819, Napoléon avait dit au général Bertrand que les voyageurs anglais feraient le dessin de ceux qu'il avait lui-même conçus. Je m'aperçus avec ravissement qu'à partir de la fin 1993 les visiteurs commencèrent à y prendre des photographies. Les jardins redevinrent une extension de Longwood House comme souhaités par Napoléon.

## Vallée à la source de la poésie

Dès les premiers jours de sa découverte par les Portugais, Sainte-Hélène inspira les poètes. Elle apparut à l'Espagnol Baltasar Gracián comme étant tout droit « sortie de l'onde maternelle où on y retrouve la clôture apaisante des premiers repos, désir profond des rêves tranquilles, havres rêvés des existences menacées ». À Daniel Defoe elle inspira un des personnages les plus célèbres de notre littérature, Robinson Crusoé. Napoléon désigna lui-même le lieu de sa sépulture au fond d'une profonde vallée surnommée le Bol à punch du diable, près du seul point d'eau de sa dernière demeure. Ce lieu où il fit quelques virées à pied et à cheval dès les premiers mois de son exil était un enchantement ; une source d'inspiration, une muse. La nature y était souveraine : de la terre jaillissait une végétation luxuriante mais on y sentait aussi l'omniprésence de l'immensité de l'océan ; infini et étriqué à la fois, tout y rappelait la vie et la mort, l'éternité et la précarité, la force et la fragilité. On retrouvait dans une même vallée, auprès d'un point d'eau, toute la sémantique des poètes qui d'Ovide à Rimbaud y faisaient dormir au fond d'un val une Diane chasseresse ou un soldat. Comme Jean-Jacques Rousseau, Napoléon avait la tête pleine du bonheur d'être dans la nature ; cette vallée était une invitation permanente à la flânerie et à la rêverie. Il se l'accapara. Il savait ce qui animait de tout temps les poètes et combien leur inspiration ne pourrait jamais s'y tarir puisqu'ils y feraient reposer leurs personnages. Que ce fût un bel Endymion qui se mirât dans l'eau de la source ou le soldat qui y mourût, tous s'y reposèrent. Cette vallée devint celle où Napoléon se désaltéra ; celle de sa tombe, de sa résurrection, de sa légende.

À mon arrivée à Sainte-Hélène, n'ayant aucune envie de déranger Gilbert dans son domaine – les aménagements intérieurs et les vitrines de Longwood House –, j'eus l'ambition en premier lieu de sortir la tombe de l'obscurité dans laquelle la nature l'avait plongée. Il me fallait transmuer ce lieu lugubre comme le *Noir Val* d'Edgar Poe ; parvenir à percer un trou dans ce mur noir pour y faire entrer la lumière. « Ô Soleil ! Toi sans qui les choses – Ne seraient que ce qu'elles sont ! »

Bien décidé à rendre à cette vallée de quinze hectares la vie qui l'avait trop tôt quittée, j'alternais mes cours d'agriculture et d'anglais (que je conservais pour les jours de pluie ou de brouillard) avec des travaux forestiers de grande envergure quand la météorologie était clémente.

Comme Gilbert réservait le personnel du poste à des tâches plus en phase avec l'idée qu'il se faisait de ses fonctions diplomatiques, je me retrouvais quasiment seul à travailler dans la vallée. Je m'étais virtuellement fait un ami en la personne du chanteur Gérard Manset dont les mots jouaient le rôle de véritables fortifiants : « Face aux grandes étendues, Il a marché longtemps. Il a peut-être connu Ton masque éclatant, Soleils et firmaments Qui forcent le respect, Spectre revenant De la vallée de la paix, De la vallée du doute. [...] Cavaliers s'avancent, Nuages... Désespoir de tout ce que l'on sait, Laissez venir, laissez passer Ceux dont l'amour s'est renversé – Vallée... »

Avec Adrian Wade, je découvris l'usage des scies tronçonneuses que je commandais à Paris – les équipements étaient alors fournis directement par le ministère –, retrouvai les faux à broussailles qu'un pêcheur de Voyennes m'avait appris à utiliser, les chaussures à crampons métalliques pour grimper sur les flancs des montagnes enherbés. Adrian partageait mon ambition, qui aurait pu servir d'illustration à cette phrase lue dans le deuxième chant de *La Fiancée d'Abydos* par lord Byron : « Regarde ! Là où ses conquêtes ont cessé, il y a fait une solitude et il la nomme – paix ! » Rien de moins. Travailleur solitaire dans la vallée, Manset et Byron m'accompagnaient et me soutenaient. Toutefois, avec seulement Adrian, le travail n'avança pas aussi vite que je l'aurais souhaité.

Durant ces années aux alentours de la tombe de Napoléon, je fus parfois surpris par des essaims d'abeilles. J'appris que sur l'île un vieux monsieur Stroud, qui vivait à l'ouest, à la montagne Bleue (Blue Hill), savait comment les capturer pour les mettre dans des ruches et en extraire le miel. J'invitai donc Mr. Stroud dans la forêt et nous attrapâmes huit essaims en moins de six mois. Avec du bois des arbres découpé et débité sur place, je fabriquai nos ruches et les cadres. Je commandai, de France, un extracteur centrifugeuse. Une fois l'an, à la fin de l'été, au mois de juin, nous récoltâmes avec beaucoup de fierté du miel qui coulait à flots. Ce furent autant de moments de pure émotion. Afin de varier les parfums, je déposai quelques ruches à Longwood House et aux Briars. Après quelques années durant lesquelles j'interprétai seul le rôle apaisant d'apiculteur, l'un des employés des domaines, Byron Knipe, se joignit à moi dans ce travail qui avait le don de me relaxer. À entrer ainsi dans l'univers des abeilles, je me pris à rêver qu'un jour, peut-être, je parviendrais à rendre à la vallée de la Tombe un éclat dont elle avait été privée trop longtemps… Il me fallait juste cette patience dont les abeilles me rappelèrent les règles de base.

Si le travail à la Tombe fut fastidieux et physique, au début des années 1990, j'eus le plaisir de rencontrer Ricardo Stevens, qui officiait pour David Henry à la plantation de café de Hutt's Gate, située à l'entrée sud du domaine. Contrairement à Adrian, qui n'avait pas grand-chose à me dire et pour qui j'étais avant tout un employeur appelé *Sir* avec déférence, distance et respect, Ricardo fut un ami des plus sensibles et très bavard, ce qui, pour quelqu'un d'aussi peu loquace que moi, constituait une bénédiction dans cette vallée du silence.

À défaut d'être totalement parvenu, durant ces premières années, à rendre aux alentours immédiats de la Tombe la clarté que j'envisageais, je fus en mesure de dégager sur les pentes des collines trois terrasses de trente mètres chacune. J'y plantai des impatiences qui, faute de lumière, végétèrent. Toutefois, après la coupe de six araucarias de quarante mètres aux troncs de deux mètres de diamètre qui nécessitèrent l'aide de plus de quinze hommes des services de l'agriculture du gouvernement de Sainte-Hélène, fin 1994, elles se mirent à fleurir, offrant aux regards une multitude de teintes écarlates donnant à ces terrasses l'aspect d'un éclaboussement de sang. L'effet produit fut dramatique. Un peu trop. J'atténuai cette impression de rivière sanguinaire en introduisant vite des bégonias, des fuchsias, des iris ainsi que quelques orchidées dont les feuillages parcellèrent le flot.

## Les Briars : découverte d'un paradis

À ma prise de fonctions, le site des Briars m'apparut comme un gâchis. Tout permettait d'entrevoir ce qu'il pouvait être mais rien ne semblait susceptible d'y être jamais fait. Des trois sites constituant les domaines nationaux, il était celui dont on ne s'occupait que si on avait encore le temps. Le dernier de la liste puisque sa fermeture était à peine notable tant le public et les gouvernements français et hélénien s'en moquaient.

Le bâtiment était constitué de deux parties : une pièce aux murs de pierre, qu'occupa Napoléon, et quatre autres espaces construits par l'amiral Cockburn de la mi-décembre 1815 jusqu'à son départ de l'île, le 19 juin 1816, lieux destinés à son usage personnel après que Napoléon s'en fut à Longwood. L'amirauté britannique s'était, durant les années d'exil, déplacée de Simonstown en Afrique du Sud à Sainte-Hélène. Or, si l'espace de l'Empereur était en bon état, celui qui était construit en bois sur des fondations flottantes par les charpentiers de la marine anglaise se révélait désolant. La pourriture avait détruit toute la cellulose des structures et des cloisons intérieures comme extérieures. Les termites avaient parachevé le désastre en s'occupant de la lignine.

Malgré la fragilité de l'ensemble, l'édifice était resté en place. Le public n'y avait cependant plus accès, tant la pression d'un doigt suffisait pour passer au travers des murs et planchers. Ces appartements d'amiraux avaient été construits en bois récupérés sur des bateaux démantelés en 1815. Les poutres porteuses étaient des mâts, les murs, les plinthes et tours de fenêtre avaient été fabriqués à partir d'allonges et d'arcasses. Les poulaines ou planches d'une plate-forme de l'avant d'un navire servaient de plafond à la chambre de l'amiral. La circulation de l'air avec les greniers était assurée par des caillebotis. Le tout assemblé par des chevilles de bois. Les planchers et les cloisons, réalisés à partir de ponts, reposaient sur des chouquets, sortes d'énormes billots. Tout paraissait donc là, intact après quasiment deux siècles, sauf que ce n'en était plus que les volumes sans les substances.

Pour cette raison, dans les années 1950 le précédent propriétaire, la compagnie de télécommunication Cable & Wireless, avait souhaité démolir l'ensemble afin d'y installer une maison moderne. Et si la France en était devenue propriétaire afin d'éviter ce crime de lèse-majesté, elle n'avait pas pour autant l'intention d'en financer une coûteuse restauration.

Gilbert, toujours brillant quand il s'agissait de masquer la misère, mit en place un astucieux système d'armature indépendante de la structure du bâtiment, trop fragile. Il y monta des drapés froissés blanc crème pour en cacher un grillage sur lequel pouvaient être suspendus des cadres. L'illusion fut parfaite et personne ne remarqua quoi que ce soit lorsqu'un groupe de Français, membres du Souvenir napoléonien, accompagna le prince et la princesse

Napoléon à Sainte-Hélène en 1980. Ce décor de théâtre ne pouvait toutefois perdurer. Rien n'empêchait les toitures de fuir, les poutres des greniers et les plafonds de tomber ou les planchers de s'affaisser.

Mon souhait fut de profiter de la chance que j'avais d'avoir un bâtiment, pourri certes, mais aux volumes et éléments de décoration intacts. Lorsqu'il faisait trop mauvais temps à Longwood et à la vallée du Tombeau, à partir des éléments totalement vidés de leurs substances qui ne tenaient plus que par les couches de peinture, j'entrepris de calquer les moulures des plinthes, des fenêtres, des rails, des portes et de tous les éléments de décoration. Après deux années de ce travail que je faisais comme un passe-temps, j'avais tout fini. Je profitai alors de mon amitié avec le major Clément – tous les mardis matin, je me rendais dans son bureau le temps d'un café et de beaucoup de commentaires sur les sujets du jour – ainsi qu'avec le chef des travaux publics (PWD), pour essayer de mettre en place un moyen de procéder à la restauration des pièces des amiraux. Nous trouvâmes un terrain d'entente et nous nous mîmes à échafauder un moyen de mener à bien ces travaux à un coût en rapport avec mon budget.

Sous la supervision de Brian Williams, avec Larry Thomas « Chuck » pour la menuiserie et Nigel Bagley pour la charpenterie, je découvris le travail du bois que je ne connaissais pas. Afin de réduire la rémunération des employés, je m'improvisais apprenti. Larry et Nigel furent des maîtres d'exception et surtout d'une patience inouïe. L'avantage des Briars était qu'en comparaison de Longwood et de la Tombe, même avec un ciel couvert il y faisait toujours un climat idéal pour s'affairer. Tous les trois, aidés épisodiquement d'apprentis encore au collège, nous mîmes un peu plus d'un an à achever les travaux.

Ma plus belle récompense fut la joie et la fierté que Gilbert ne sut dissimuler lorsque je lui présentai les résultats.

Le bilan de ces tâches fut cependant terni par un regret : n'avoir pu sauver qu'un seul mât et un traversin des assauts des insectes et de la pourriture. Mais, heureusement, je compris aussi que Sainte-Hélène ne se résumait pas à l'humidité et à la grisaille de Longwood. Si petite fût-elle, cette île offrait une diversité d'environnements invraisemblable. À partir de 1994, les Briars devinrent mon terrain de prédilection. Mon coin de paradis sur cette terre.

Six mois à peine après la fin du chantier, j'eus un choc. En renforçant des accrochages, je découvris – à ma grande stupéfaction – qu'un des cadres s'était littéralement collé à la cloison murale. Les termites avaient méthodiquement mangé les parois intérieures des cloisons mais également les cadres et les gravures qui y étaient accrochés. Pris de panique, j'arrachai un panneau de la paroi et découvris qu'elle grouillait de fourmis blanches. Je ne comprenais absolument pas comment cela était possible tant nous avions été vigilants dans le choix des matériaux.

Après vérification avec Brian, nous nous aperçûmes que, au bureau du major Clément, la personne responsable des approvisionnements, en rédigeant son bon de commande, s'était trompée d'une ligne sur le catalogue. Les services reconnurent l'erreur… mais nous dûmes remplacer toutes les cloisons intérieures.

## Le *Mermoz*

Les huit années passées à Sainte-Hélène avec Gilbert furent ponctuées par quatre escales du paquebot *Mermoz* de la compagnie Paquet. Les passagers et les conférenciers qui, comme Françoise et Jean-Pierre Fournier La Touraille, participèrent aux quatre croisières purent assister aux prémices des travaux de jardinage, au retour de la lumière à la Tombe et à la restauration du Pavillon. Durant ces escales, je découvris les raisons pour lesquelles les sites pouvaient être visités sans que personne s'offusquât de leur décrépitude ou, tout du moins, de leurs mauvaises conditions de conservation. Pareillement, je compris pourquoi personne ne semblait être en mesure d'apprécier le travail que nous y faisions et de constater l'évolution des restaurations… Et pour cause, les lieux furent interprétés par la très grande majorité des visiteurs comme des reliques du mythe napoléonien et rien d'autre.

Cette appréciation suggestive des domaines en était la force mais aussi la faiblesse à long terme, tant elle n'était pas vraiment motivante. Qu'ils fussent superbement bien entretenus ou donnèrent l'impression d'avoir été laissés à l'abandon, les anciens domaines impériaux généraient toujours une émotion. Qu'elle fût émoi, trouble, excitation, bouleversement, désarroi, saisissement ou frisson, cette émotion semblait suffire au public pour lequel l'important était d'y être passé au moins une fois.

Ce comportement irrationnel – et donc, par définition, ingérable – était la clé indispensable à la gestion de ces domaines cachés sous les épais brouillards et la légende noire de l'exil. Je pouvais m'en étonner mais il me parut indispensable de respecter cet état de fait… et d'en accepter l'immatérialité.

Dans mon esprit, ils devinrent « lieux de mémoire », c'est-à-dire non seulement un endroit, un édifice à un emplacement géographique précis, mais aussi une image mentale collective. Et il m'importa de ne pas privilégier un aspect sur l'autre. Ce qui constituait une différence avec Gilbert, puisque, chez lui, l'apparence primait. Comme il privilégia sa fibre napoléonienne par passion et sa fierté nationale par défi, l'entretien matériel des bâtiments lui semblait secondaire car il faisait pleinement confiance à ses talents d'illusionniste. Pour moi, l'affaire était différente : je n'avais pas, comme lui, grandi dans le concept gaullien de la grandeur de la France. J'appartenais à la génération Mitterrand, dont j'admirais l'opportunisme. Gilbert comme de Gaulle pour la vision, moi comme Mitterrand pour le pragmatisme. Une sorte d'union sacrée.

De ces escales du *Mermoz*, je découvris aussi que, si l'image mentale qu'avait le public du sujet « Napoléon à Sainte-Hélène » était conservée collectivement, elle n'en était pas mois sujette à des interprétations individuelles.

Une fois cernées, ces appréciations devinrent les paramètres de l'équation de ma mission, que résumait bien l'expression « lieux de mémoire ». Les « lieux » ne sauraient exister sans la « mémoire ». Seule la « mémoire » saurait justifier les « lieux ».

Lorsque le 16 décembre 1988, le sifflet du *Mermoz* retentit pour la première fois dans la baie de Jamestown, je venais d'accomplir ma première année de fonctions officielles. Même si j'avais déjà entamé les travaux aux jardins, retiré un grand nombre de vitrines dans les musées, je marchais encore sur les pas de Gilbert – qui portait sur son nom la légitimité de mon emploi.

À bord, en qualité de conférencier, se trouvait l'historien et docteur Paul Ganière, qui voyageait avec sa femme Édith et son filleul Jean-Pierre Fournier La Touraille, lui-même accompagné de son épouse Françoise. À cette occasion, je compris que si, sur le papier, j'étais bien le directeur de l'établissement, c'était Gilbert qui, aux yeux de ses collègues historiens et passionnés napoléoniens, l'était. Je trouvai cette situation particulièrement confortable car j'avais gardé ma gêne de la société. Que Gilbert fût dans l'esprit de tous celui en charge des domaines m'évitait d'avoir à paraître en public. Mieux, il m'évitait l'humiliation d'avoir à discuter avec des personnalités comme Paul Ganière, qui en savaient plus sur le sujet que le directeur que j'étais. Ce jour-là, sans que nous ayons eu besoin de préparer quoi que ce soit, je m'aperçus que le duo que je formais avec Dad fonctionnait à merveille.

La seconde escale eut lieu le 9 janvier 1991. La télécopie avait supplanté le télex et j'avais rangé dans un tiroir tout l'attirail employé pour les périlleux couper-coller. Beaucoup de travaux avaient été réalisés depuis la précédente escale mais ni Édith et Paul Ganière ou Françoise et Jean-Pierre Fournier La Touraille ne les remarquèrent. Comme précédemment, Gilbert s'avéra un hôte brillant. Il fut ravi, ce jour-là, de pouvoir inviter Xavier de La Chevalerie qui, comme lui, avait rejoint les Forces françaises libres dès juillet 1940, qui avait été directeur du cabinet du général de Gaulle de 1967 à 1969 et qui avait eu pour ami commun Geoffroy Chodron de Courcel. De mon côté, je passai plus de temps au musée afin d'écouter les commentaires des passagers.

La troisième fois où le *Mermoz* fit escale fut le 21 février 1993. Je sympathisai immédiatement avec le commandant Olivier Prunet. Paul Ganière était mort l'année précédente mais sa veuve participait au voyage. Jean-Pierre Fournier La Touraille avait remplacé le docteur Ganière en qualité de conférencier du bord et fut accueilli, comme les fois précédentes, par un déjeuner à Longwood House que Gilbert organisait avec brio et beaucoup d'enthousiasme.

Ces déjeuners permettaient aux invités d'appréhender la vie de Dad dont des fragments étaient évoqués par des photographies que j'avais découvertes huit ans plus tôt sur les étagères de sa bibliothèque, et les commodes des salons Montholon et Gourgaud. Durant cette escale, je rencontrai pour la première fois un passionné et collectionneur napoléonien, Yves Jeanpierre.

La dernière halte du *Mermoz* à Sainte-Hélène eut lieu le 26 janvier 1994. Je retrouvai avec une immense délectation le commandant Prunet qui, comme lors des escales précédentes, m'autorisa à acheter des victuailles inenvisageables sur l'île : des fromages et des charcuteries des Pyrénées, du Pays basque, du Périgord, d'Alsace, de Franche-Comté, de Normandie et d'autres contrées qui fleuraient bon la France. L'Italie était représentée au rayon charcuterie. La Russie aussi, puisque j'eus la possibilité d'acheter du caviar que je n'avais jamais goûté avant. Tous ces mets entrèrent dans le quotidien de mes premières huit années à Sainte-Hélène avec Gilbert, qui sut parfaitement gérer leur utilisation rationnelle en modérant ma gloutonnerie.

## Métamorphose de l'île prison

Comme ceux de l'Honorable Compagnie britannique des Indes orientales, la très grande majorité des fonctionnaires du Colonial Office que je croisais durant mes dix premières années s'accordaient sur un point : l'île était sans attrait. Dans la mesure où il aurait été peu respectueux d'en faire étalage, ils s'obligeaient à faire précéder le nom de l'île par d'innombrables adjectifs exagérés comme « superbe, suave, extraordinaire, exquise », etc. Assurément, ils avaient gardé de leur passé colonial une condescendance envers « leurs gens ». Cette hautaine et dédaigneuse amabilité était même devenue leur signe distinctif.

Marcel Proust qualifiait la Grande-Bretagne d'« île proche et mystérieuse ». Sainte-Hélène, plus britannique encore, était une île lointaine et secrète. Elle semblait s'être attachée à vouloir surprendre sur absolument tout, y compris sur ce pour quoi elle était reconnue internationalement au point d'en devenir un synonyme ; je veux dire le mot « prison ».

Les geôles de Sa Gracieuse Majesté à Sainte-Hélène furent, en tout point, un résumé des derniers feux des colonies britanniques. Lorsqu'elle fit l'objet de questions, les parlementaires britanniques crurent rêver en découvrant qu'être détenu sur l'île vous donnait le droit de vous promener en ville, de passer votre journée avec votre petite amie, d'aller à la pêche au gros, de pratiquer le golf ou tout autre sport de votre choix, de commander la veille le menu des repas du lendemain au meilleur restaurant, Chez Anne.

Je ne fus donc pas le seul à estimer cette situation singulière, mais, contrairement aux parlementaires, sans en être choqué. Au contraire même. Je retrouvais là la fraîcheur de vivre et la capacité des Héléniens à toujours savoir s'adapter aux situations les plus difficiles. En ce qui me concernait, je ne trouvais donc rien d'anormal à Sainte-Hélène… île prison par essence.

Accaparé par mes projets aux Briars, à la Tombe et à Longwood, je ne tins pas assez compte de la société qui se métamorphosait sous mes yeux. Je ne pris pas la mesure des changements qui s'opéraient lentement certes, mais inexorablement. Dont je ne m'aperçus que lorsque la transformation fut accomplie. Or, il était trop tard. À pas encore trente ans, je me surpris à décrire Sainte-Hélène comme un vieil homme conterait ses souvenirs d'un autre temps. Comme si je m'étais réveillé après un long sommeil, je m'aperçus ainsi que les enfants ne couraient plus nu-pieds sur l'avenue de Longwood ni n'ouvraient le portail de Longwood House. Je réalisai que les magasins de location de vidéos et de DVD foisonnaient, que des femmes ne vendaient plus les fruits des cactus dont elles avaient retiré les épines, que CNN et la BBC s'étaient introduits dans toutes les maisons. Que plus personne n'occupait les lits de jasmin des jardins de l'église Saint-Marc.

Que les téléphones étaient combinés aux télécopies. Qu'il n'y avait plus de promeneurs le long du chemin qui conduisait à *Foxy's folies*. J'ouvris les yeux et vis que les ânes n'étaient plus utilisés pour porter les fardeaux et avaient été remplacés par des pick-up, qu'à l'ODA avait succédé le DFID (Département pour le développement international). Et que même le vieux RMS *St. Helena* avait été remplacé par un nouveau bateau, qui avait pris son nom et sa place dès la fin de 1990, navire construit spécialement pour servir Sainte-Hélène et naviguer sur les océans. Un nouveau bateau sans fond plat, au nombre de couchettes doublé, beaucoup plus confortable, qui disposait de deux ponts extérieurs, avec corridors et escaliers plus larges. Un nouveau RMS qui, en revanche, avait perdu son allure bon enfant, amateur et gentillet parce qu'il s'était commercialement standardisé !

## Ma vingtaine à Sainte-Hélène

Mon premier anniversaire célébré avec Gilbert fut celui de mes vingt ans – et le dernier celui de mes vingt-neuf. Avec la naïveté de mes dix-neuf ans finissants, mon premier séjour fut celui d'un éblouissement par une société dont je n'aperçus que les aspects que j'avais envie de voir. Le retour fut différent. Les effets de la guerre des Malouines sur l'économie de l'île avaient tout précipité, changé. Et ma mission sur l'île fut inimaginable pour l'enfant des hardines que j'étais resté mais surtout providentielle pour étouffer en moi la mort de Daniel et mes craintes d'une maladie dont on ne connaissait toujours rien. D'une certaine manière, je me terrais à Sainte-Hélène. J'éprouvais un sentiment d'urgence et un profond désir de ne pas décevoir celui qui, en ne me demandant rien en retour, m'avait offert sa confiance comme un père l'aurait accordée à son fils. Pareillement, je m'étais promis de ne pas décevoir, non le ministère des Affaires étrangères – qui demeurait une nébuleuse bien vague dans mon esprit – mais Serge Mucetti, l'agent recruteur qui conduisait les entretiens d'engagement. Non seulement je souhaitais lui faire honneur mais – c'était de mon âge – l'épater. Si les travaux dans les jardins de Longwood et la forêt de la Tombe me parurent aller d'eux-mêmes avec mon emploi, ceux aux Briars relevaient plus de l'exploit technique tant j'avais encore à apprendre en menuiserie.

Je ne fus pas peu fier lorsque, en 1994, j'accrochai sur les murs des appartements des amiraux les gravures anciennes qui constituaient le fonds des collections. La remise en état des jardins en terrasse des Briars fut la suite logique de cette restauration. Mon seul regret fut que Gilbert, mort trop tôt, ne pût jamais voir le Pavillon redevenu magnifique dans sa simplicité coloniale et au sein de son écrin de verdure tropicale rétabli.

Toujours avec la crainte indicible du sida profondément installée en moi depuis la mort de

Daniel, il m'avait fallu travailler vite. En cela, je m'étais, par dépit, détourné de la vertueuse lenteur hélénienne. Je ne devais retrouver la pleine réjouissance de cette lenteur qu'à partir de 1997 lorsque les premières trithérapies firent leur apparition.

L'emploi de conservateur des domaines français avait été, depuis la chute du second Empire, associé aux fonctions d'agent consulaire honoraire à titre bénévole. Toutefois, parce que j'avais moins de vingt-cinq ans à la signature de mon premier contrat, je ne fus nommé consul honoraire que le 3 octobre 1990 par le consul général de France à Londres, et reconnu comme tel le 30 juin suivant par le gouvernement de Sainte-Hélène. Gilbert avait accepté de garder la fonction jusqu'à cette date.

Durant ces dix premières années, je fus surtout amené à traiter les affaires des domaines avec des fonctionnaires anglais expatriés et dans leur grande majorité fort hostiles à la présence française sur l'île. Pas encore sortie des habitudes héritées de l'impérialisme, l'administration coloniale n'autorisait pas l'accès des Héléniens aux postes les plus prestigieux, décisionnaires et rémunérateurs. Ils étaient, dans le meilleur des rares cas, les numéros deux (et toujours en deçà) des chefs de service. J'ai eu droit souvent au pire, rarement au meilleur. Celui qui me créa le plus de difficultés fut un conseiller juridique, avocat civil qui trouva le temps et l'énergie de rédiger un rapport démontrant que, légalement, la France ne pouvait pas être propriétaire sur l'île…, texte que le Foreign and Commonwealth Office de Londres lui retourna avec pour seul mot de commentaire : « *Irrelevant* » (Sans importance).

Autre constante durant ces années de fin des colonies : je m'entendis admirablement bien avec les trois gouverneurs qui se succédèrent. Je pris mes fonctions avec Francis Baker, sous le règne duquel j'en appris plus sur la gestion coloniale que dans tous les livres de Kipling. Son successeur, Robert Stimson, fut celui qui sonna le glas de l'Empire colonial et qui encouragea les habitants à quitter leur île pour Ascension, les Malouines ou la Grande-Bretagne. En tirant les rideaux sur une époque révolue, il s'attira les foudres de tout ce que l'île comptait de nostalgiques des colonies y compris parmi les expatriés, mais cela lui importait peu. Il eut la délicatesse de me faire comprendre combien sa fonction était solitaire et, pour cette raison, combien mon indépendance et ma compagnie lui étaient agréables.

Ensuite, il y eut Alan Hoole, que Gilbert connaissait déjà puisqu'il avait été quelques années plus tôt avocat général de l'île. Sa femme, Delia, était hélénienne et avait vécu à Longwood lorsque son père y était affecté en qualité d'officier de justice. Alan fut un réel soutien car ce fut sous sa gouvernance que s'était organisée contre moi et le pays que je représentais la cabale orchestrée par l'avocat civil, querelle soutenue par le chef du gouvernement ouvertement xénophobe.

Ce dernier, qui ne cachait pas sa haine des Français, eut un jour la très mauvaise idée de la clamer en public. Lorsque des journalistes qui l'avaient enregistré publièrent ses propos, Londres lui ordonna de m'adresser une lettre d'excuses. Il s'excusa et je poursuivis mes travaux comme si de rien n'était. Je n'appris que bien plus tard la raison de la vindicte des deux hommes : réfractaires aux réformes qui accéléraient le processus de décolonisation, ils n'avaient pas du tout apprécié que, par la nature même de mon emploi qui ne dépendait pas de la colonie, je fus, en toute indépendance, en mesure d'accueillir et de recevoir un gouverneur qui conduisait une politique contraire à leurs aspirations.

**Solomon**

Bien entendu, mes relations avec les gouverneurs ne furent pas exclusives. Durant les premières années de cette vie professionnelle, Cyril Lawrence devint mon meilleur ami. Il occupait le poste de directeur de la Compagnie Solomon. Tous les mardis et jeudis, je me rendais dans les bureaux de celui qui fut l'un des tout premiers Héléniens à obtenir un poste décisionnaire. Il parlait un anglais dont je comprenais chaque mot, aimait me raconter ses déboires médicaux aussi innombrables et variés que les rumeurs de couloirs du gouvernement local. Il était installé à Rosemary Plain, à l'emplacement exact où vivaient Balmain et Stürmer, les commissaires russe et autrichien envoyés par leur pays contrôler la présence de Napoléon sur l'île. Grâce à lui – j'ai gardé ses fiches – j'en ai appris plus sur les petits secrets d'alcôve et l'administration locale qu'avec le chef de la justice.

Lorsqu'un visiteur arrive à Sainte-Hélène, le nom Solomon apparaît partout... du bateau jusqu'aux magasins. Tous les services, qu'il s'agisse de la compagnie d'assurances, de l'agence de voyages, des affaires portuaires, lui ont été attachés. Le dernier Solomon présent sur l'île repose dans le cimetière de Saint-Paul. J'étais tombé sur sa sépulture sans vraiment la chercher et y avais lu l'inscription « SOLOMON, Hompray [sic] Welby ; né le 3 avril 1877 – mort le 3 novembre 1960 ». Très ami avec Gilbert, ils étaient tous les deux très haut gradés dans la loge maçonnique de Sainte-Hélène. Par testament, il avait laissé toute sa fortune à sa femme Cynthia, arrivée sur l'île à bord du *City of Cairo*, un bateau qui avait sombré au large de l'île durant la Seconde Guerre mondiale. Elle avait épousé sur place un pseudo-colonel Grant de l'armée britannique qui s'était retiré là, et vivait à Signal Hill, une maison suspendue en haut de la falaise dominant Jamestown, à l'ouest. Dès qu'elle apprit que son mari avait omis de lui dire être déjà marié et qu'il souhaitait que ses deux femmes vécussent avec lui sous un même toit, elle jeta son dévolu sur Humphrey Solomon.

La succession de ce dernier fut estimée à plus d'un demi-million de livres sterling de liquidités (nous sommes en 1960, cette somme serait l'équivalent de dix millions et demi de livres sterling de 2016), à ajouter aux propriétés, magasins et autres biens disséminés sur toute l'île, dont une très grande partie des meubles employés à Longwood House par Napoléon. Selon les chroniques publiées localement à l'époque, elle aurait affirmé que, une fois la bague au doigt et son vieux mari trépassé, elle irait couler des jours heureux non en Angleterre – où les impôts sur les revenus étaient élevés – mais à Jersey ou à l'île de Man, où il lui serait plus facile d'avoir la paix pour compter ses piles de jaunets. Impatiente de quitter cette île qu'elle détestait profondément, peu après la mort de son second mari, elle prit le premier bateau de l'Union-Castle et brada les affaires Solomon en quelques jours. Et accepta une offre globale du gouvernement de Sainte-Hélène pour s'en aller vivre de ses rentes à Jersey. En moins d'un mois, elle parvint à tout expédier, et, avec la Compagnie Solomon, trois siècles d'histoire de l'île…

## La famille Musk

Durant ces dix premières années, avec Marianne Musk, j'appréhendai les difficultés qu'il y avait à vivre sur une île aussi isolée. Je l'avais rencontrée pour la première fois en 1985 alors qu'elle s'était sérieusement blessé l'épaule dans un accident de circulation. Je débarquais pour la toute première fois sur l'île et maîtrisais peu l'anglais… Sa lente rééducation se conjugua avec mon apprentissage de la langue. En sa compagnie, j'appris à remédier à l'inconfort d'une vie à l'ancienne. Autant il m'apparut facile de me passer des services assurés aux guichets des banques en France en les remplaçant par l'usage exclusif du liquide ou de substituer aux séances de cinéma, expositions et spectacles l'écoute des autres, autant il me parut laborieux de m'adapter aux carences permanentes de marchandises dans les rayons des magasins. Il me fallut à vrai dire plusieurs années pour établir des liens avec les fournisseurs et agents maritimes anglais et sud-africains qui m'alimentent aujourd'hui encore. Les soins que Marianne reçut me permirent de découvrir l'unique hôpital de l'île où, comme sur un bateau de croisière, seules les opérations chirurgicales et les interventions médicales banales pouvaient être envisagées. Ma jeunesse et ma bonne santé ne me permettaient pas, alors, d'en apprécier les inconvénients. Lorsque j'entendais les personnes en mauvaise santé se plaindre du désert médical qu'était Sainte-Hélène, je ne me sentais tout simplement pas concerné.

La mère de Marianne, fille de la femme d'affaires Eva et du boulanger Edward Benjamin, était prénommée Greta mais communément appelée Pat. Elle avait été obligée, à cause du niveau d'enseignement local qui n'allait pas plus loin que le baccalauréat général – il y avait alors sur l'île six collèges d'une soixantaine d'enfants chacun, et un seul lycée –, de se rendre à Croydon, au sud de Londres, pour suivre des cours de secrétariat, et y avait rencontré

John Musk qu'elle épousa. Les études de Pat achevées, ils décidèrent de vivre à Sainte-Hélène.

Jeune homme débordant d'idées, John voulut développer et diversifier le commerce et les activités de l'entreprise familiale. Eva ne lui en laissa pas la possibilité. Méfiante et désireuse de tout contrôler en permanence, elle ne confia à John qu'une épicerie à l'entrée de laquelle furent peintes les lettres « John Musk shop », où j'aimais le retrouver tant je ne me lassais pas de l'écouter.

Il s'était improvisé un bureau dans un angle de l'unique pièce rectangulaire de la boutique où il entassait, sur un comptoir de bois crasseux, tous les dossiers des projets qu'il ne pouvait exécuter, faute d'autorisation de sa belle-mère. Durant l'année 1988-1989, alors que je suivais mes cours par correspondance pour devenir ingénieur agricole, il fut mon maître de stage, la coopérative de pêche qu'il avait établie devenant mon sujet d'étude. Comme il était aussi l'un des douze conseillers qui constituaient le Parlement, dès que j'avais un dossier qui coinçait, il était toujours prompt à m'aider.

Il mourut alors que ses filles, attirées par une vie plus riche et moins austère que celle qu'offrait Sainte-Hélène, avaient toutes quitté l'île. De ses enfants, seul Austin, encore adolescent, fut présent à ses funérailles. Comme presque tous les jeunes qui ne supportaient pas le manque de loisirs et d'évasion, il quitta l'île dès qu'il en eut l'opportunité.

Faute d'investir et d'évoluer, l'entreprise familiale Musk périclita progressivement, aussi lentement que la santé d'Eva qui, atteinte de la maladie de Parkinson, sombra doucement. Le magasin de son mari fut vendu et devint un commerce de vêtements et de gadgets inutiles avant de se voir, en 2009, remplacé à son tour par la Bank of St. Helena.

Avec Marianne, je compris combien l'étroitesse extrême de Sainte-Hélène pouvait provoquer un sentiment de claustrophobie chez certaines personnes. En ce qui me concerne, tout comme j'avais apprivoisé l'obscurité de la cave de mon enfance, cet isolement devint une assurance. Une force vitale.

### La famille Thorpe

Dès 1987, Michael Thorpe et son amie Serena entrèrent dans mon cercle d'amis. Michael appartenait aux Thorpe, famille qui illustre le particularisme social et économique de l'île du XX^e^ siècle et de ce début de millénaire ; lui, l'un des deux héritiers de la plus grosse fortune locale. Je connaissais sa mère, Joyce, mais pas son père, Donald, décédé en 1986, un an après mon premier séjour. Le père de Donald – comme nombre de ses frères – avait renoncé à l'héritage familial pour vivre en Angleterre. En fait un seul de ses frères, le fameux oncle Edwin, avait accepté de rester à Sainte-Hélène en vue de diriger les affaires familiales. Edwin, seul représentant Thorpe sur l'île à l'époque, se trouvait sans héritier. Pour cette raison, il offrit à Donald, un de ses neveux désargentés marié à une infirmière, également de condition modeste, de venir s'installer sur place. En acceptant, Donald assura la pérennité de l'entreprise familiale nommée localement l'« empire Thorpe ». Il lui fallut cependant, avec sa femme qui lui donna deux enfants, accepter durant de nombreuses années tous les caprices du vieil oncle Edwin.

À la mort de ce dernier, Donald hérita du trust, qu'il transmit par la suite à ses fils Michael et Nicholas. La famille Thorpe continue encore aujourd'hui son expansion locale en rachetant presque toutes les maisons anciennes mises en vente. En cela, elle a relayé les Solomon, qui contrôlèrent les activités économiques pendant deux cents ans.

Les Thorpe ont donc désormais supplanté les Solomon. L'ancêtre à l'origine de la fortune familiale se prénommait William Alexander. Adolescent, alors qu'il travaillait dans une boutique pour le compte d'un certain Mr. Macdonald, il eut l'idée de ramasser le guano que les oiseaux de mer déposaient en abondance sur les falaises de Sainte-Hélène et d'Ascension, de le mettre en sac et de le vendre en Angleterre. Ce guano, engrais très prisé à l'époque, fut le socle de sa petite affaire, qui prospéra vite. À dix-huit ans, il fut en mesure d'acheter le fonds de commerce où il servait. Jusqu'à sa mort, survenue en 1918, il développa ses activités de propriétaire terrien, de commerçant, d'agent maritime et autres affaires qui justifiaient la devise qu'il s'appropria : « Petits profits – résultats rapides. »

Certains dirent que sa fortune ne devait pas être considérable puisqu'elle était à base de merde de pigeons. À ceux-là, d'autres répliquèrent que, une fois traitée et mise en petits sachets, elle valait son pesant d'or… ! Quoi qu'il en soit, les braves petits pigeons permirent à la famille Thorpe de croître au rythme des couvées des volatiles de tous genres. Chez Willie-Joe, j'entendais souvent raconter l'histoire de l'aïeul et comment, par un mystère de la biologie marine, les malheureuses bêtes furent à un moment atteintes de fièvres défécatoires. Si le premier Thorpe avait amassé une fortune rondelette, le second l'avait augmentée en ajoutant au commerce des déjections de la gent ailée la culture du *flax*, qui avait connu dans les Bourses du monde entier, durant la première moitié du XX^e^ siècle, une prospérité inouïe.

L'aïeul connaissait la loi des trois générations selon laquelle « la première amasse une fortune, la seconde essaie de l'accroître et la troisième la croque ». Aussi prit-il ses précautions. Il constitua ce que les Anglais appellent un *trust*, qui fut confié à une banque austère et respectable. Redoutant que le magot ne fût gaspillé par des descendants frivoles menant grande vie en Europe, une clause constitutive prévoyait que l'héritier serait tenu de « résider à Sainte-Hélène, d'y travailler, d'y fonder un foyer et d'y rendre l'âme sous peine de se voir privé de ses droits sur la succession ».

Les affaires d'argent, à Sainte-Hélène, étaient claires : pas de banque véritable – il suffisait d'aller au guichet de la Bank of St. Helena pour s'en apercevoir –, pas de secret bancaire : juste une Bank of St. Helena qui prit la suite, sous une forme mutualiste, de la caisse d'épargne du gouvernement.

Tous les comptes sont donc facilement connus de tous. Qui est riche, qui est à l'aise, qui se trouve dans le besoin et qui thésaurise, qui dépense sans compter ? Autant de questions auxquelles il était facile de répondre. Il y avait, bien sûr, les grandes fortunes occultes, déposées à Londres, Jersey, Guernesey… mais par quelques biais on pouvait aisément en connaître l'importance.

Une exception pourtant : le vieil Edwin Thorpe (troisième du nom), dont chacun avait tenté d'évaluer le magot, tâche rendue ardue car ledit magot était entre les mains d'une – vraie – banque dépositaire et administratrice du patrimoine de la famille depuis quatre générations. Là, les informations se perdaient dans la jungle des dossiers, le maquis de la procédure et la forêt vierge des manipulations financières secrètes.

### Le sexe de Napoléon et la journaliste

Mon amitié pour les familles héléniennes n'était pas exclusive. Je me liais aussi, le temps de leurs missions, avec quelques expatriés américains et anglais de passage. Je n'avais jamais tenu secret que, même si je résidais sur l'île, j'étais et resterais Français. Plus par respect pour les Héléniens et pour ma propre identité que par nationalisme. S'il devait ne me rester qu'un enseignement de la vie à Longwood et des heures passées Chez Willie-Joe avec les « voyous » – ils étaient ainsi nommés par les Héléniens des autres districts qui considèrent Longwood comme l'endroit le plus malfamé de l'île – c'est le docile mépris ou l'indifférence aux prétentions que les autochtones affichent. Il suffisait de mentionner qu'un tel ou une telle, après deux ans passés sur l'île, se targuait d'être un « saint » ou une « sainte » pour qu'apparût un sourire narquois sur les visages. Alors je sus rester à ma place. En disant ce que je pensais ou aimais. Était-ce là de l'arrogance ? Un jour, une journaliste en quête du sexe de Napoléon l'affirma.

En 1989, on m'informa que le pénis de Napoléon aurait été coupé durant son autopsie et serait devenu un objet de curiosité. La source de ce récit – ragot ? –, une certaine Jane, journaliste ayant entrepris d'écrire l'histoire de Napoléon à Sainte-Hélène. Dès le début de l'année du bicentenaire de la Révolution française, elle commença à harceler Gilbert à coups de lettres insultantes et d'appels téléphoniques jusqu'à sa résidence à Ars-en-Ré. Malgré tous les efforts que Dad déploya pour l'éviter, elle parvint à l'obtenir au bout du fil. Un premier contact qui se passa assez mal. Son insistance, son manque de respect envers sa vie privée et son obstination à vouloir connaître son opinion sur les organes génitaux de l'Empereur – qu'elle aurait vus dans une collection dont elle ne donna pas le nom –, firent qu'il se méfia d'elle d'emblée et lui imposa une distance. Mais elle ne renonça absolument pas à le rencontrer. Quand Gilbert l'informa que j'avais pris la charge des domaines français sur l'île et qu'en conséquence c'était avec moi qu'elle devait s'entretenir, elle n'accepta pas ce changement car, à l'en croire, je n'en avais ni les compétences ni la légitimité. À ses yeux – elle l'écrivit et le publia plus tard – seul celui qui « avait vécu à Longwood pendant trente ans » pouvait prétendre au titre de consul de France. Elle fit donc une fixation sur Gilbert, l'homme qui, selon elle « et ses sources concordantes » – qu'elle se garda bien de nommer – ne portait que « des vêtements de mohair et de soie » et avait le « pouvoir de communiquer et d'entretenir de longues conversations avec les fantômes de Napoléon et de ses compagnons d'exil ». Elle s'imagina pouvoir passer du temps avec lui à Longwood House, assura que, pour ses beaux yeux il aurait laissé « pousser sa barbe » – là encore je ne fais que citer ce qu'elle écrivit – et se serait « habillé tout en blanc », qu'elle ne souhaitait, bien entendu qu'« immaculé » comme lorsqu'il était jeune et séduisant. Ainsi mis en scène, tous les deux auraient alors été en mesure de discourir sur les vents qui soufflent sur le plateau de Longwood, de décider si le rocher The Barn avait bien adopté la morphologie de Napoléon au jour de sa mort, sur ce qu'il pensait des Anglais, de sa sexualité et de sa perception de l'île.

Cette insistance effraya Gilbert qui subodora le dérangement d'esprit de la dame. Le souvenir d'Ethel étant encore bien vivace, il parvint à ne pas la rencontrer. Mais, moi en charge des domaines, je ne pouvais me permettre de ne pas la recevoir comme je le faisais avec tout journaliste. Nous fixâmes donc un rendez-vous. Je l'attendis au jour et à l'heure prévus, mais personne ne se présenta. Bien qu'elle ne me contactât pas pour s'excuser ou fixer un nouveau rendez-vous, elle apparut deux jours plus tard. Je travaillais dans les jardins à replanter des agapanthes, mais je l'accueillis et lui fis la courtoisie de la visite des appartements de Napoléon. Quoi que je lui expliquasse, elle avait une prolepse toute prête à m'opposer. Selon elle : le plancher était honteusement ciré. Napoléon était érotomane ; les volets avaient été récemment repeints ; les Anglais n'auraient jamais dû donner (sic) cette maison aux Français ; les portes avaient encore des gonds huilés ; les fenêtres à guillotine pouvaient encore être ouvertes et les verres n'étaient pas d'époque ; Bonaparte était non seulement un dictateur mais avant tout un meurtrier ; le bois des meubles et des plinthes ne pouvait pas être resté en aussi bon état ; les pierres dont étaient faits les murs devraient être apparentes ; les lambris devraient s'émietter ; je devrais permettre aux visiteurs de choisir un fragment de la maison à emporter avec eux, etc. Si j'avais pris l'habitude d'entendre bien des propos incongrus de la part des visiteurs, cette journaliste-là sut ne pas passer inaperçue.

La visite terminée, elle tint à montrer son insatisfaction en refusant de signer le livre des visiteurs, prétextant que sa signature pourrait être interprétée par le monde entier comme une approbation de ce que la maison était devenue. Pas totalement grossière, elle acheta deux cartes postales, par courtoisie. Je la raccompagnai au portail et lui recommandai de revenir dans une quinzaine d'années afin qu'elle puisse apprécier le résultat de nos travaux dans les jardins. Elle répondit en réexprimant sa déception de voir Longwood House maltraitée ainsi. Elle aurait préféré une maison laissée à l'abandon plutôt que réparée et assainie. Et en conclut qu'à ses yeux, de la maison qu'avait occupée Napoléon, il ne restait finalement que les cinq premières marches. Elle considéra que les murs des bâtiments, parce que réparés et entretenus, n'étaient plus originaux. Auprès de Gilbert, elle avait été parfaitement claire : que le gouvernement français m'ait recruté pour être en charge des domaines relevait de l'hérésie. Comme, durant toute la visite, je m'étais appliqué à ce que ma connaissance de la langue anglaise lui apparaisse difficile et laborieuse afin d'éviter de trop lui parler, son imagination l'autorisa à me faire dire dans son article tout ce qu'elle souhaitait et que je n'avais jamais prononcé. Elle me prêta de nombreuses inepties, dont deux retinrent l'attention du public : *primo* qu'à Sainte-Hélène vivaient des colonies de chiens et chats albinos sauvages qui, comme une armée de fantômes – elle avait de la suite dans les idées – sortaient la nuit s'alimenter à la décharge publique ; *secundo*, qu'une famille d'Héléniens vivait cachée sur un versant inaccessible d'un rocher de l'île nommé The Barn.

Lorsqu'un an plus tard je pris connaissance du compte rendu de sa visite, je fus un peu rassuré : je n'étais pas le seul à avoir été jugé sévèrement. Les descriptions que la dame faisait des Héléniens – elle ne les désignait que par des termes génériques condescendants comme « les locaux » ou « ils » – étaient symptomatiques d'une ère post-coloniale durant laquelle il était de bon ton de parler des populations locales de façon générique et bienveillante, comme un éleveur évoquerait son cheptel. Pareillement, ses jugements arrogants sur la façon dont l'île était administrée étaient rédigés du même ton présomptueux que les chapitres consacrés aux domaines français.

Si je m'étends assez longuement sur cet épisode – j'aurais pu facilement en choisir un autre car j'ai l'embarras du choix –, c'est parce que cette journaliste est représentative des nombreux visiteurs qui, une fois à Sainte-Hélène, déblatèrent sur absolument tout et toujours de manière caricaturale, en disant ce qui, selon eux, devrait être fait.

Quant au sexe de Napoléon, après le passage de Jane à Sainte-Hélène, il me revint aux oreilles qu'en réalité il en existerait trois, que chaque propriétaire respectif clame authentique… À supposer, bien entendu, que Napoléon ait été émasculé durant l'autopsie (ce dont il n'est pas fait mention dans les rapports des témoins) et que le corps de l'Empereur qui repose aux Invalides soit privé de ses parties génitales.

**L'autre île**

Depuis mon premier passage en 1985, je ne cessai d'avoir pour l'île d'Ascension une affinité que Gilbert jugeait irrationnelle. J'avais beau lui expliquer qu'elle n'avait plus grand-chose à voir avec celle que les marins britanniques et les déportés héléniens avaient occupée durant les années de captivité de Napoléon, époque où l'absence d'eau douce la rendait inhabitable, il ne voulut rien entendre. Bien que les paysages de cette île semblassent être des décors d'opéras wagnériens, pour lui elle n'était qu'une pure désolation. Il lui semblait incohérent qu'elle pût me paraître plaisante.

De 1987 à 1995, le développement économique de Sainte-Hélène ne se fit qu'au prix du sacrifice de sa population active la plus jeune. Plus d'un jeune de dix-huit à quarante ans déserta pour Ascension et les Malouines, voire la Grande-Bretagne ou les États-Unis.

Depuis que j'étais revenu à Sainte-Hélène, j'avais abandonné les rencontres d'un jour des *Foxy's folies* ou de l'église Saint-Marc et étais plus enclin à établir une relation durable. Il se trouva que j'eus un flirt avec un Américain prénommé Charles, venu passer trois semaines à Sainte-Hélène lorsqu'il était basé à Ascension. Il souhaitait, en raison de son emploi militaire, que notre relation ne soit pas publique. Il revint me voir plusieurs fois et prit même part aux travaux forestiers à la Tombe. De mon côté, je profitai de quelques navettes entre les deux îles pour passer quelques semaines avec lui, spécialement durant les vacances de fin d'année ou de Pâques où tout était totalement mort à Sainte-Hélène. Tenant au secret, il me présentait toujours comme un fonctionnaire de l'État français travaillant à l'antenne du CNES basée sur la partie la plus aride de l'île d'Ascension. Il me suffisait de retenir que la station était la troisième du réseau aval est et que la position géographique d'Ascension permettait la visibilité d'événements tels que la fin de propulsion du troisième étage, l'injection ou la séparation du satellite pour que je fisse illusion. Si je pouvais même ajouter que la visibilité moyenne de la station était de sept minutes, la duperie n'en paraissait que plus crédible. Bref, le schéma classique des stratagèmes de ceux qui souhaitaient encore rester dans le placard. En dehors de l'Hercules, son avion de prédilection, Charles avait deux passions : la plongée et la boxe. Je passai mes brevets NAUI de la première mais me gardai bien de mettre les pieds sur un ring. Sur ce dernier point, je me contentai de le regarder se déplacer, donner et recevoir des coups sur les planches improvisées dans le hangar de la base.

Ma première visite de l'île d'Ascension restera le plus beau souvenir de ma vie. Le RMS avait croisé au large de Georgetown. L'amarrage se faisait à couple sur les taquets d'un pétrolier Maersk ancré à demeure. Après huit jours de mer sans escale, le moindre monceau de terre ferme aurait été suffisamment motivant pour débarquer. En vérité, je piaffais d'impatience de descendre et, du bastingage, je regardai les opérations d'amarrage et l'accostage d'une barge porte-containers. L'eau bleu turquoise était si claire que nous pouvions clairement distinguer les détails morphologiques de quelques requins qui ne semblaient pas une seconde apeurés par les activités humaines et le bruit environnant. Une fois les moteurs éteints et le bateau stabilisé, nous fûmes littéralement entourés par une myriade de poissons-gâchettes noirs. Les hommes de l'équipage semblaient bien les connaître puisqu'ils leur jetèrent tout ce qu'ils trouvaient sous leurs mains : orange, pain, aliments périmés et savon. Je compris pourquoi ils avaient le surnom de cochons de mer : comme des copeaux métalliques aimantés, ces poissons se jetaient sur la nourriture qui, en quelques secondes, disparaissait.

Nous descendîmes finalement du bateau par l'échelle de coupée au bas de laquelle une barque attendait. Puis, à mi-chemin entre le RMS et le débarcadère, nous fûmes transbordés dans une chaloupe capable de négocier la houle et le ressac qui, malgré l'absence totale de nuages et de vent, étaient violents. Par un escabeau métallique d'où on atteignait un étroit escalier de pierre, nous pûmes mettre pied à terre. Paradoxalement, le tangage se ressentait davantage sur la terre ferme que sur la mer. Geoff nous indiqua le centre de Georgetown situé à quelques mètres de ce qui n'avait de port que le nom et était tout au plus un musoir au prolongement d'une route très large. Immédiatement, cet endroit me séduisit parce qu'il me donnait l'étrange impression d'y être déjà venu. Il me semblait en connaître les moindres recoins, tous les éléments architecturaux, toutes les couleurs. Comme pour un tableau, aucune odeur n'était perceptible. La lumière matinale accrochait au moindre rocher une ombre démesurée. En m'avançant vers le bâtiment à colonnades, j'eus l'impression d'entrer physiquement dans un tableau de Giorgio De Chirico. L'horloge en panne indiquait l'heure du tableau dont j'avais gardé en mémoire le moindre détail. Trois heures moins six alors qu'il était tout juste huit heures et demie. Était-ce cela « l'énigme de l'heure » ? Au loin, à l'horizon, par un curieux effet de perspective, le RMS *St. Helena* semblait flotter dans les airs. La fumée qui sortait de sa cheminée comme d'une locomotive imprimait sur un ciel uniformément bleu outremer un petit nuage blanc. Je voulais savoir ce qu'il y avait derrière l'architecture de ce bâtiment dit « des exilés ». C'était comme aller au-delà du sujet peint. Je ne fus pas déçu : l'univers de De Chirico semblait se prolonger par ceux de Max Ernst et d'Yves Tanguy réunis. Toute l'île paraissait être une illustration du système d'interprétation paranoïaque critique de Salvador Dalí : des êtres faits de roches sombres allaient s'extraire du sable jaune, presque blanc. Deux monticules de lave ténébreuse sortant de la terre rouge devinrent un couple enterrant leur enfant mort-né au son de l'angélus. Des stalagmites noires étaient alignées comme des dizaines de moines pétrifiés en procession. L'univers surréaliste qui s'imposait à moi ne se limitait pas aux quelques maisons qui constituaient ce qu'on nommait « la ville » mais qui n'était qu'un hameau.

Au-delà, l'horizon était aussi une composition surréaliste pour laquelle l'artiste aurait pris comme thème le roman de Jules Verne, *L'Île mystérieuse*, l'île Lincoln avant son explosion définitive et sa submersion par l'océan. Le bassin où autrefois étaient entreposées les tortues de mer en attendant d'être mangées était le seul élément géométrique du paysage. Toute l'île semblait avoir été dévastée par un volcan qui, après son éruption, n'aurait laissé derrière lui qu'un spectacle désolant. Les seules traces de vie se résumaient à quelques plantes aussi chétives que les moutons et ânes qui vagabondaient en liberté. Si les hommes y étaient totalement invisibles, leur présence était omniprésente à travers des machines irréelles orientées vers le ciel comme autant d'hommages à des dieux disparus. Les arbres des forêts étaient constitués d'espèces d'antennes et de paraboles des plus récentes aux plus anciennes. Tout ce que l'humanité avait créé en matière de télécommunication depuis les prémices du télégraphe se trouvait là, formant une jungle éparse de constructions métalliques comme jaillies des profondeurs de la terre en perçant la lave pétrifiée du sol.

L'autre singularité de cette île était l'air qu'on y respirait. À peine débarqué, pour une raison indéfinissable, je m'y sentis incroyablement léger, ce qui contribua, je suppose, à mon interprétation paranoïaque critique des paysages. L'air y était particulier en ce qu'il donnait sens à l'expression « respirer à pleins poumons ». Pour la première fois de ma vie, je sentis toutes les alvéoles de ma poitrine s'ouvrir sans entrave, provoquant une sensation enivrante de plénitude. J'effleurai l'euphorie.

Après m'être promené le long de la plage de la baie de Clarence, qui prolonge Georgetown par le nord, je rencontrai une dizaine de passagers du RMS qui s'apprêtaient à visiter l'île. Ils m'invitèrent à les accompagner. Bien qu'il me fallût sortir du tableau surréaliste dans lequel je m'étais introduit comme par effraction, je ne fus pas déçu malgré mon inaptitude à comprendre l'anglais. Je repensais au seul passage que Gilbert avait consacré à l'île d'Ascension dans son *Napoléon à Sainte-Hélène*. Je savais que l'amiral Cockburn, au nom de Sa Gracieuse Majesté britannique, l'avait revendiquée alors qu'elle était, en l'absence d'eau douce, totalement inhabitable.

L'enchantement de ma première visite ne disparut ni ne s'atténua durant les années suivantes où je m'y rendis au gré des opportunités du RMS, qui prenait les décisions du choix des dates pour nous. Au contraire, elle amplifia car je pus découvrir un monde qui m'était alors interdit : celui des fonds marins.

Les Américains vivaient plutôt repliés sur leur base et je descendais rarement à Georgetown, que j'avais rebaptisée « Giorgiotown » en l'honneur de Giorgio De Chirico parce qu'il semblait en avoir dessiné les édifices et les perspectives. Partout où j'allais, c'était un total dépaysement. Sur les plages de sable jaune, les fourmis des tableaux de Dalí étaient remplacées par des essaims de tortues de mer qui, à peine écloses, regagnaient l'océan sous une nuée d'oiseaux avides. Les fonds marins volcaniques prolongeaient ce royaume des interprétations créatrices.

Mon amour de l'île fut aussi d'une autre nature : elle me permit d'encore plus apprécier les Héléniens qui s'y comportaient différemment qu'à Sainte-Hélène. Ils y perdaient leur attitude de serviteurs asservis aux maîtres, comportement qu'ils avaient gardé de leur histoire d'esclavage et de la colonisation. Je découvris en eux une assurance, un entrain, une autorité pas encore perceptibles à Sainte-Hélène. Étonnamment, la décolonisation et la société du XXI$^{e}$ siècle prirent forme véritablement sur l'île d'Ascension où les libertés individuelles étaient quasiment inexistantes : pas le droit d'y résider sans permis de travail, pas le droit de propriété, pas de représentation publique, pas de Parlement, pas de protection sociale, pas de droits légaux. Rien.

Fut-ce le climat extraordinairement doux ? Le déroulement identique des jours et des nuits ? Le tatouage d'une tête de diable sur le bras droit de Charles ? Le sentiment de paix et de quiétude qui y régnait ? J'étais comme envoûté par cette île. Le prodige d'Ascension fut que les critères de la laideur se confondirent avec ceux de la beauté. Que ce fût la rouille des cratères, la lave noire déchiquetée et tranchante ou un autre détail de l'île, toutes notions du beau et du laid y étaient à reconsidérer. Je m'y retrouvais, sans repère, au milieu de nulle part…

Je ne fus donc pas surpris lorsque « le très Américain » – c'était le surnom que je lui avais donné en rapport avec son profond nationalisme – Charles m'expliqua que les États-Unis avaient commencé la conquête de l'espace ici, au milieu de ce no man's land de l'immensité atlantique.

## Entre France et Sainte-Hélène

Ces séjours ascensionniens furent, hélas, de courtes durées. Ma vie se déroulait surtout à Sainte-Hélène et en France. Je ne me suis jamais senti à l'aise sur l'île de Ré et je profitai de mes premières fiches de paie pour savoir auprès du Crédit mutuel si, éventuellement, je pourrais envisager un emprunt permettant d'acheter un studio sur le continent, à proximité de La Rochelle que j'aimais beaucoup plus. C'était le compromis que je présentai à Gilbert en juin 1988, quelques jours après l'ouverture du pont à la circulation. Non seulement il n'y trouva rien à redire mais suggéra même de vendre sa maison d'Ars-en-Ré pour en acheter une autre sur le continent.

Nous trouvâmes une grande et vieille bâtisse au centre de Villedoux, qu'il acheta avec le produit de la vente de sa petite maison de pêcheur. Mieux, le prix de vente de cette dernière excéda d'un quart l'achat de la très bourgeoise maison de Villedoux. Cette manne inattendue réjouit Gilbert qui, depuis son départ à la retraite, avait découvert que sa maigre pension militaire, additionnée à sa retraite calculée sur les seules vingt-cinq années de vie active, l'obligeait à la plus grande prudence.

L'autre argument en faveur du départ d'Ars fut l'ouverture du pont entre La Pallice et Rivedoux, qui signifiait, pour lui, le début d'une époque dans laquelle il ne pourrait plus y être « un passant émerveillé ». De plus, Villedoux, situé à une quinzaine de kilomètres de La Rochelle, permettait facilement les virées rhétaises dont il aurait éventuellement envie.

Lorsque je retournai travailler à Sainte-Hélène, sentimentalement, Charles monopolisa toutes mes ardeurs. Quand, en 1990, il repartit « dans son placard » en Floride, je ne devais plus retourner sur l'île d'Ascension qu'à l'occasion des voyages en direction ou en provenance de la Grande-Bretagne. À partir de cette date, Gilbert accepta d'écourter nos absences de l'île en prenant les vols militaires aller-retour Ascension-Brize Norton en Angleterre près d'Oxford. Les voyages en mer ne duraient plus trente jours (quinze à l'aller et autant au retour) mais quatre (deux jours entre les deux îles). Au lieu de nous récupérer au port, le *Vieux George* venait nous prendre à la base militaire anglaise de Brize Norton. Le reste du voyage via Le Havre et Alençon restait inchangé. Ces trajets à bord de la RAF (Royal Air Force) furent assez épiques parce que les heures de décollage n'étaient pas garanties et qu'il était assez fréquent d'avoir à dormir en attendant dans des dortoirs militaires. Si les chambres étaient à deux lits, les toilettes et les douches étaient collectives. Il pouvait donc se produire quelques embarrassantes situations, comme celle d'avoir à croiser dans les longs et froids corridors, entre les chambrées et les douches, une femme nue qui se révélerait plus tard être l'épouse du tout nouveau chef du gouvernement de Sainte-Hélène. Lequel fonctionnaire m'en garda grief durant les trois années de son mandat !

Le retour de Charles pour son pays, en 1990, provoqua chez moi un grand vide. J'aurais été capable de le suivre en Floride, où il avait ses attaches, mais lui n'était pas prêt à afficher sa sexualité. À Sainte-Hélène, je sympathisai et m'attachai à Peter et Vanessa Yon, et à son petit frère Oscar, qui m'invitèrent à les rejoindre pour d'innombrables excursions vers des endroits qui m'étaient inaccessibles en raison de la dangerosité des sentiers y conduisant.

Avec eux, tous les lieux qui portaient le suffixe de valley y passèrent. Avec Larry Thomas (*Nails*) et Colin Duncan, je me pris de passion pour le squash. Beverley Francis me fit découvrir la philatélie et me motiva suffisamment pour produire des peintures des plantes locales destinées à l'édition, par les agents de la Couronne britannique, de deux séries de timbres.

Avec Greg et Debbie Murray, un couple d'Américains de mon âge postés à Sainte-Hélène pour des travaux de géolocalisation satellitaire, je partageais le goût du jardinage. Derrière leur logement aux Briars nommé C-Block, nous parvînmes à établir un superbe jardin potager. Toutefois, celui avec qui je passais le plus de temps fut Ricardo Stevens que je retrouvais durant toutes les journées de travail à la Tombe. Il bossait à la plantation de café de Hutt's Gate pour le plus mauvais employeur de l'île, David Henry, qui bien qu'étant d'origine hélénienne n'avait pas encore compris que l'époque de l'esclavage était révolue et que celui des colonies venait de disparaître. Je n'appréciais pas la compagnie de Ricardo pour sa seule beauté physique mais surtout parce qu'il avait le talent de, sans cesse, repousser mes limites, d'avoir confiance en mes capacités de travail. Jamais, sans lui, je ne me serais cru capable de débroussailler un pan de montagne en arrachant à la pioche des hectares de *flax*. Maltraité comme ce n'était pas possible par David Henry, il décida un jour de quitter Sainte-Hélène pour les Falklands où il resta jusqu'à sa mort, survenue quelques années plus tard.

Je ne pouvais cependant pas pressentir que ce déchirement annonçait déjà la fin d'un chapitre de ma vie, celui des « années Gilbert ».

## La relique maléfique de la Passion Napoléon

Jean-Paul Kauffmann arriva à Sainte-Hélène pour rédiger un article destiné à *Géo Magazine.* Accompagné d'un photographe de l'agence Sygma, Stéphane Compoint. Il me semblait déjà connaître celui qui était aussi journaliste à *L'Événement du jeudi* car, durant toute la durée de mon service militaire, à l'occasion des journaux de vingt heures, j'avais vu sa photographie accompagnée de celle des autres otages français détenus au Liban. Je l'accueillis à Longwood House le 23 novembre 1993, tandis que je travaillais toujours aux jardins. J'avais presque fini les travaux de restitution en l'état de 1821 des jardins ouest, mais pour ceux dits d'Ali, de Marchand et de Noverraz j'estimais avoir encore besoin d'une petite année avant d'entreprendre ceux du nord. Lui n'avait entre les mains qu'un crayon et un petit carnet de notes, qui semblaient surtout lui servir de contenance et à masquer ses émotions. Car ému, il le fut assurément.

Ne m'étant pas encore remis de l'expérience endurée avec la journaliste anglaise obsédée par les parties génitales de Napoléon, j'étais sur mes gardes.

Heureusement, presque immédiatement, il sut me mettre à l'aise, fut d'emblée frappé par le contraste entre l'abondante verdure à l'intérieur des murs du domaine et le village de Longwood envahi par les constructions modernes effectuées à l'aide de matériaux de fortune. Il fut certainement la première personne qui s'intéressa aux domaines nationaux depuis que j'en avais commencé la restitution. Ce qu'il aperçut lors de sa visite était un tableau à moitié fini, puisque j'avais encore le tiers d'un hectare situé au nord à défricher, dessiner et replanter. C'était donc loin d'être satisfaisant. Mais les gigantesques cyprès aux troncs et branches disloqués par les vents donnaient, à distance, une impression de havre de verdure ou, de près, d'un bois mal entretenu.

Son ouvrage *La Chambre noire de Longwood* fut le point de départ de l'entropie de Longwood House. Le récit et la publication de ses impressions de voyage furent les plus précises et scrupuleuses descriptions que l'on pouvait trouver sur Sainte-Hélène au crépuscule des « années Gilbert » dont il fit le portrait en ces termes : « Gilbert Martineau est un vieil ours. Mal léché ? Sur son rocher, le misanthrope aime intriguer, susciter l'intérêt. Il a choisi de s'enterrer ici mais pas comme un inconnu. Il représentait la France. En même temps, il y a en lui un dégoût à se mettre en scène. Je sais qu'il déteste ce rôle de vieil érudit dans lequel je l'enferme [...]. Pendant trente ans, l'homme de Longwood a été seul. Orgueilleusement seul. » Tout y était. Rien à ajouter ni à soustraire. Mieux, on trouvait dans son livre le point de départ d'une réflexion sur l'existence et le devenir des sites napoléoniens quasiment inaccessibles. La conclusion fut identique à celle que j'avais déjà émise en parlant des « lieux de mémoire » lors des escales du *Mermoz*, à savoir que les « lieux » ne sauraient exister sans la « mémoire » qui, elle-même, seule, ne saurait justifier les « lieux ». Jean-Paul, cependant, posait la question qui importait : était-il pertinent de rédiger une énième étude « Napoléon à Sainte-Hélène » ?

Lorsque j'étais venu pour la première fois sur l'île, j'avais découvert le sujet en lisant à bord du RMS le livre de Gilbert portant le même titre. Je ne savais rien du sujet. La lecture achevée, je voulus en apprendre davantage et lus celui qu'il écrivit sur *La Vie quotidienne à Sainte-Hélène*. Avec le recul, je peux aujourd'hui avouer que j'aurais dû commencer par le récit d'un des valets de Napoléon, ayant toujours préféré l'historiographie à l'histoire. L'ensemble des documents historiques sur un sujet m'a toujours plus importé que les analyses rédigées par des auteurs postérieurs aux faits. Le livre de Jean-Paul Kauffmann, lui, n'était pas une étude historique de plus, mais le récit, par un historiographe de 1983, avec impressions journalières à l'appui, de son voyage à Sainte-Hélène.

Je ne me rendis vraiment compte de ma préférence pour l'historiographie que bien des années plus tard, après le décès de Gilbert, lorsque je dus ajouter « documentaliste » à la longue liste d'activités inhérentes à la mission de régisseur et de directeur des domaines nationaux. La tâche était grandement simplifiée par le fait que *Napoléon à Sainte-Hélène* avait ses évangélistes. Je me souvins alors de mes années d'éducation religieuse, à l'issue desquelles j'appris à me méfier des livres de catéchisme et à privilégier plutôt le texte des Évangiles canoniques selon Matthieu, Marc, Luc et Jean. Libre à chacun d'en choisir un plus qu'un autre. Pour moi, ce fut Jean.

Jean Tulard, qui était l'auteur d'un *Napoléon à Sainte-Hélène,* s'imposa à moi comme le plus pertinent. Sa pertinence fut d'avoir su se limiter à commenter une sélection de textes « saints » en les présentant chronologiquement. Le professeur poussa l'analogie christique jusqu'au bout du concept suggéré avant lui par Heinrich Heine en limitant le nombre d'évangélistes aux quatre Las Cases, Gourgaud, Montholon et Bertrand. Il prit le parti de réduire la définition du mot « Évangile à l'ensemble des livres qui contiennent la doctrine du Christ ; chacun de ces livres ». J'en aurais préféré la signification étymologique hébraïque « annoncer une bonne nouvelle, donner la bonne information » comprise par Rabelais. Cette dernière solution aurait évité d'avoir à écarter ceux que le poète allemand qualifia aussi d'évangélistes : O'Meara et Antommarchi. Quant à moi, j'y aurais ajouté les serviteurs de Napoléon, Ali et Marchand. Nous aurions ainsi la Passion Napoléon ou *Napoleonic passionem* avec huit évangélistes. Là encore, libre à chacun d'avoir ses préférences, qui n'annihileraient pas pour autant les autres. À mes yeux, cela aurait été le valet Ali pour la concision et O'Meara pour la précision, comme dans Le Nouveau Testament Jean l'était pour la poésie.

Parmi les auteurs des différents *Napoléon à Sainte-Hélène*, j'eus la chance de partager dix années de la vie de Gilbert Martineau et de rencontrer à plusieurs reprises le docteur Paul Ganière. Tous deux rédigèrent, chacun à leur façon, selon leurs sensibilités et compétences – marin pour le premier et médecin pour le second – des ouvrages qui pourraient être comparés à des catéchismes officiels. Bien entendu – le contraire aurait été inquiétant – comme les Évangiles canoniques, la *Napoleonic passionem* fit l'objet d'autres catéchismes dithyrambiques et calomniateurs. Tous ces catéchismes officiels et interprétations s'entendaient cependant sur un point : Longwood House y apparaît systématiquement comme la « relique maléfique » de la Passion Napoléon.

## 1995 – mortelle année

Début 1995, entre Villedoux et Longwood, Gilbert et moi avions trouvé un équilibre. Dad semblait s'être appliqué les vers de Byron dans *Lara* : « Il y avait en lui un mépris total de toutes choses, Comme si le pire l'avait déjà atteint. C'était un étranger parmi les vivants, un esprit errant tombé d'un autre monde. » Il se détachait totalement des affaires courantes des domaines et s'occupait exclusivement de répondre aux lettres et télécopies de napoléoniens passionnés, d'historiens, d'auteurs, de commissaires-priseurs, de collectionneurs qui nous interrogeaient sur un ancêtre présent à Sainte-Hélène sous Napoléon, une table, une chaise, un fragment de bois provenant du cercueil de l'Empereur, ou même, plus scatologique, un supposé échantillon de ses dernières fèces.

De mon côté, je venais de finir la reconstruction du pavillon des Briars et découvrais enfin les premiers résultats des aménagements forestiers sur la tombe et de jardinage à Longwood. Les travaux d'aménagement à Villedoux étaient achevés et chacun de nos séjours en Charente-Maritime se révéla un enchantement.

En plus du manque de communications, la principale difficulté pour vivre à Sainte-Hélène était le service médical qui dépendait de médecins et de chirurgiens généralistes souvent très capables mais hélas parfois aussi parfaitement ineptes. Pire, ils disposaient de moyens très limités pour établir leurs diagnostics. Pour résumer la situation, il valait mieux être jeune et en bonne santé pour s'établir sur l'île.

Durant l'année 1994, de l'épaule droite jusqu'au bout de ses doigts, Gilbert éprouva des douleurs d'abord supportables puis intenables. Le médecin-chef de l'hôpital diagnostiqua une conjonction de foulures musculaires et d'un nerf pincé. Il lui prescrivit des séances hebdomadaires de physiothérapie qu'il précisa « être une toute nouvelle spécialité proposée sur l'île ». Après seize mois de soins physiothérapeutiques sans résultat notable et des douleurs qui ne cessaient d'augmenter, le médecin-chef prescrivit une radiographie de l'épaule. Mi-juin 1995, en examinant les résultats, il s'aperçut que les poumons indiquaient quelques anomalies. Ne disposant ni de scanner et encore moins d'endoscope, il lui recommanda d'aller au plus vite en France procéder à des examens plus approfondis car il suspectait la possibilité d'un cancer.

Au moment même où le mot fut prononcé, Gilbert se métamorphosa en grabataire. L'homme rasé de frais avec qui j'avais pris le petit déjeuner quelques heures plus tôt disparut. Je parvins à parler séparément avec le médecin-chef et lui précisai qu'en ce qui me concernait je voyais surtout un homme dont les douleurs semblaient être intolérables. Il me répondit alors qu'effectivement, s'il s'agissait vraiment d'un cancer, les douleurs devaient être énormes. Juste au cas où il me confia divers médicaments antalgiques en m'en précisant bien leurs puissances d'action respectives.

Le RMS ne devait revenir à Sainte-Hélène que le 2 juillet et faire route pour les Canaries en passant par l'île d'Ascension. Je voulus réserver un vol militaire mais la connexion entre l'arrivée du *St. Helena* et le décollage du premier TriStar de la RAF exigeait une attente de sept jours, sans garantie de siège disponible. Je pris alors la décision de naviguer jusqu'à

Tenerife d'où nous pouvions obtenir un vol pour Nantes, via Madrid.

Nous arrivâmes à Villedoux le 14 juillet. Le village se préparait pour le bal du soir. Notre ami Luc Peltékian, médecin avec qui Dad avait sympathisé, avait tout organisé pour que Gilbert, malgré la période estivale et la fête nationale, puisse être admis immédiatement au CHU de La Rochelle. Les résultats de la fibroscopie bronchique confirmèrent les craintes du médecin-chef de Sainte-Hélène. Et, pire, révélèrent que le développement du cancer ne permettait plus d'envisager une chimiothérapie. Luc s'avéra alors pour moi le plus précieux des hommes car ses conseils pour accompagner Gilbert vers sa mort certaine furent plus que ceux d'un médecin ; ceux d'un ami. Ne pouvant connaître par avance la durée de mes congés conditionnés à l'état de Dad, je m'empressai d'expliquer la situation au service des ressources humaines du ministère des Affaires étrangères. Leur réponse fit de moi leur obligé pour la vie tant je leur en fus reconnaissant : « Faites tout ce qui vous semble nécessaire et ne vous souciez pas des délais pour lesquels nous trouverons ensemble une solution lorsque vous serez prêt. »

Les effets secondaires de la morphine ne me surprirent pas. Les propos incohérents voire intenables de Dad me rappelèrent ceux de Daniel. Comme avec lui, je réglai ma propre existence sur celle de Gilbert : sa respiration rythma la mienne. Contrairement à

Daniel dont les chairs étaient enlaidies par la maladie, Gilbert demeurait, même vers la mort, l'homme distingué et soigné qu'il avait toujours été. Je m'appliquai à ce que tous ses amis qui, comme Michel Crépeau, vinrent le voir durant ses derniers jours, puissent conserver de lui l'image de l'homme élégant qu'il fut toujours.

Le chef du service hospitalier m'ayant autorisé à passer les dernières nuits dans sa chambre d'hôpital, je pus être éveillé à ses côtés lorsqu'il expira à cinq heures quinze, le 23 août 1995.

# Chapitre 4

## Une île pour point d'ancrage

*Ma songerie aimant à me martyriser*
*S'enivrait savamment du parfum de tristesse*
*Que même sans regret et sans déboire laisse.*

Stéphane Mallarmé, *Apparition*

### Entre les confins de la vie et de la mort

Lorsque je veillais Gilbert sur son lit d'hôpital, je n'avais pris avec moi qu'un seul livre, *Le Criticon* de Baltasar Gracián. J'en avais remis sans cesse la lecture au lendemain en raison de l'herméticité du sujet. Je découvris vite que j'avais eu tort. À La Rochelle, dans une chambre sinistre, je fus ravi de pouvoir, dès le premier chapitre, revoir Sainte-Hélène comme la « perle de la mer ou émeraude des entrailles de la terre, l'île du début du monde ». Elle semblait n'être que des oppositions qui s'annuleraient dans un ordre supérieur afin que tout pût se retrouver comme en équilibre « entre deux mondes », entre l'Ancien et le Nouveau. Elle se présentait comme les « amarres d'un secret aimant ». Île protectrice, mais fragile, elle avait besoin d'être protégée. Comme pour se rassurer elle-même, elle se blottit, se lova providentiellement au creux des flots. Toujours équivoque, l'auteur se plut à la situer « entre les confins de la vie et de la mort » là où les oiseaux chantaient et ne mouraient pas, là où même « les vagues de la mer en furie » semblaient n'exister que pour servir d'écrin aux destinées exceptionnelles.

Par la magie des mots, aux côtés de Gilbert avec qui je ne pouvais plus rien échanger, mon esprit flottait entre la chambre d'hôpital et ce qui aurait pu être l'« île de l'utopie » de Thomas More. Elle fut pour moi un rêve qui était une réalité. Une réalité envisagée où, toujours florissante, les saisons y étaient calibrées. Cercle parfait du soleil et de la terre. Harmonie céleste. Cent cinquante ans avant que Napoléon y fût exilé, cette île était déjà décrite comme étant un cadre parfait, un « grand théâtre de l'Univers », dans lequel l'homme frappé de la malédiction de l'exil, déchiré entre instinct et raison, y eût retrouvé son complément, l'autre part perdue de lui dans « un admirable concert ».

Après la crémation de Gilbert, je fis un bref séjour à Saint-Jean-de-Luz. J'y avais été invité par Jean Darnel, qui fut le premier acteur masculin à interpréter l'Aiglon, remplaçant de Jeanne Boitel qui, depuis la disparition de Sarah Bernhard, avait monopolisé le rôle. À la fin des années 1940, Rosemonde Gérard avait souhaité confier cette interprétation non seulement à un garçon mais aussi à un acteur dont l'âge serait plus en rapport avec le héros. Il me mima donc Sarah Bernhard, me parla des « années Rostand » et de Gilbert qu'il avait connu à cette époque.

Après un bref retour à Villedoux pour fermer la maison et régler les derniers détails à la suite du décès de Dad, j'assistai ensuite à la première de *La Dernière Salve* au Théâtre Montparnasse. De Paris, je pris ensuite l'Eurostar pour Londres afin de me rendre à Cardiff où le nouveau RMS *St. Helena* mis en service en 1990 amarrait désormais. Mon intention était de faire, avec les cendres de Gilbert, le voyage de quinze jours en mer qu'il affectionnait tant. Je me souvins qu'il avait toujours exprimé le désir, s'il en avait les moyens, de suivre la route de Londres jusqu'au port de départ en taxi londonien. Cependant, même s'il en avait eu les ressources, il aurait toujours trouvé une excuse pour ne pas gaspiller ses économies. Je lui offris donc le luxe d'un *black cab* posthume. Les quatre heures passées dans le vaste espace que ce véhicule offrait, assis sur le siège arrière avec l'urne funéraire dans mes valises, me parurent un enchantement. Nous repartions à Sainte-Hélène avec la distinction toute britannique que Gilbert affectionnait tant.

Arrivé dans la capitale du pays de Galles, je fus accueilli par Geoff Shallcross, qui restera dans ma mémoire toujours associé au RMS *St. Helena* et à Gilbert avec lequel il avait développé une réelle complicité. Dix ans après l'avoir vu pour la première fois, j'étais encore impressionné par sa verve, par l'énergie qu'il était capable de déployer, par son physique plutôt pataud. Qu'il fût derrière son bureau, animant les activités du bord et les jeux parfaitement affligeants, présidant une table à la salle à manger ou à la réception, il parvenait à transformer la vie en une immense comédie, en farce. Les cheveux gras, un surpoids mal réparti, le visage posé sur un cou trop court, physiquement, il n'avait rien d'attirant. Mais, par une rapidité à trouver le bon mot en toutes circonstances, par une dextérité des cordes vocales avec lesquelles il parvenait à passer sans transition du fermier gallois au professeur d'Oxford et même de la Sorbonne, par un répertoire d'histoires absurdes ou comiques, il arrivait à détourner cette apparence ingrate en riant de ses imperfections. Son corps était sa marque de fabrique. Gilbert l'adorait. Moi aussi. Il était devenu un pan de Sainte-Hélène. Il m'apparaissait même comme l'une de ses falaises, incontournable.

Il jouait de ses défauts physiques pour accentuer le comique de ses propos. Voyager avec Geoff lorsqu'il était commissaire de bord relevait du one-man-show. Non seulement on ne s'ennuyait jamais en sa compagnie, mais en plus chaque passager avait droit à un service exceptionnel et personnalisé. Il avait la mémoire des noms et donnait à chacun l'impression de se sentir unique. Je ne connais pas le secret de son énergie ni de son endurance aux nombreuses pintes de bière qu'il ingurgitait durant les voyages. Qu'il apparût déguisé en turfiste avec le long des cuisses, sous le pantalon de jockey, un rembourrage qui accentuait la morphologie de ses jambes en Lucky Luke ou qu'il fût Cendrillon le temps d'une soirée de charité, il n'était jamais ridicule. Qu'il incarnât un éleveur de grenouilles ou un philosophe-intellectuel, il se substituait à ses personnages toujours avec la même austérité, ne riant jamais de la personnalité interprétée. Ce sérieux affiché le rendait surprenant et inoubliable. La banalité des petites choses de la vie, des activités aussi habituelles que danser, rire, respirer devenait grâce à lui un spectacle étincelant. Il avait fait du RMS *St. Helena* son théâtre et les voyageurs, s'ils négligèrent vite les détails de leurs passages à bord, ne pouvaient oublier le spectacle permanent qu'il leur offrait.

Sachant que je m'en retournais à Sainte-Hélène avec les cendres de Dad, il eut la délicatesse de tout faire pour que Gilbert fît partie des passagers « à ne pas déranger ».

**Consul de Sainte-Hélène**

Les quinze jours en mer pour le retour prolongèrent ce sentiment de bien-être. Je retrouvai Víctor aux Canaries. Je sympathisai avec Anna Hopkins, qui s'en revenait voir sa mère restée à Sainte-Hélène, avec Nigel son ami anglais et Ian, un Hélénien qui venait de terminer un contrat de travail de trois ans en Angleterre. Après seulement deux jours, notre quatuor se transforma en bande de joyeux drilles. Le voyage prolongeait l'état d'ataraxie dans lequel je semblais être tombé depuis la mort de Gilbert.

Je me laissais porter par les flots jusqu'à ce qu'apparût l'ombre de Sainte-Hélène sur l'horizon de l'océan. Avant que l'île n'ait grossi et pris trop de volume, c'était déjà l'aube. Je m'emparai alors de l'urne funéraire et la jetai par-dessus bord sans l'ouvrir, ne souhaitant pas que ses cendres fussent dispersées sur une île qu'il avait abhorrée. Je ne voulais pas non plus qu'elles fussent trop loin du lieu auquel son nom resterait associé. Au large de Sainte-Hélène, le marin et l'historien pouvaient se reposer.

Après avoir abandonné mon mentor en pleine mer, je regardai la silhouette de l'île se dévoiler puis se pétrifier devant moi.

Je retrouvais l'« île du début du monde » qui était aussi celle de sa fin. Comme pour le reste du globe, elle m'apparut désormais comme n'ayant ni bords, ni haut ni bas, ni début ni fin. Elle me dissimulait toujours une face de la Terre et une partie de ma vie que je ne voulais pas voir.

Maintenant que j'étais seul, Longwood House fut pour le moins inhabituelle. Elle était « la maison du temps retrouvé ». Je me surpris à exécuter, geste pour geste, ce que j'avais vu Gilbert faire dix ans plus tôt lors de mon premier séjour. Je remis en place, sur la table basse Pembroke, sa collection de chiens en porcelaines diverses, les cadres sur les rayonnages de sa bibliothèque… Je pris alors la pleine mesure de l'empreinte que Dad était parvenu à donner aux domaines : un éclat dont, même s'il était superficiel, la République française pouvait se targuer, s'enorgueillir même. Il avait une approche quasi religieuse de l'État, avait fait sienne « la certaine idée » de la France de De Gaulle. Peu lui importait ce qui se passait dans l'arrière-scène, l'important devenait les apparences.

Comme moi, il avait le titre de consul honoraire de France à Sainte-Hélène. Pour les médias et le public, il fut promu « consul de France ». Quant à moi, probablement en raison de mon approche plus insulaire de la gestion des domaines nationaux, aux yeux de ces mêmes personnes je devins le « consul de Sainte-Hélène ». Dans les deux cas, les journalistes commettaient des erreurs de désignation mais soulignaient involontairement deux approches différentes d'une même fonction. Durant mes huit premières années sur l'île, j'avais révéré cet emploi qui m'avait permis d'être, selon les besoins, apiculteur, expert de la lutte contre les nuisibles, menuisier, comptable, économiste en construction, secrétaire, forestier, jardinier, télexiste, charpentier, maçon, décorateur, couvreur, plombier. Trois cordes manquaient à mon arc : la mécanique, l'électricité et la documentation nécessaire à la connaissance du sujet « Napoléon à Sainte-Hélène ».

Pour la mécanique, je m'étais attaché les services de Jeffrey Stevens (Foxy) dont le garage se trouvait à Deadwood. Depuis qu'il avait fait de son établissement le salon de causerie de tout le district de Longwood, ce lieu était devenu une institution longwoodienne. Lui m'impressionnait par sa capacité à faire absolument tout à partir de débris de tous genres, remettre en route un moteur pour lequel aucune pièce détachée n'était disponible dans le commerce. Grâce à lui, je fus capable de conserver pendant plus de quinze ans une vieille Ford Capri des années 1970 qui évoquait en moi la Gran Torino de Starsky et Hutch. À mon retour solitaire à Sainte-Hélène, je lui offris la Ford Mercury Cougar Villager de Gilbert, dont je trouvais décidément la taille démesurée. De plus, son aspect formel ne correspondait en rien à mon tempérament ; je ne souhaitais pas maintenir l'impression d'opulence ostentatoire que Gilbert avait voulu imposer.

En ce qui concernait l'électricité, Brian Yon (*Birty*), comme Foxy pour la mécanique, sut éclipser ce problème de ma vie. L'approvisionnement électrique fut toujours chaotique, non seulement en raison des nombreuses coupures, mais surtout des sautes de tension qui ne cessaient de limiter à l'extrême la durée de vie de tous les appareillages comme ceux dont on était tributaires : la télécopieuse, les congélateurs et les ordinateurs. Birty fut si familier avec les combles de Longwood House qu'il en connut mieux que quiconque les fantômes. Il travailla et se glissa si souvent dans les greniers de Longwood qu'il finit par me confier qu'il s'était accoutumé à leur présence... mais chut ! Il ne souhaitait pas qu'on lui en parlât de peur de les mécontenter.

La dernière compétence qui fit cruellement défaut à cette panoplie fut la connaissance du sujet relatif à la Passion Napoléon. Cette fonction avait été occupée par Gilbert qui, durant les huit dernières années de sa vie, la remplit avec autorité et une reconnaissance de ses pairs comme du public. Dans la lignée de son maître d'étude, le professeur Marcel Dunan, il était l'historien ou, comme je le lui disais souvent sous forme de boutade, la catéchèse officielle de la Passion de Napoléon. La rapidité avec laquelle la mort l'emporta me prit en embuscade. L'équilibre que nous étions parvenus à établir était rompu. Je n'étais pas historien : je n'avais ni la formation que Gérard Hubert souhaitait que je suive à l'école du Louvre, ni les compétences acquises.

Pire encore, je ne ressentais aucune inclination particulière pour l'histoire, à laquelle je préférais la lecture de textes d'auteurs ou de rapports contemporains aux événements. Si on ne mettait pas en question ma capacité à gérer et à entretenir les collections et les propriétés foncières aussi emblématiques que pouvaient être les dernières résidences de Napoléon, je savais qu'il ne me faudrait pas attendre longtemps avant que quelques membres du public ou institutions culturelles et napoléoniennes attendissent de moi d'être savant sur le sujet. Leurs attentes étaient légitimes mais rien sur place ne se prêtait à m'aider : aucun fonds de documentation, aucune bibliothèque autre que celle qu'avait constituée Gilbert à titre privé. La seule dérobade possible eût été de bien clarifier la situation administrative des domaines nationaux dont j'avais la charge pour l'entretien courant mais aucunement m'instituer maître d'étude en *Napoleonic passionem*.

Afin de pallier cette impéritie, je n'avais qu'une solution : plancher sur cette époque napoléonienne que je ne connaissais qu'au travers des ouvrages généraux de Madelin, Masson et Tulard. À peine avais-je commencé à établir une méthode d'étude en envisageant de décortiquer d'abord les volumes d'archives du gouvernement de Sainte-Hélène qu'on m'annonça que ce ne serait pas nécessaire car, étant fonctionnaire contractuel des Affaires étrangères, je tombais, après neuf années de service, dans la règle commune de la dégressivité de 55 % des indemnités de résidence. Traduction de ce jargon administratif, il me restait seulement jusqu'au 30 novembre 1996 pour préparer ma reconversion. La première solution qui me vint à l'esprit fut d'installer à Villedoux un atelier de peinture afin de pouvoir vivre, par la suite, de mon travail artistique.

## Un avenir à peindre

Je regroupai une quarantaine de peintures, achevées durant les années passées à Longwood, auxquelles vinrent s'ajouter vingt autres toiles que je produisis en quelques mois durant une intense période de frénésie créatrice. Une routine s'installa rapidement. Je travaillais à la Tombe et aux jardins les jours où il ne pleuvait pas et je mettais de côté les journées de fortes pluies pour l'administration et la comptabilité – dont le système était d'une complexité papivore. Ayant toujours été un homme du matin, je préservais les matinées entre quatre et sept heures pour peindre.

Du 7 au 23 février 1996, Pierre-Christian Taittinger fit l'honneur d'accueillir en sa mairie du seizième arrondissement une exposition de mes dernières peintures. À l'époque, Jean Tiberi était maire de Paris et Édouard Balladur, tout juste défait à la présidentielle, resté député de la capitale. Pierre-Christian Taittinger me combla au-delà de mes espérances.

Bien que de nombreux supposés « amis » disparurent immédiatement après la mort de Gilbert, quelques-uns demeurèrent. Certains acceptèrent même de m'aider à monter l'exposition. Son Altesse Impériale, la princesse Napoléon, agréa sans hésiter d'en assurer le haut patronage. André Hambourg, peintre de la marine de renommée internationale, rédigea une introduction et fut mon mentor artistique. Yves Jeanpierre, passionné napoléonien – Gilbert et moi l'avions accueilli à Sainte-Hélène pendant deux mois, en janvier et février 1994, et plusieurs fois à Villedoux – accepta de m'héberger dans son appartement avenue Mozart et de m'aider à monter les peintures sur les cimaises. Le thème était les fleurs et fruits de Sainte-Hélène, à partir desquels j'avais composé des natures mortes. Ce n'était pas ma première exposition personnelle. Michel Crépeau en avait accueilli une dans sa ville de La Rochelle au couvent des Dames blanches en 1992 et maître André Damien à Versailles dans les salles d'exposition de l'hôtel de Pompadour en 1993. Le plus émouvant souvenir qui s'attacha à cette dernière fut la visite du prince Napoléon avec son épouse. Celle-ci, après m'avoir fait l'honneur de l'inaugurer en acceptant de la patronner, revint une semaine plus tard.

J'avais déjà rencontré le prince à plusieurs reprises en leur appartement rue de Presbourg et qui donnait directement sur l'Arc de triomphe. Une de ces occasions fut lorsque le prince Napoléon remit à Gilbert sa médaille de commandeur de l'Ordre national du mérite. Physiquement, la stature du prince en imposait. Il forçait l'admiration. Avec Gilbert, le prince et la princesse se remémorèrent leur passage à Sainte-Hélène treize années plus tôt. Le prince Napoléon avait gardé intacts des souvenirs de sa prime enfance qu'il partagea avec moi en passant devant un panneau sur lequel j'avais accroché des planches de botanique. Durant mes explications, j'avais mentionné le Kew Gardens de Londres. Lorsqu'il entendit prononcer le nom de ces jardins botaniques anglais, le prince, d'ordinaire peu prolixe, se remémora une promenade qu'il y fit avec l'impératrice Eugénie alors qu'il ne devait avoir que cinq ou six ans. Nous étions en 1993 et l'impératrice était morte en 1920. Je mesurai alors combien le second Empire, qui m'avait toujours paru de l'histoire ancienne, était encore bien proche.

Les deux semaines d'exposition à Paris me permirent de revoir mes amis et de renouer les contacts avec des relations professionnelles.

Je passai de nombreuses heures avec André Hambourg, qui me parlait de Sainte-Hélène comme d'une île qui lui était apparue pleine de paradoxes, tout à la fois salutaire et totalement déprimante. Pour l'immense artiste qu'il était, lorsqu'il y séjourna, Sainte-Hélène ne lui imposa aucune émotion, aucun sentiment, aucune inspiration. Il lui semblait pouvoir s'y exprimer sans contrainte, sans influence. Le blanc de la toile ne pouvait y être maculé que par une main sans guide. Le peintre des plages de Normandie, de la lumière de la Provence et des eaux croupies de Venise fit de l'île vue de la mer une toile qui me fit penser à un fœtus dans son liquide amniotique. Je retrouvais l'image de la perle dans sa coquille matricielle… que j'associais moi-même à Sainte-Hélène depuis que j'avais lu l'*El Criticón*. En ce second millénaire finissant, elle était parvenue à rester un lieu privilégié, traversée par les mythes utopiques de l'île paradisiaque.

Il me faudrait pourtant, par les grâces de l'administration, quitter ce bateau immobile, préservé des atteintes du temps.

Le respectable succès que je rencontrai auprès du public me donna confiance en l'avenir. Mon départ définitif de Sainte-Hélène se présentait sous les meilleurs augures. Jean-Paul Kauffmann, qui posait les dernières touches à son livre *La Chambre noire de Longwood*, vint un après-midi à la mairie pour discuter avec moi. L'idée de mon départ à la fin de l'année ne l'enchantait pas. Il l'écrivit.

Il me conseilla même de m'efforcer d'y rester encore trois années supplémentaires. Comme il me fit entendre raison, conformément au règlement administratif, je décidai d'accepter la baisse de cinquante-cinq pour cent et de rester jusque fin novembre 1999, c'est-à-dire jusqu'au moment où la dégressivité atteindrait quatre-vingt-cinq pour cent, rendant inconcevable l'idée même de demeurer sur place.

Je n'avais pas la fortune personnelle qui, seule, m'aurait permis de prendre une telle décision. Pour accepter cette diminution de 55 %, il me fallait dès à présent réduire au minimum mes dépenses personnelles, à commencer par celles de mon domicile en France, fût-il de taille modeste. Avant de quitter la France, je me résolus donc à mettre la maison de Villedoux en vente en donnant à l'agence immobilière les clés et les dates de mes congés pour l'année suivante.

## Sports nautiques et noyade

La période entre la fin février 1996 et mai 1997 devait être celle de mes dernières journées héléniennes. Je les vécus comme un enfant gâté qui aurait su que les heures heureuses lui étaient comptées. En révélant des capacités insoupçonnées, cette île m'avait permis de rencontrer tous les possibles et d'apprendre à me connaître. Je percevais désormais la mélopée de Longwood comme une berceuse. J'envisageais ma reconversion professionnelle dans les sports nautiques. Je soignais mes relations à l'île Sainte-Marie de Madagascar et au Cap, en Afrique du Sud. J'occupais toutes les fins d'après-midi et week-ends à la plongée, au ski nautique, au wakeboard, au knee-board et au canoë de mer. Je profitai du passage à Sainte-Hélène d'un instructeur militaire sud-africain de plongée pour parfaire l'instruction NAUI entamée avec Charles sur l'île d'Ascension.

Durant le voyage Ascension-Sainte-Hélène, je fis connaissance sur le RMS de Janine, une Hélénienne qui travaillait à bord et qui resta ma petite amie pendant neuf mois. Comme elle était souvent absente en raison de son travail, notre relation allait cahin-caha. Au mois d'octobre, après deux très courtes romances avec un garçon prénommé Richard – qui mourut noyé à Lemon Valley – et un autre appelé David, je rencontrai Delicia. Hélénienne qui s'en revenait d'Angleterre où sa mère vivait, elle partageait mon goût pour les sports nautiques et la plongée.

Avec Alan, Martin, Larry (Cookie), Leroy (Little Chrisssy), James, et une dizaine d'autres amoureux de la mer, ma vie prenait le large. Je retrouvais souvent l'agrément des bains de boue qui se formaient naturellement après chaque grosse période de pluie dans la vallée de Banks. L'eau chargée d'argile rouge qui dévalait la vallée déposait ses alluvions entre les rochers, qui dessinaient d'immenses baignoires dans lesquelles nous pouvions confortablement nous installer à cinq ou six. Nous nous y immergions des heures entières et parfois même y passions la nuit les jours de grosses chaleurs. Lorsque nous en sortions, le soleil séchait notre peau très rapidement et nous devenions des statues en marche vers la plage d'où nous nous jetions dans l'eau pour nous rincer.

Je découvris une à une toutes les grottes sous-marines qui, de South-West Point à la plage de Flagstaff, ponctuaient la côte nord de Sainte-Hélène et sur les parois desquelles grouillaient d'énormes langoustes qui firent nos régals. Les fonds marins étaient on ne peut plus dépaysants. En raison de leurs profondeurs (45-50 mètres), je ne visitais que très rarement les épaves du *Witte Leeuw* (un galion du XVII$^{e}$ siècle) et du *Darkdale* (un bâtiment de guerre britannique torpillé durant la Seconde Guerre). En plus des langoustes, nous revenions la nuit avec des seaux pleins de carangues de diverses espèces, de cigales de mer ou de dorades.

Durant les journées de travail, le maître mot était « rangement » : l'administration, les projets immobiliers et mobiliers, les musées, les jardins, les forêts, les papiers cumulés par Dad pendant plus de trente années de vie à Sainte-Hélène, il fallait trier. Je profitai aussi de mes excellentes relations avec le tout nouveau gouverneur, David Smallman, pour régler une fois pour toutes les difficultés qu'engendrait l'entêtement de Gilbert à ne pas, « lui vivant », laisser entrer les agents du gouvernement local sur les territoires français de Sainte-Hélène qu'étaient devenus les Briars, Longwood et la Tombe. Je levai donc cette interdiction sur tous les domaines nationaux afin de permettre une lutte systémique contre les rats et mettre aussi fin à un état de non-droit qui s'était créé au domaine de la Tombe où les trafiquants et fumeurs de cannabis se retrouvaient sans crainte des policiers.

Pour stocker les informations brutes sur tous les personnages liés à l'exil, Gilbert avait confectionné des fiches cartonnées, une par individu. Je réservais les longues soirées et journées pluvieuses de Longwood à les transcrire en document informatique. Je mettais de l'ordre dans tout et sur tout avec l'excitation qu'un sentiment d'urgence alimentait. Mais cette impatience à commencer une nouvelle vie s'accompagnait d'une colère rentrée de plus en plus notable au fur et à mesure que la date annoncée de mon départ approchait.

## Fin de l'ère coloniale

Je n'étais pas le seul à Sainte-Hélène dont la vie professionnelle se voyait chamboulée. Les Héléniens subissaient les effets du retour à la normale aux Malouines et sur l'île d'Ascension. Les salaires et avantages qui y étaient proposés dix ans plus tôt chutaient dans les mêmes proportions que ma rémunération. Cette évolution favorisa la possibilité de fidéliser nos agents recrutés localement. Durant les années fastes d'Ascension et des Malouines, nous ne pouvions retenir les employés que pendant quelques mois. À partir de 1995, tout changea. Je fus alors en mesure de constituer une véritable équipe dont certains membres, comme Byron Knipe et Bradley Crowie, vingt ans plus tard, devaient encore faire partie.

Si mes compagnons de sports nautiques et de plongée furent exclusivement héléniens, je me liai aussi d'amitié avec deux couples de fonctionnaires britanniques : John et Angela Price et Mike et Claire Clancy, qui me firent comprendre que le colonialisme était bel et bien mort.

John était le directeur de l'éducation et Mike le chef du gouvernement. Avec eux, je jouais au tarot dont je leur avais enseigné les règles. Nous étions si accros que nos parties, qui commençaient à huit heures, ne se terminaient pas avant trois ou quatre heures du jour suivant. À tour de rôle, nous nous invitions. John et Angela vivaient en haut du nid d'aigle qu'était Cliff Top, d'où la vue sur l'océan et la baie de Jamestown semblait défier les lois de la pesanteur. Mike et Claire résidaient à Lufkins, la maison attitrée des chefs du gouvernement. Je n'étais de mon côté pas retourné à Lufkins depuis le départ d'Eddie Brooks, ce fonctionnaire anglais du Colonial Office dont les récits de l'Empire britannique m'avaient tant captivé. Depuis son retour en Angleterre, ses fonctions avaient été remplies par des individus qui étaient des caricatures de tout ce que le néocolonialisme pouvait avoir de négatif. S'ils ne se départirent pas de leur condescendance, les anciens fonctionnaires des colonies comme Eddie conservaient un profond respect et une bienveillance quasi paternelle envers leurs « gens ». Ceux qui les remplacèrent n'avaient ni leur classe ni leur expérience. Ces caricatures de néocoloniaux ne surent qu'afficher un profond mépris envers la population locale qu'ils administraient, se donnant des airs de supériorité et de dédain ostentatoire pour tout dire aussi agaçants, ridicules qu'embarrassants. Ils furent, à juste titre, sévèrement décriés par les locaux et dénoncés par la presse dans leur pays. Dès 1996, les fonctionnaires britanniques envoyés à Sainte-Hélène devinrent, politiquement et humainement, plus appropriés pour remplir leurs fonctions.

## L'exorciste de Longwood House

En 1989, Bernard Chevallier devint directeur des musées de Malmaison et Bois-Préau. Lors de mon premier passage en 1987, je l'avais croisé au château de Malmaison sans avoir eu la possibilité d'échanger le moindre mot avec lui. Il était alors conservateur adjoint de Gérard et Nicole Hubert, qui me l'avaient présenté très brièvement, entre deux portes, au sens propre : celles qui séparaient la salle de lecture et le bureau de la conservation.

Je profitai de mon exposition de peinture à la mairie du seizième pour l'inviter au vernissage afin de faire sa connaissance. Nous nous fixâmes un rendez-vous pour le lundi 19 février, à la mairie, avenue Henri-Martin. Ponctuel, il se présenta à quatorze heures trente, conscient de l'importance que revêtaient les articles que son musée avait en dépôt à Longwood et aux Briars. Pas une seule fois, durant ce premier entretien, il ne mentionna l'école du Louvre dont je redoutais toujours l'absolue nécessité théorique. Sur la façon dont j'exerçais mes fonctions, l'administration du ministère des Affaires étrangères n'avait jamais fait la moindre remarque. Mais l'absence d'études supérieures dans mon curriculum me paraissait toujours un handicap, une lacune, longtemps perçue par Gérard Hubert comme une hérésie. Bernard Chevallier ne montra, à ce sujet, aucune réticence. Sa seule préoccupation était de pouvoir assurer le contrôle des collections dont il avait la charge. Je lui expliquai le principe des voyages en bateau s'étalant sur trois semaines.

La perspective ne l'effraya pas puisqu'il entreprit le voyage pour Sainte-Hélène, où il arriva le

20 mars 1997 accompagné de deux amis : Pierre-Jean Chalençon et Mauricette Silber. Je le logeai dans ce qui avait été ma chambre à Longwood House ; occupant désormais celle de Gilbert. À vrai dire, j'appréhendais sa venue, tiraillé entre la crainte de ce qu'il allait penser de la manière dont je m'occupais des collections sans avoir les qualifications appropriées et l'importance que revêtait sa présence pour la reconnaissance du travail que Gilbert et moi avions entrepris. Surtout, depuis leur création en 1858, il était le premier agent de l'État à venir inspecter les domaines français de Sainte-Hélène afin d'en rédiger un rapport.

Ma crainte était aussi de le voir ressentir lourdement, comme moi douze ans plus tôt, les effluves de Longwood. Mes travaux d'assainissement avaient dû être efficaces car ni lui, ni ses deux amis n'émirent la moindre remarque à ce sujet. Cette semaine-là, le climat fut de mon côté car le soleil brilla. Longwood House donnait l'impression d'une grande maison de vacances en été. Les jasmins embaumaient. Tout semblait si agréable que j'en oubliai l'objet et l'importance de cette visite. Mauricette et Pierre-Jean restèrent avec nous la plupart du temps. Avec John et Angela Price, nous entreprîmes de leur faire visiter tout ce que nous aimions de l'île : la plage et les forteresses de Banks, le Flagstaff, le plateau de Prosperous Bay…

Comme moi, Bernard Chevallier sembla se laisser porter par la complainte longwoodienne qui abolit la notion du temps qui passe. Accessoirement, il oublia qu'il était aussi venu pour contrôler les collections et pointer les articles. Nous fîmes ce fastidieux travail durant la dernière journée de son séjour. Il me donna de nombreux conseils de décoration, de conservation. J'avais du travail pour les deux années qu'il me restait à remplir. Il pointa du doigt les peintures type Ripolin ou acrylique, les luminaires, les encadrements... peu dignes et surtout, à ses yeux, anachroniques, voire choquants. Il me proposa d'être mon guide dans les travaux à faire... ce que j'acceptai avec une reconnaissance non feinte. Je savais que, comme dans un poème de Mallarmé, j'avais trop souvent tendance à laisser ma songerie me martyriser. Sa venue me sortit de la torpeur dans laquelle m'avait plongé ma partance reportée à novembre 1999.

Lorsqu'il quitta l'île le 28 mars 1997, plus rien ne devait être comme avant. Il avait ouvert le livre sur lequel l'histoire des domaines nationaux à Sainte-Hélène devait s'écrire. Il ambitionnait de chasser les démons de Longwood House, qu'il souhaitait tout entière consacrée à la mémoire de Napoléon sur place. De retour à Paris, dans son rapport Bernard Chevallier fit sur le travail que j'accomplissais des commentaires élogieux. Il m'estima tout à fait compétent et suffisamment responsable pour gérer au mieux les collections d'objets que son institution avait mises en dépôt sur l'île. Sa seule inquiétude était mon départ programmé au 30 novembre 1999 sans qu'une solution alternative ne soit suggérée. Il y voyait un danger pour ses collections.

De mon côté, je m'organisais pour le grand départ, non seulement de Sainte-Hélène mais aussi de France. Je réexpédiai au Mobilier national à Paris tous les néo-Louis XV que Gilbert avait fait venir afin de meubler luxueusement ses appartements. Je renvoyai au musée de la Légion d'honneur toutes les médailles et tableaux qui n'avaient aucun rapport avec Napoléon. Je souhaitais, avant de partir, faire de Longwood House un « lieu de mémoire » plutôt qu'un musée de la « grandeur de la France » qu'il était devenu depuis 1956. Afin de modérer l'exaspération provoquée par l'imminence d'un adieu, je privilégiai les travaux physiquement très demandeurs. J'achevai ceux de la Tombe, sur laquelle la lumière pouvait enfin descendre et commençai la renaissance des jardins en terrasse aux Briars.

Lorsque l'agent immobilier de La Rochelle m'annonça qu'il avait trouvé des acheteurs pour la maison de Villedoux, je partis en congés.

## Illusions périlleuses

Je revis la maison de Villedoux avec un mélange d'émotions fortes et de souvenirs brouillés. Comme à chaque séjour en Charente, j'en profitai pour aller faire un saut à Nantes afin d'y rencontrer les agents du service de la comptabilité du ministère des Affaires étrangères et de la Trésorerie générale pour l'étranger avec lesquels je travaillais sur tous les dossiers administratifs. Jean-Paul Monchau, sous-directeur de la Comptabilité, accepta de me recevoir le 21 mai. Il était parfaitement au courant de l'affaire me concernant. Mon départ semblait le contrarier et peut-être n'était-il pas aussi inéluctable qu'il y paraissait. Il allait voir ce qu'il pouvait faire. Je ne me fis pas d'illusions. Lui ne me fit aucune promesse.

La vente de la maison s'effectua en moins de trois semaines. Le déménagement fut facilité par le fait que je laissais à l'acheteur tous les meubles et vaisselles qui s'y trouvaient. Bernard Chevallier avec qui, durant son séjour à Sainte-Hélène, j'avais communiqué mes plans de départ, vint partager avec moi les dernières journées à Villedoux. Il assista impuissant – et dépité – au feu que j'avais allumé dans l'immense cheminée du salon où je jetai non seulement le passé de Gilbert mais aussi les dix dernières années de ma vie. Je repensai alors au bûcher que j'avais fait en quittant Voyennes douze ans plus tôt et que je n'avais jamais regretté. Le feu était la seule méthode que je connaissais pour clore un chapitre.

Une fois les clés données au nouveau propriétaire, fin juin, je me retrouvais sans domicile fixe. Bernard m'accueillit chez lui, à Rueil-Malmaison, dans sa résidence dite des « Œillets ». Il m'offrit non seulement l'hospitalité mais aussi son amitié. Et prit conscience de l'importance de ce que j'étais en train de vivre. L'été transformait sa maison en une superbe villa toscane avec terrasses à balustrades et parc immense, alors que nous n'étions qu'à quelques kilomètres de Paris. Il prit le temps de me faire visiter la capitale dont il connaissait tous les monuments, les rues, les recoins, les espaces. Avec lui, les murs de la ville transpiraient, causaient, étaient vivants. Il était Paris. À mes yeux, Paris devint Bernard.

Durant ce séjour parisien, je rencontrai ma chère comtesse, Lillan Ahlefeldt-Laurvig, que je n'avais pas revue depuis que nous nous étions croisés douze ans plus tôt à Lausanne. Lorsqu'elle se déplaçait à Paris, elle occupait toujours la même suite de l'hôtel Lotti. Je la retrouvai avec beaucoup de gaieté, elle qui avait conservé les mêmes grande allure, classe et capacité à soustraire vingt années à son physique. Était-ce la clarté de ses yeux bleu pâle ? La finesse de sa peau ? La légèreté subtile de son maquillage ? Au-delà de ses quatre-vingts ans, elle en paraissait tout au plus soixante.

Depuis la mort de Serge Lifar survenue en 1986, bien qu'elle dépensât sans compter à la fois son énergie et ses finances pour gérer l'importante collection des souvenirs du danseur-chorégraphe entreposée en Suisse, elle ne parvenait pas à obtenir ce qu'elle souhaitait. Un projet de livre louangeant la carrière de Serge avait bien abouti mais n'avait été qu'une énorme « déception ». Le mot arnaque eût été plus approprié. Tous ces déboires la plongeaient dans une profonde tristesse et un immense sentiment de faillir à sa mission de protection, de défense de la mémoire de son « cher Serge ».

Nous passâmes tout l'après-midi à nous promener dans les jardins des Tuileries à évoquer, elle, la mémoire de Serge et, moi, celle de Gilbert. Elle savait combien le danseur appréciait Dad et je lui confirmai que cette amitié était réciproque. Plus tard, lorsqu'elle m'invita à dîner – et à boire –, je me mis à parler de mes projets. Je mentionnai mon départ de Sainte-Hélène l'année suivante. Le vin aidant, notre discussion à bâtons rompus devint très vite plus légère et nous échangeâmes quelques confidences. Je lui racontai mes amours, Delicia… et elle me confia qu'elle avait rencontré à Vienne un « vrai taureau », un « vrai cosaque » qui lui avait fait prendre conscience que, sexuellement, elle avait perdu bien du temps et qu'elle comptait le rattraper. Elle me livra mille et un détails sur ce superbe Moldave qui, comme moi, était cinquante ans plus jeune qu'elle. Elle semblait transportée, transcendée par ce beau Slave.

Dans les jardins des Tuileries, nous avions décidé de nous revoir le lendemain pour que j'aille avec elle faire les magasins. Nous nous donnâmes rendez-vous à onze heures à son hôtel. J'arrivai à l'heure dite. Elle m'attendait déjà, assise à une table sur laquelle était posé un porte-documents qu'elle me tendit à peine l'avais-je saluée. Elle m'invita à m'asseoir. Comme elle savait que je devais bientôt chercher un nouvel emploi, et qu'elle, de son côté, ne s'en sortait pas avec la gestion de la succession de Serge Lifar, elle proposait de m'employer à durée indéterminée pour gérer, en sa compagnie, la collection, de former un trust ou une Fondation Serge Lifar, etc. Pris au dépourvu, je lui répondis que j'avais besoin de réfléchir et lui signalai que le moment était venu des courses qu'elle faisait depuis les « années Coco » (Chanel) en employant le même chauffeur de taxi loué à la journée. En l'accompagnant dans les boutiques Chanel et autres grands noms de la couture, je fus flatté lorsque je sentais que les vendeurs déployaient plus d'efforts à essayer de me convaincre, moi, des avantages de telle ou telle robe ou chemisier plutôt qu'elle. J'étais devenu son escorte.

Lorsque nous nous séparâmes, nous nous donnâmes rendez-vous l'année suivante. Je lui promis que j'aurais alors ma réponse concernant son offre d'emploi. J'entendais conserver cette option comme un plan subsidiaire.

Quelques jours plus tard, je retrouvai Jean-Paul Kauffmann avec toujours le même ravissement. Le rejoignant aux bureaux de l'Amateur de cigare, je lui mentionnai la proposition que m'avait faite la comtesse. Il eut alors cette réponse laconique qui résonne encore en moi comme une sentence sans possibilité d'appel : « Entre Napoléon et Lifar, la question ne se pose pas. » Il s'obstinait à croire qu'une solution administrative pouvait être trouvée pour me maintenir à Sainte-Hélène. Mais comme je ne me risquais plus au jeu périlleux des illusions, début août, je m'en retournai sur « mon » île, celle où j'avais accepté un rendez-vous pour un anniversaire inouï.

## Un visiteur providentiel

Fin 1996, je reçus un appel téléphonique hors du commun. L'interlocuteur se présenta : Patrick Maugein. Il se décrivit en homme d'affaires proche de Jacques Chirac, Corrézien comme lui. Sa compagnie se nommait la CFID (Compagnie française et internationale de distribution). Il m'expliqua que, depuis bien des années, il avait pris l'habitude d'offrir à sa femme Petra, pour chacun de ses anniversaires, une destination insolite et authentique et se demandait si je pensais qu'il serait possible que ce fût Sainte-Hélène, et, bien entendu, s'il serait possible d'habiter Longwood House pour n'y passer ne serait-ce qu'une nuit, celle de la date anniversaire de Petra qui tombait le 27 août. Je pensai immédiatement à un canular. Je le trouvai si imaginatif que je décidai d'entrer dans ce qui ne pouvait être qu'un jeu de dupes, allant jusqu'à lui répondre qu'il y avait bien une chambre de libre à Longwood mais qu'il n'y avait qu'une seule salle de bains. À l'autre bout du fil, l'homme m'informa que cela serait absolument formidable puis me posa la question habituelle : comment se rend-on à Sainte-Hélène ? Comme l'horaire du bateau sur l'île servait de calendrier que l'on avait toujours sur soi, je pus lui répondre immédiatement en lui précisant que la date du 27 août était inopportune car elle l'obligerait à rester trois ou cinq semaines sur l'île selon qu'il souhaitait repartir par l'île d'Ascension ou Le Cap. Je lui expliquai l'itinéraire de l'unique bateau avec les escales au Cap, à Sainte-Hélène, à Ascension, aux Canaries et à Cardiff et que se rendre à Sainte-Hélène ne pouvait être envisagé qu'en fonction de ces trajets allers et retours. D'esprit très vif et rapide, il comprit sans peine mon explication mais, a contrario, sa réponse me prit totalement au dépourvu. Il me fit le résumé de sa pensée : la date anniversaire du 27 août 1997 étant non négociable, l'horaire du RMS étant totalement inadapté, la seule solution serait donc de louer un bateau entre Ascension et Sainte-Hélène. Le navire resterait ensuite en rade dans la baie de Jamestown la durée qu'il souhaiterait séjourner sur l'île avec Petra. Il me précisa alors qu'il viendrait avec sa famille et des amis. Je lui indiquai les dates auxquelles j'avais prévu d'être en France pour vendre Villedoux. Il me donna rendez-vous au Plaza Athénée « le Régence » pour un déjeuner à treize heures, le 16 juillet 1997. La discussion s'arrêta là et je raccrochai en pensant avoir eu affaire à un de ces doux dingues auxquels mon emploi m'avait accoutumé.

Non seulement il fut bien au rendez-vous fixé au Plaza Athénée mais aussi à Sainte-Hélène, le 26 août, c'est-à-dire la veille de la date anniversaire. Aux îles du Cap-Vert, un bateau avec équipage avait été spécialement affrété. Le bâtiment fit le voyage jusqu'à Ascension où il resta en rade. Les neuf Français, Patrick Maugein, sa famille, et celles de ses amis José Antonio Jiménez et Alan Crossley, arrivèrent par avion militaire de la RAF. Ils embarquèrent à bord du bateau qui les attendait depuis plusieurs jours. Bien entendu, je logeai Patrick et Petra Maugein à Longwood dans la chambre du comte de Las Cases, qui était aussi la mienne durant les années passées avec Gilbert. Bien que d'un confort très rudimentaire, ils semblèrent ravis du logement offert. Les autres accompagnants gardèrent leurs cabines.

Je passai avec Petra et Patrick cinq journées totalement dépaysantes, décalées de mon quotidien. Il m'apparut comme un homme tout droit sorti d'un des meilleurs ouvrages des encyclopédistes du XVIII^e^ siècle. Ma chienne, Diane, fut ravie de leur présence car, malgré l'hiver qui d'ordinaire m'aurait fait préférer le coin du feu, nous entreprîmes quelques promenades sous le brouillard. Durant celles-ci, il me parla indistinctement d'opéra, de son admiration pour Placido Domingo avec lequel il était en affaire en Californie, de Jacques Chirac, de cigares, de Charles de Gaulle, de l'Opéra-Bastille dont il était administrateur, de la tauromachie, de la jet-set madrilène et parisienne, aussi et surtout de sa femme Petra dont il était éperdument amoureux.

Il était comme je m'imaginais un héros du XVIII^e^ siècle : brillant jusqu'à en être flamboyant, conquérant, séduisant et d'un esprit curieux de tout. Après que la réception pour l'anniversaire de Pétra se fut déroulée à l'heure et au lieu souhaités, nous nous quittâmes le 30 août sur une promesse : il reviendrait à Sainte-Hélène avec son Falcon privé, assuré de l'imminence de la construction d'un aéroport. Durant nos discussions, je lui mentionnai mes difficultés administratives qui m'acculaient au départ. Il promit d'utiliser ses relations pour m'aider.

Homme de parole, de retour à Paris, le 22 septembre 1997, dans son hôtel particulier parisien, rue de Chanaleilles, décoré de toiles de maîtres principalement du XX^e^ siècle, Patrick invita à dîner des personnalités journalistiques, politiques, littéraires et culturelles parmi lesquelles figuraient Jean-Paul Kauffmann et Bernard Chevallier, qui ne se résignaient toujours pas à mon départ et devinrent les plus ardents défenseurs de ma cause. L'unique objet de ce dîner fut de démêler ce qu'ils percevaient être un imbroglio administratif qui mettait en question non seulement mon emploi mais aussi Longwood House.

Ils découvrirent que le poste de Sainte-Hélène avait toujours souffert de son intrinsèque atypisme juridique, administratif, géographique et politique ; qualités difficilement compatibles avec la fonction publique qui, par manque de souplesse, s'accommodait mal de l'exceptionnel.

Durant ce dîner, Patrick Maugein subit un flot continu de questions. Personne ne semblait connaître ni même situer cette île. Conditionnés par la légende et la propagande napoléoniennes, ses convives l'imaginaient comme un caillou balayé par les vents. Ils étaient intrigués d'entendre parler de climat tropical, de plongée sous-marine et d'excursions dans des forêts de fougères géantes. Tous s'accordèrent alors sur la nécessité de faire un reportage pour rendre justice à cette île bien mal connue.

## Trois minutes décisives

Gilbert mort, je m'étais retrouvé avec un carnet d'adresses quasiment vide. Patrick Maugein accepta spontanément d'ouvrir le sien. Il se substituait en quelque sorte à l'indispensable maillon manquant. Il devint ce contact suffisamment bien et haut placé dans les rouages de l'État à Paris, pour que les domaines nationaux à Sainte-Hélène puissent trouver leur place au sein d'une administration instinctivement réticente à la moindre exception à la règle commune. Il fit jouer quelques-unes de ses relations politiques et parvint à suggérer à Patrick Poivre d'Arvor, présentateur du journal de vingt heures de TF1, de diffuser un reportage de trois minutes.

Une équipe de reporters, dirigée par Dorothée Poivre d'Arvor, arriva le 12 mars 1998 avec Bernard Chevallier – que je retrouvai avec ravissement. En un reportage de vingt-deux minutes intitulé *Sainte-*

*Hélène, une île isolée*, Dorothée parvint à présenter ce qu'était l'île durant ces années charnières et sans aéroport. Quelques semaines après son retour en France, elle monta le reportage de trois minutes souhaité par son père. On y retrouvait tous ceux qui, comme Patrick, Bernard et Jean-Paul croyaient encore à la possibilité de mon maintien sur place.

Ils eurent raison. Les trois minutes du vingt heures ne furent jamais diffusées mais, le 15 juillet 1998, j'appris par télex que le ministère acceptait de faire, « à titre exceptionnel et dérogatoire » pour Sainte-Hélène, « une entorse à la règle absolue de la mobilité de ses agents » en limitant la dégressivité à moins cinquante-cinq pour cent.

Avant moi, tous les conservateurs qui se succédèrent à Sainte-Hélène n'eurent pas d'autre possibilité que d'utiliser leurs relations personnelles pour remplir leurs missions. Et cela, dès 1858, avec le premier d'entre eux, Martial Gauthier de Rougemont, qui n'eut de cesse de solliciter son ami, le maréchal Jean-Baptiste Philibert Vaillant, pour qu'il intervînt directement dans les dossiers qui restaient bloqués au « ministère de la Maison de l'Empereur » dont l'île dépendait administrativement.

Cent ans plus tard, rien n'avait changé. De 1958 à 1981, Gilbert Martineau se trouva contraint de solliciter régulièrement Michel Debré afin qu'il intercédât auprès des différentes directions du ministère des Affaires étrangères pour l'aider à résoudre des problèmes purement administratifs qui resurgissaient régulièrement. Puis, à partir de 1981, ce fut Claude Manceron qui était chargé de mission auprès de François Mitterrand au palais de l'Élysée. Presque toujours, il s'agissait de dossiers de mise en application de nouveaux règlements généraux conçus sans prévoir les difficultés logistiques et l'isolement spécifiques à Sainte-Hélène, poste administrativement bien trop insignifiant pour qu'il en fût autrement.

La seconde semaine d'octobre 1998, je m'en retournai à Paris pour régler les détails de cet accord. N'ayant plus de domicile en France, Bernard accepta de m'héberger une fois de plus aux « Œillets ». J'annonçai la nouvelle de mon maintien à Sainte-Hélène à Lillan Ahlefeldt-Laurvig lorsque je la revis le 13 octobre 1998. Une fois de plus, je fus ravi d'entrer dans la peau d'un *escort boy* pour faire avec elle la tournée de ses magasins favoris avenue Montaigne. Elle avait, depuis, épousé celui qu'elle nommait son « superbe taureau slave », mots qu'elle ne prononçait qu'avec une gourmandise sexuelle rayonnante. J'appris la nouvelle de sa mort survenue le 27 août 2008 à Lausanne avec deux ans de retard, à l'occasion des quelques ventes aux enchères organisées par ses successeurs. Les souvenirs de Serge Lifar et de la belle comtesse furent dispersés. J'ai emporté et garde avec moi à Sainte-Hélène les costumes du *Spectre de la rose* et d'*Hamlet*.

Le 19 octobre 1998, je revis Dorothée chez Petra et Patrick, qui nous avaient invités en leur hôtel particulier. Patrick était alors le personnage central d'un livre politico-financier dénonciateur, marque de fabrique de son auteur à succès, Jean Montaldo. Dans *Main basse sur l'or de la France*, le journaliste racontait une histoire qui se passait au Pérou, à la mine d'or de Yanacocha. Lue à Sainte-Hélène, je ne pus m'empêcher d'associer cette histoire totalement déconnectée de ma réalité à l'opéra-bouffe de Jacques Offenbach, *La Périchole*. Qu'il fût un « homme d'affaires en or dans l'ombre de Chirac » selon *Le Canard enchaîné* ou le personnage aussi « fortuné que mystérieux, extravagant, fascinant, insaisissable, aventurier, richissime, complexe, hyperactif, intelligent, secret » décrit par *Libération*, *L'Express* et autres journaux nationaux, Patrick Maugein s'imposa à moi surtout comme un soutien fidèle et solide ; et ceci, même dans la tourmente qui l'affectait. Pour reprendre une image qu'il affectionnait « dans l'arène, c'est le torero qui porte l'habit de lumières ». Ce mercenaire semblait avoir fait sienne la formule « Sois tout au plaisir d'agir, et laisse les dire », de Baltasar Gracián.

Seul et éloigné, j'étais dans l'impossibilité de mener à bien ma mission. Il me fallait trouver un moyen de ne plus dépendre de mon propre réseau relationnel, attacher les domaines nationaux non plus à une personne mais à une institution française, à une structure solide qui disposerait de son propre réseau relationnel. Il me fallait redessiner Sainte-Hélène.

Pour cela, il importait de tout remettre à plat et d'en redéfinir les contours, d'en atténuer l'aspect mythique pour que les « lieux de mémoire » s'imposent comme je les envisageais depuis des années. Il ne me restait « plus qu'à » me remettre au travail. Sainte-Hélène étant devenue un point d'ancrage, je décidai d'y amarrer mon existence qui, vue de France et d'ailleurs, devait prendre les traits d'une épopée.

# CHAPITRE 5

## Une épopée aux marges du monde

*L'épopée disparaît avec l'âge de l'héroïsme individuel.*

Joseph Ernest Renan, *Dialogues et fragments philosophiques : Probabilités*

### Mondes impossibles

Le 20 avril 2016, Jean-Michel Demetz écrivit dans *L'Express* à mon sujet qu'« à l'ombre des volcans éteints, son royaume est peuplé de rêves et habité d'une solitude qu'il ne délaisserait pas – même pour un empire ».

Tout commença vraiment début août 1997, lorsque j'avais retrouvé Sainte-Hélène pour préparer la visite de Patrick Maugein, de sa femme et de leurs amis. Ma petite amie de l'époque, Delicia, et mes amis m'attendaient sur les quais. J'en oubliai presque qu'en vendant la maison de Villedoux j'avais coupé ma dernière attache matérielle avec la France. La vie reprit d'emblée comme si je ne m'étais jamais absenté. Je réaménageai Longwood House dont j'avais profondément réorganisé le fonctionnement en supprimant trois des quatre emplois domestiques afin de pouvoir disposer de plus d'employés sur le terrain et obéir aux demandes de Paris qui, pour cause de restrictions budgétaires, m'avait ordonné de supprimer deux des neuf postes. Cette restructuration devait se faire sans remettre en cause les projets en cours. Les travaux de réaménagement des jardins et des bâtiments ne furent pas interrompus. De plus, la fidélisation des employés me permit d'envisager sereinement d'entreprendre avec leur aide les réparations immobilières autrefois systématiquement confiées à la Compagnie Solomon.

La petite clochette en cuivre destinée à appeler le personnel fut rangée dans un tiroir pour ne plus jamais en ressortir. Sylvia Stevens fut la seule personne qui conserva un emploi domestique mais avec les mêmes horaires que les autres employés. Elle n'était plus tributaire des horaires de nos repas, que je préparais désormais moi-même, mais chargée du seul nettoyage des pièces des musées. Pour mon logement personnel et les réceptions – un repas officiel par semaine et un buffet dînatoire tous les mois –, j'employais à titre privé une personne à temps plein et une autre à temps partiel.

Au fur et à mesure que la situation s'obscurcissait pour les Héléniens partis aux Malouines et à Ascension, où les conditions de travail perdaient leurs attraits, celle de Longwood s'améliorait. Le retour des Héléniens chez eux me permettait d'envisager de former quelques personnes à des tâches spécifiques comme les traitements anti-termites qu'il fallait faire chaque semestre dans toutes les pièces. En parlant des travaux d'entretien aux domaines, le « je » devenait un « nous ». *Nous* devenions une équipe.

L'hiver, les températures en mer ne baissaient pas suffisamment pour compromettre les entraînements et les plongées. Au pire, l'eau descendait de 25 à 22 °C. Côté jardins, je profitais des pluies pour procéder à des plantations à Longwood. J'étais ravi des effets de la coupe des derniers pins de Norfolk à la Tombe, où la lumière rendait enfin la vie à une multitude de plantes insoupçonnées auparavant. Les fuchsias et des bégonias sauvages firent spontanément irruption. Au musée de Longwood, je commençais à entreprendre les travaux que m'avait recommandés Bernard. Je commençai par le plus chronophage : retirer au scalpel toutes les couches de peintures brillantes qui recouvraient les boiseries, y compris portes et fenêtres. Aux Briars, les travaux que j'avais organisés trois ans plus tôt se révélèrent être un succès, car non seulement nous avions reconstruit les bâtiments des amiraux mais tout l'ensemble semblait avoir repris vie. Alors que je n'y avais jamais habité, cette maison paraissait être devenue mon nouveau chez-moi.

Comme chaque année, j'avais programmé pour la mi-novembre un rapide voyage au Cap destiné à approvisionner les réserves en outils, pièces détachées, peintures… dont les domaines auraient besoin l'année suivante. En une dizaine d'années, j'étais devenu expert en prévision de quincailleries et autres articles de jardinage, travaux forestiers et immobiliers. J'allais, pendant trois semaines, faire mon marché en Afrique du Sud. En plus des importantes économies, ce système d'avitaillement permettait de travailler avec des matériaux de qualité appropriée. Sur l'île, les commerçants, sans exception, avaient pris l'habitude d'importer les produits les meilleur marché pour les revendre au prix multiplié par deux. Le fait de constituer moi-même des réserves rendit possible bien des projets dont j'étais à la fois maître d'ouvrage et maître d'œuvre. Ces séjours duraient le temps d'une navette que le RMS *St. Helena* faisait entre Sainte-Hélène et Le Cap, soit trois semaines suffisantes pour localiser tout ce dont j'aurais besoin les douze mois suivants. Delicia, qui travaillait pour le gouvernement de Sainte-Hélène, était restée sur l'île et veillait sur ma chienne Diane.

Après la fin du régime d'apartheid, l'Afrique du Sud vivait ses premières années de démocratie avec Nelson Mandela élu président de la République fin avril 1994. S'ensuivit une période d'inquiétude. Beaucoup pensaient que la paix du pays, ne reposant que sur les épaules de Madiba, pouvait facilement être compromise par la moindre étincelle. Le mouvement d'extrême droite (Afrikaner Weerstandsbeweging), au drapeau inspiré par celui du parti nazi allemand, ne baissait pas les bras et jouait la carte de la menace. L'ambiance générale était résumée en un mot : inquiétude. Ce qui aurait pu facilement devenir une révolution sanglante, mais qui ne le fut pas grâce à Madiba, affolait plus que de raison ceux qui s'étaient accommodés du régime fondé sur la ségrégation raciale.

Parmi ces derniers se trouvaient de nombreux Israéliens qui avaient fait du Cap leur ville de villégiature et d'affaires. Inquiets pour leurs investissements, ils quittèrent en masse le pays, mettant en vente leurs propriétés. N'ayant plus de domicile en France et ayant planifié ma reconversion là-bas, je décidai d'acheter un de ces biens immobiliers dont les offres étaient immensément supérieures aux demandes. Avec seulement l'équivalent de neuf mois de Smic de l'époque en France, en moins de dix jours je me retrouvais propriétaire d'un appartement de 137 mètres carrés sur le bord de mer à Sea Point. À part le solide bâtiment et la vue sur l'océan, l'endroit n'était pas un lieu de rêve. Toutes sortes de drogues se vendaient en plein jour sur Main Road, artère où les prostituées faisaient aussi les cent pas. La rue parallèle, Beach Road, et l'esplanade du bord de mer ne valaient guère mieux : si les drogues qui y circulaient étaient les mêmes, la prostitution était en revanche strictement masculine.

Je m'inscrivis au consulat au registre des Français de l'étranger. Tout se mettait doucement en place pour ma réorientation. Je découvrais alors que les sports nautiques étaient en pleine expansion en Afrique du Sud et que, deux ans plus tard, je n'aurais aucune difficulté, le moment venu, à me reconvertir dans ce domaine. J'étais donc serein. Le 21 novembre 1997, je rencontrai un Sud-Africain qui travaillait dans l'industrie du cinéma et de la couture. Il se prénommait Josias Jacobus, mais ne se présentait que par ses initiales JJ plus simples à prononcer. Le 5 décembre, pour mes trente-deux ans, il me piégea en organisant en mon honneur une soirée chez François Ferreira, l'ancien majordome du président Frederik De Klerk. Depuis le départ du dernier chef d'État du régime d'apartheid, ce dernier travaillait en qualité de gérant d'une maison d'hôtes. Cette veille de mon départ programmé à Sainte-Hélène se transforma en un véritable déchirement pour les amants que nous étions devenus, JJ et moi.

De retour à Sainte-Hélène en décembre, Delicia m'attendait. Dans les télécopies que je lui avais adressées, je ne lui avais pas mentionné ma rencontre avec JJ, préférant la lui révéler moi-même. Elle ne s'en offusqua pas et, même, ajouta qu'elle comprenait. Elle me proposa de rester avec moi le temps de mon barguignage ; hétéro à Sainte-Hélène et homo au Cap.

Je retrouvai mon « île du début du monde » avec toujours le même éréthisme exacerbé par l'imminence du départ. Je poursuivis les « rangements » que j'avais entamés quelques mois plus tôt, tentant d'en limiter les effets sur ma vie et mon travail. Je repris même la peinture car, avec Angela Price qui faisait des mathématiques un loisir, je découvris les « mondes impossibles » des images déformées se reconstituant comme par magie sur un miroir cylindrique. Elle peignait à l'aquarelle des images qui me semblaient abstraites mais qui, au contraire, étaient, si on prenait la peine d'en regarder la réflexion dans un cylindre, des sujets bien réels peints avec une minutie et un souci du détail inouïs. Pour lui tenir compagnie et faire plaisir à son mari passionné de botanique, je réalisai à l'aquarelle une série de vingt-quatre planches des plantes endémiques de l'île, qui servirent par la suite de support à l'édition de deux séries de lithographies.

Sainte-Hélène qui, lorsque je me trouvais avec mes amis plongeurs, était la « perle de la mer », se transforma en « émeraude des entrailles de la terre » lorsque je peignais avec les Price. Entre Delicia et JJ, entre mer et terre, entre mes fonctions de conservateur atypique et la banalité de l'emploi d'instructeur de sports nautiques, tous les aspects de ma vie semblaient flotter dans des « mondes impossibles ».

Comme une anamorphose, il allait me falloir trouver le miroir circulaire qui permettrait de redéfinir les contours de mon existence.

Pour me rendre à Sainte-Hélène, j'avais abandonné la route maritime et aérienne militaire via l'Angleterre et Ascension. Je n'empruntais plus que la voie qui transitait par Le Cap, où je retrouvais avec beaucoup de volupté JJ à Sea Point. Qui s'était occupé d'aménager et décorer ce qui devint notre appartement.

Fin novembre 1998, de retour à Sainte-Hélène, Delicia m'annonça que, durant mon absence, elle avait rencontré un garçon avec lequel elle s'était liée.

Mes amours se singularisèrent. JJ et moi comprîmes très vite que si nous tenions à protéger et construire une relation à long terme, il fallait que l'un de nous renonçât à sa vie professionnelle pour suivre l'autre. J'avais tout préparé pour qu'à la fin 1999 je fusse en mesure de m'installer et travailler au Cap. Je lui proposai donc que ce fût moi car, à Sainte-Hélène, il lui serait impossible de trouver un emploi. Il en décida autrement et, le 5 février 1999, débarqua du RMS pour venir vivre à Longwood. Le « je » devint un « nous » que nous officialisâmes l'année suivante en signant un Pacs.

À cette occasion, nous prîmes nos premières vacances ensemble et visitâmes la région du mont Kenya, la réserve nationale de Samburu, Venise et Paris. Lorsque je vivais à Sainte-Hélène avec Gilbert, qui tenait à donner l'impression d'un niveau de vie supérieur, il nous fallait attendre trois années d'économies communes pour envisager un voyage touristique. Ensemble, nous n'eûmes que le temps d'en faire deux : un à Venise en 1990 et un à Florence en 1993. JJ était bien moins prodigue et le rythme des réceptions se ralentit. Nous pûmes désormais envisager de prendre des vacances une fois tous les deux ans.

### Un rayon de soleil nommé Susan

À la mi-février 1999, JJ et moi étions invités à un dîner chez le directeur de la compagnie de télécommunication John Cavanna avec lequel j'étais en pourparlers pour acheter un vaste terrain aux Briars. Un quiz fut improvisé en fin de soirée. Je me retrouvai à une table où je découvris Susan O'Bey, que je ne connaissais à vrai dire que socialement depuis dix années, elle était professeure d'histoire et directrice du lycée de l'île. Ce soir-là, nous pûmes échanger bien plus que les habituelles banalités des réceptions officielles puisqu'elle sut me convaincre d'enseigner le français à ses élèves et à des adultes en cours du soir.

Ce fut le début d'une amitié sans faille qui nous entraîna dans d'innombrables activités locales. Avant de la connaître, mes engagements publics sur l'île avaient été d'être patron de la Société écossaise de Saint-André, l'un des fondateurs de l'association Arts et Artisanats de Sainte-Hélène et, enfin et surtout, d'avoir créé la SPA de Sainte-Hélène dont, comme la RSPCA avant elle, je fus le président. Avec Susan, que je surnommai très vite Sunshine tant elle dégageait de chaleur et d'énergie, j'entrai au cœur intellectuel et culturel de l'île : le monde de l'éducation et de son histoire. En retour, je l'invitai à entrer dans celui de l'histoire napoléonienne et de la représentation française sise au bout du monde.

Je découvris vraiment Susan en 2001. Nous avions pour amie commune Lyn Thomas, qui dirigeait l'agence de développement de Sainte-Hélène. Tous les trois avions pris l'habitude de nous retrouver régulièrement autour d'une fondue savoyarde bien arrosée au pavillon des Briars. L'une de ces fondues eut lieu durant les vacances de Pâques 2001. Entre autres élucubrations, nous nous offusquâmes de ce que le gouverneur David Hollamby ne prévoyait quasiment rien pour 2002, date anniversaire du cinquième centenaire de la découverte de Sainte-Hélène par les Portugais. Nous nous mîmes à extravaguer sur tout ce que nous pourrions faire : organiser un feu d'artifice dans la baie de Jamestown, avec visite royale et marines issues de toutes les nations liées à l'histoire de Sainte-Hélène (Portugal, Hollande, Royaume-Uni, France et Afrique du Sud), vraie croisière maritime. Il n'en fallut pas plus pour que Lyn, dont le mari Larry (Nails) était un vieil ami – nous nous étions rencontrés dès 1985 –, mît sur pied un groupe d'une dizaine de locaux aux compétences aussi variées qu'établies pour créer et coordonner les activités de ce que nous ne nommions plus que « Q5 », abréviation du mot « quincentenaire ».

En tant que consul honoraire de France, je fus chargé d'organiser une journée portes et réception « table » ouvertes à Longwood House pour toute la population et d'inviter un bâtiment de la Marine nationale à venir accoster. La Marine nationale française fut représentée par le patrouilleur *Albatros.* En qualité de directeur des domaines, je dus en outre mettre sur pied une croisière impériale à bord du *Queen Elizabeth 2.* Et, en tant qu'artiste, de réaliser les posters, cartons d'invitation, annonces, etc. et de faire les portraits photographiques des cinq cents plus jeunes enfants de l'île. Enfin – ouf ! – en qualité de passionné d'histoire, de concevoir un programme visuel interactif à partir des documents anciens empruntés dans le monde entier pour retracer l'histoire des cinq cents ans de l'île.

Durant cette année, j'eus l'honneur de faire visiter les trois sites napoléoniens à la princesse Anne, suivie par un gouverneur si stressé qu'il ne put se calmer qu'à l'aide d'un alcool qui le rendit guilleret. Tout fut ce pour quoi je me plaisais tant à Sainte-Hélène : bon enfant, simple et joyeux.

Lors des travaux de construction d'une base de données visuelles, il nous apparut aussi, à Susan et moi, qu'il n'existait pas d'ouvrage fiable sur l'histoire de l'île. Trois livres seulement traitaient le sujet et tous répétaient les mêmes erreurs de recopiage ou d'interprétation. Nous entreprîmes alors le projet d'en établir un et de le publier dans *Sainte-Hélène, île de mémoire*, somme que le directeur de la Fondation Napoléon, Thierry Lentz, et Bernard appelaient de leurs vœux.

L'année du Q5 fut aussi celle où les Héléniens recouvrèrent leur nationalité britannique – que Margaret Thatcher leur avait retirée vingt ans plus tôt – et celle de la création du National Trust de Sainte-Hélène dont je devins, dès sa formation, administrateur puis vice-président. En l'absence de toute structure administrative pour la protection de l'environnement, la culture et les monuments historiques, j'avais choisi de me dévouer à cette cause en remplacement des sports nautiques que j'avais peu à peu abandonnés.

## Rhapsodie napoléonienne

Une des activités programmées pour le Q5 fut donc l'organisation d'une croisière impériale à bord du *Queen Elizabeth 2* ou *QE2*. Lorsque ce superbe paquebot arriva au large de Sainte-Hélène, le capitaine, apeuré par les vaguelettes présentes au débarcadère de Jamestown, n'autorisa pas le débarquement des mille et plus passagers. La compagnie organisatrice ne renonça cependant pas à l'idée et, en 2005, une nouvelle « croisière impériale » fut programmée, mais cette fois-ci à bord du MSC *Rhapsody* avec escale garantie de deux jours sur l'île. Elle se fit sous le haut patronage du prince Murat et me permit de retrouver Bernard, du voyage en qualité de conférencier.

Pour promouvoir la croisière, on avait souhaité que je fusse aussi du périple malgré mon appréhension d'avoir à me retrouver en compagnie de célébrités et d'historiens – que je connaissais déjà pour certains comme David Chanteranne et Jacques Garnier – dont les professeurs Jean Tulard et Jacques-Olivier Boudon m'impressionnaient pour n'avoir lu que certains de leurs livres. Je redoutais particulièrement la rencontre avec ces deux derniers, tant mes connaissances napoléoniennes, même si elles avaient été mises à jour par la lecture récente des deux premiers tomes de la *Nouvelle Histoire du premier Empire* par Thierry Lentz, n'avaient rien d'universitaires. Je ne voulais pas me retrouver dans une situation humiliante comme celle où m'avait placée Bernard à l'occasion du vernissage d'une exposition à Montréal lorsqu'il me présenta à la foule par ces mots : « Nous avons aussi ce soir avec nous Michel Dancoisne-Martineau, conservateur des domaines français à Sainte-Hélène »… et après une pause « … mais je dois préciser ici qu'il n'est pas un vrai conservateur… » Durant ce soir canadien, par maladresse, il avait fait de moi, comme avant lui les Anglais pour Napoléon, un usurpateur. Je ne sus pas où me mettre durant toute la soirée tant j'étais embarrassé. Confus. Et perplexe. Je ne comprenais pas la raison l'ayant conduit à une telle humiliation en public alors que c'était lui qui, depuis son premier voyage à Sainte-Hélène en 1997, souhaitait que je dirigeasse les domaines non comme le ferait un paysan fier de son exploitation agricole, mais aussi comme un érudit sur le sujet très ciblé de « Sainte-Hélène durant les années d'exil de Napoléon ». En ne me contentant plus du maniement des formulaires comptables, des outils de maçon et de jardinier, mais en créant un fonds de documentation exhaustif dont j'aurais les codes d'accès. Afin qu'une telle situation ne se reproduisît plus, je décidai de changer l'intitulé même de mon emploi. Ce soir-là, je cessai d'être « conservateur des domaines français » et devins « directeur des domaines nationaux ».

Jacques-Olivier Boudon sut immédiatement me mettre à l'aise et balaya d'un pas de danse, avec une immense simplicité et gentillesse, toutes mes réticences. Quant au professeur Tulard, il m'intimidait tant qu'en sa présence je retrouvais instinctivement le mutisme de mes premières semaines dans la société rhétaise avec Gilbert. Avant cette croisière en mer, je ne le connaissais qu'à travers les descriptions louangeuses faites par des amis. Eh bien, je découvris que ces dithyrambes étaient en deçà de la vérité. Le professeur était flamboyant. Il enflammait son auditoire. Je me mis à regretter de ne pas avoir, durant les « années Gilbert », eu la possibilité de le rencontrer. Dad ne supportait pas de savoir que son maître à penser, le professeur Marcel Dunan, pût être dépossédé de sa chaire universitaire par qui que ce fût. Il se trouva que ce fut Jean Tulard. Gilbert resta fidèle à son dieu, admiration absolue qui ne pouvait souffrir la moindre succession. Que de temps de perdu car, pour moi, Jean Tulard restera celui qui, le premier, indiqua que les années de la Passion de Napoléon ne pouvaient qu'être lues par l'entremise des évangélistes. Ce que, bien entendu, Gilbert, l'auteur de la catéchèse *Napoléon à Sainte-Hélène*, n'aurait pu ou voulu admettre.

Ces dix jours en mer eurent aussi le mérite d'approfondir une amitié avec l'éditeur et historien spécialiste de l'Empire, David Chanteranne que

Bernard m'avait présenté lors d'un séjour parisien. Pour ce qui était du plus grand spécialiste militaire du premier Empire, Jacques Garnier, mon admiration pour lui et sa femme n'en sortit que renforcée.

## Silence, on tourne…

Un premier tournage de téléfilm sur l'île coïncida avec le Q5. En 2001, lors d'une visite au château de Malmaison, tout à fait par hasard je rencontrai Yves Simoneau, qui tournait une série télévisée tirée de la biographie de *Napoléon* par Max Gallo. Le réalisateur se trouvait avec son responsable de production lorsque je lui demandai, sous forme de boutade, quand ils viendraient faire leurs prises de vues à Sainte-Hélène. Ils prirent ma provocation au premier degré et relevèrent le défi.

De retour à Sainte-Hélène, je n'y croyais pas trop. Ce ne fut que lorsque je reçus des télécopies confirmant le projet et les réservations pour le bateau que je compris qu'Yves Simoneau était sérieux. Avant que l'équipe de tournage n'arrivât sur place, je devais procéder au recrutement des figurants. Évidemment, je demandai à Susan son aide. JJ, dont c'était le métier, prit toutes les mensurations pour que les costumes puissent être réalisés avant leurs départs. Susan fut suffisamment éloquente pour motiver les vocations de figuration. De mon côté, j'étais monopolisé par la réfection des murs de Longwood House que la production du film avait accepté de prendre en charge en guise de paiement pour l'occupation des lieux. Avec Bernard, l'« exorciste », nous souhaitions remettre les murs dans leurs couleurs d'origine et nous débarrasser du rouge sang que Gilbert avait appliqué afin de créer un effet dramatique. Comme je ne disposais d'aucune structure administrative autorisée à percevoir le moindre centime, il me fallut improviser le recours à des moyens détournés : ce fut la compagnie de cinéma qui accepta le devis et régla directement la facture au prestataire.

La semaine de tournage avec l'équipe d'Yves Simoneau et de son équipe fut merveilleusement chaleureuse et permit à Longwood House, pour la première fois de son histoire, de figurer dans un téléfilm.

Ce principe ne se renouvela pas et j'en fus marri. Pire, nous dûmes endurer en 2003 quelques insultes à la suite du film *Monsieur N* dans les milieux napoléoniens qui fut, pour Susan et moi, un embarras et une énigme. Mélange hétéroclite d'alourdissement pseudo-intellectuel des légendes héléniennes, de stéréotypes – tous négatifs – sur l'île, *Monsieur N* fut ressenti localement comme une humiliation.

Si, de par son scénario, l'uchronie fut admise comme une évidence, l'équipe de réalisation mit en exergue le fait que sa restitution de Sainte-Hélène et de Longwood en Afrique du Sud et en studio était plus authentique que l'île et la maison elle-même, « qui ne valaient pas le déplacement ». Si l'histoire relevait de la pure fiction, il fallait aller voir le film pour l'ambiance recréée. Elle était, toujours selon eux, plus proche de la vérité historique – à supposer qu'il en existât une – que de ce que le visiteur pourrait découvrir en se rendant sur les vrais lieux.

Les promoteurs du film eurent été mieux inspirés de lire *La Chambre noire de Longwood* pour comprendre que Sainte-Hélène tout entière était, après Napoléon, l'élément clé de l'exil. En réduisant Longwood House à une vague ambiance abstraite, à un éclairage totalement inepte, à une reconstitution intellectualisée à l'extrême, ils passèrent à côté de « la maison du silence » si bien décrite par Jean-Paul Kauffmann cinq ans avant le tournage. L'échec commercial du film fut perçu, sur l'île, comme une excellente et rassurante nouvelle.

## La paresse confortable

Professionnellement, auprès de mes collègues du ministère des Affaires étrangères, l'officialisation de ma relation avec JJ ne fit jamais l'objet de la moindre remarque. Elle m'obligea cependant à mettre entre parenthèses la formation continue informelle dispensée par Bernard qui, durant les deux premières années de ma relation avec JJ, ne cacha jamais sa réticence à mon engagement avec lui. Fut-il inquiet des complications que mon Pacs pouvait générer ? Craignait-il que JJ fût un malfrat ? Je n'obtins jamais de réponses à ces questions et ne pus que constater que son soutien professionnel se distendait. Il fallut attendre son retour à Sainte-Hélène avec l'association des « Amis de Malmaison » en 2003 pour que son aversion puisse se dissiper et que nous reprenions notre collaboration et amitié là où il les avait laissées.

JJ s'imposa très vite comme l'élément stabilisateur de ma vie. Il se plut à Longwood House dont il réaménagea de fond en comble les intérieurs des appartements qui servaient de logement de fonction. Tout y passa, même la cuisinière dont il ne supportait pas l'odeur d'anthracite qu'elle dégageait. Disparut alors le dernier élément constitutif des effluves qui m'avaient saisi lors de ma première visite. Le charbon avait toujours, même au temps de Napoléon, brûlé à Longwood.

Il fit de nos appartements une maison à la fois accueillante et officielle, en changea les tentures, repensa les décorations à son rythme, sans précipitation. Il fut la seule personne qui ait osé dire : « J'aime beaucoup Longwood House. » Personne n'avait jamais émis une telle assertion à propos de cette maison habitée soit par obligation professionnelle soit parce qu'elle avait été improvisée en prison. Il entendit si bien la mélopée de Longwood qu'il fut celui qui me fit comprendre la définition d'Olivier de Kersauson – un autre amoureux des îles – expliquant que le plus bel endroit du monde était celui où on pouvait « rendre la paresse confortable ». Regarder JJ vivre à la lenteur de l'« île du début du monde » et se complaire dans cet état de « paresse confortable » suffirent bientôt à illuminer mon quotidien. Il était l'expression même du confort qui, comme par un jeu de miroirs, provoquait en moi le sentiment d'une immuable, d'une suprême félicité. Il était parvenu à obtenir ce que je n'ai que subodoré. Ma manie de virevolter d'un projet à l'autre et de toujours me remettre en question m'avait détourné de cet ultime état de paresse intelligente. Je l'enviais avec ravissement. Il lambinait son existence comme pour mieux s'adapter au train de sénateur des Héléniens, pour lesquels il organisa des défilés de mode, des sessions d'arrangements floraux et une multitude d'événements destinés à des œuvres caritatives.

Cette île, aussi incroyable que cela put être, fut bien plus son havre qu'elle ne le fut jamais pour moi, qui demeurais irréductiblement français.

L'avantage de vivre une relation monogamique homosexuelle au début de ce troisième millénaire fut que nous dûmes officialiser notre union trois fois. Après le Pacs, ce fut au tour de l'Afrique du Sud – qui alla plus loin que la législation française en reconnaissant le mariage entre deux personnes du même sexe. Nous nous mariâmes donc le 6 décembre 2008 au Cap. Enfin, nous eûmes la possibilité de faire valider rétroactivement cet acte d'état civil cinq ans plus tard, en France, cette fois le 24 décembre 2013.

Après cette validation, JJ décida de passer une année à Paris où il put apprendre les bases du français. Sa langue maternelle étant l'afrikaans, nous n'avions toujours utilisé que l'anglais pour communiquer entre nous. Le 12 février 2015, il obtint la nationalité française, qui lui permit alors de voyager sans visa.

Localement, notre union permit aussi de mieux apprécier la société locale. Lors de mon premier séjour en 1985, j'avais pu noter combien la bisexualité était ordinaire à Sainte-Hélène. Que ce fût le long du sentier qui, de Longwood, menait aux *Foxy's folies*, dans les champs de *flax*, à Longwood Hangings ou dans les jardins de l'église Saint-Marc, j'avais été séduit par l'amoralisme ambiant, l'indifférence bienveillante, le désir de tout essayer, la permissivité de la société coloniale, l'adaptabilité de tous ceux que je croisais.

Quinze années plus tard, la société avait drastiquement changé : l'époque coloniale était révolue. Il n'en restait plus qu'un néocolonianisme lui-même pourrissant. L'individualisme avait fait son apparition. Le confort moderne, la télévision, les voitures étaient devenus accessibles à tous. Seul l'Internet, par son prix extravagant, maintint une fracture sociale entre l'élite hélénienne et les plus défavorisés.

Lorsque je choisis de vivre avec JJ, je connaissais suffisamment la société hélénienne pour savoir que mon homosexualité ne ferait l'objet d'aucune hostilité. Les deux principales raisons à cela étaient que le fait de vivre ouvertement avec un homme rendait caduque et même ridicule tout commérage. Ensuite que, en quinze années de vie dans une communauté de cinq mille personnes, je n'étais pas, bien qu'étranger, un inconnu. Autre raison non négligeable : j'occupais une position officielle sur l'île où, à l'occasion des cérémonies, on me plaçait juste après le gouverneur avec l'évêque. Avant que JJ ne vînt sur place, j'avais demandé à mon ami Mike Clancy, le chef du gouvernement, ce qu'il en pensait. Il me confirma qu'il n'existait absolument aucune loi abordant le sujet sous quelque angle que ce fût. J'obtins la même réponse du gouverneur David Smallman qui, à l'issue de ses conseils exécutifs, venait régulièrement à Longwood House avec sa femme Sandie. Quand JJ s'installa à Longwood House, je le présentai à l'équipe des employés locaux aux domaines. Qui me confirmèrent ce que je savais déjà : les Héléniens ne jugeaient pas. Les siècles passés d'amoralisme rendirent même ma question inutile. C'était ma vie. C'était celle de JJ. Ils ne comprirent tout simplement pas le sens de mon interrogation tant avoir des scrupules était un sentiment dont ils ignoraient la signification. Ma vie commune avec JJ était, localement, un non-événement.

Bien entendu, nous nous trompions. Si les Héléniens ne jugeaient pas les étrangers, entre eux l'affaire était plus complexe. L'indifférence réelle de la société locale envers notre choix sexuel fut surtout le fait que ni JJ ni moi n'étions héléniens et que nos noms n'étaient pas liés à une famille locale. Jusqu'au moment où nous apparûmes à visage découvert, tous les gays de Sainte-Hélène qui voulaient vivre leur homosexualité se sentaient obligés de quitter l'île afin de ne pas imposer une pseudo-humiliation à leur famille. Une fois à Londres, à Vancouver ou ailleurs, ils arrivaient à s'assumer sans avoir à se sentir coupables de salir le nom des autres membres de leur clan.

JJ et moi eûmes un effet sur la communauté homosexuelle de Sainte-Hélène. Les mois qui suivirent le début de notre vie commune nous ébaubirent. Nous apprîmes avec beaucoup de satisfaction le coming out de quelques couples lesbiens. Les couples masculins apparurent vite après. Des lieux de drague et de rencontres gays apparurent à partir de 2002 ; le plus fréquenté étant celui de Hutt's Gate. Des adolescents et des hommes plus ou moins mûrs me téléphonèrent, m'interpellèrent dans la rue pour me demander des conseils sur leur sexualité et leur place dans la société îlienne. Ils n'importunèrent pas JJ car il était trop nouveau sur l'île alors que moi, après plus de quinze années, j'étais perçu comme faisant partie de leur communauté. Plus embarrassantes furent les offres discrètes que l'on me fit. À plusieurs reprises, j'ai trouvé des messages posés sur le siège de ma voiture, avec détails physiques et numéros de téléphone (à Sainte-Hélène, je ne fermais à clé ni ma maison ni mon véhicule qui avait toujours les vitres baissées). Durant les baignades à Rupert's ou Jamestown, les promenades sur les sentiers de l'île ou les sessions de travail aux domaines ou aux archives de Jamestown, des garçons se montrèrent entreprenants et m'offrirent ce qu'ils ne désignaient déjà plus que par la formule *man-sex* qui, dans l'argot hélénien, signifiait relation sexuelle entre hommes. Après quelques échecs vexatoires, je parvins à trouver les mots justes pour que mon refus ne fût pas interprété comme un rejet. Les hommes mariés depuis des années qui réprimaient leurs désirs furent les plus complexes à raisonner ; d'autant que, dans la plupart des cas, je connaissais leurs épouses et enfants.

**L'îlet des Briars**

En décembre 1999, mon contrat de travail de trois ans venait d'être renouvelé pour la quatrième fois. JJ et moi souhaitions construire une maison où nous pourrions chacun avoir nos propres espaces mais aussi un lieu intime proche d'un jardin secret. Je lui proposai de nous servir des plans de la maison préfabriquée que les Britanniques construisirent pour Napoléon dont l'assemblage ne fut achevé que quelques jours avant sa mort. Avec sa forme générale en carré, constitué par quatre bâtiments construits de plain-pied autour d'une cour conçue pour susciter des sensations auditives avec l'eau, visuelles avec la lumière, la matière et la couleur et olfactives avec les jardins, il y avait de quoi inventer un bel endroit. Les intérieurs ne seraient toutefois pas une multitude de pièces à l'image de celles qui avaient été pensées pour Napoléon et son entourage, mais de vastes espaces laissés ouverts et modulables. Restait à trouver le terrain à bâtir.

JJ savait combien je vénérais les Briars : son climat idéal et constant, sa proximité de Jamestown, sa flore, son Pavillon, ses sentiers pédestres et ses cascades. Coïncidence inouïe, la compagnie de télécommunication Cable & Wireless, dont la politique était alors de louer plutôt que de posséder des biens immobiliers, mit en vente la maison de son directeur et une cinquantaine d'hectares de terres situés précisément aux Briars, qui constituaient les deux vallées bordées par des cascades. Pour le conservateur que j'étais, cette décision pouvait être inquiétante car la propriété se trouvait à l'intersection des deux vallées, donc était littéralement enclavée. Même si les vallées vendues équivalaient au prix d'un vingt mètres carrés dans les quartiers les meilleur marché de Paris, il n'en fallait pas moins trouver le financement.

Pour les terrains, Sophie Cazade qui, en plus d'être une amie, était ma conseillère bancaire, m'incita à contracter un emprunt. Acheter deux vallées à Sainte-Hélène n'entrait pas vraiment dans les dossiers habituels de la banque française. Elle lut en deux jours *La Chambre noire de Longwood* de Jean-Paul Kauffmann et m'écrivit par télécopie : « Pour l'ambiance et le contexte de ton job, c'était plutôt pas mal ! » Lorsqu'elle présenta le dossier, une seule question lui fut posée : « Sainte Hélène, mais où est-ce ? » Elle répondit à la responsable du service engagements :

« Un petit coin de paradis, un secret caché. » Cela fut suffisamment persuasif car, le 25 février 1999, j'obtins par télécopie l'échéancier et le contrat à renvoyer signé. L'étape suivante fut d'obtenir, en qualité de non-résident et de surcroît Français, une autorisation d'achat que délivrait – ou pas – le parlement de l'île. Je mis en avant ma présence depuis douze années pour démontrer aux députés qu'ils pouvaient me faire confiance. La permission me fut accordée le 13 avril et, le 5 juillet 1999, nous devînmes propriétaires terriens à Sainte-Hélène.

La construction pouvait commencer. À l'aide d'un programme informatique, JJ et moi dessinâmes les plans de ce qui allait devenir la maison de notre vie. Durant les années précédentes au service des domaines, j'avais appris la maçonnerie, la menuiserie, la charpenterie, et tout ce qui comptait pour construire un bâtiment. Je mis sur pied une petite équipe de travailleurs de retour d'Ascension. Je convainquis Chris Williams, un chef d'équipe que je connaissais depuis les années du major Clément, de venir travailler avec nous. La construction débuta fin 2001 par l'aile qui devait abriter le bureau, la bibliothèque, les garages et un atelier de peinture. J'ambitionnais de terminer cet espace en priorité afin de pouvoir y aménager le plus tôt possible. Le reste attendrait.

Dès 2003, l'équipe de travailleurs fut dissoute. Tout le reste, je pourrais le faire moi-même durant mes heures de loisirs, ayant quasiment renoncé aux sports nautiques pour me concentrer sur ce projet. Fin 2002, nous quittâmes Longwood House. Les logements de fonction des conservateurs devinrent les « appartements des généraux » ouverts au public et à l'occasion de représentations consulaires ou autres. Je les avais nommés ainsi en mémoire des généraux de Montholon et Gourgaud qui y furent résidents. Cette appellation me permit de faire la distinction entre les bâtiments construits solidement occupés par Napoléon et ceux qu'on avait érigés à la va-vite pour son entourage avec des matériaux de fortune comme des planches de caisses d'emballage, feuilles de carton bitumé, etc.

À l'occasion du Q5, Susan et moi avions voulu rendre un hommage à l'Afrique de l'Ouest car de nombreux esclaves avaient été libérés par la Royal Navy à Sainte-Hélène durant le XIX^e^ siècle. Il se trouva que durant les quatre premières années post-apartheid, lorsqu'au Cap tout était bradé, j'avais constitué une collection de grandes statues en bronze fabriquées selon la technique de la cire perdue provenant de la cour royale Bamoum au Cameroun. Je travaillai avec mon ami mécanicien Foxy pour réaliser des piédestaux que je conçus à partir d'éléments en fonte récupérés dans les diverses décharges de l'île. Foxy, métallurgiste plein de ressources, sut trouver le moyen de souder ces éléments hétéroclites pour qu'ils devinssent ce que je briguais.

Nous fîmes une vingtaine de sculptures. Malheureusement, nous nous y étions pris trop tard et elles se retrouvèrent finalement placées un peu partout dans notre maison des Briars. Le 15 octobre 2004, je devais retrouver mes amis Michael (Mike) et Claire Clancy. Lui avait été nommé gouverneur alors que Claire avait un poste de haut fonctionnaire à l'Assemblée nationale du pays de Galles. Mike restant à Sainte-Hélène, la maison aux Briars devint un peu la sienne car il était bien seul à Plantation House. Susan, Mike et moi décidâmes d'utiliser ces statues pour les présenter au public afin de les sensibiliser à l'art, dont l'île était totalement dépourvue. Nous utilisâmes les dépôts des travaux publics de Jamestown tombés en déshérence : l'aspect rugueux des murs et des poutres convenait parfaitement aux travaux de métal de Foxy. Contre toute attente, l'exposition rencontra un grand succès puisque la moitié de la population s'y rendit. Foxy était si heureux de pouvoir montrer au public ce dont il était capable que je le persuadai de réaliser une réplique de la volière que des Chinois avaient offerte à Napoléon lorsqu'ils travaillaient pour lui. L'original se trouvant à Châteauroux, j'en fis les relevés et, une fois de plus, Foxy, son assistant Aaron et moi, nous amusâmes comme des fous à reconstruire une volière que Jean et Viviane Huet acceptèrent de financer. J'avais rencontré ce couple vendômois à bord du RMS *St. Helena*. Avant cela, ils avaient fait le voyage à bord du *QE2* mais le capitaine avait interdit aux passagers de descendre à cause de l'état de la mer. Nous devînmes immédiatement amis et ils furent, dans toutes mes péripéties, à mes côtés.

En 2007, soit huit ans après l'acquisition du domaine, l'emprunt était remboursé. La même année, je fis don au National Trust de Sainte-Hélène de la vallée qui descendait jusqu'à la cascade en forme de cœur pour qu'elle devînt un lieu de promenade ouvert à tous et, en 2008, à la France, de tous les terrains environnant le Pavillon afin que ces bâtiments ne puissent plus faire l'objet d'interminables disputes liées à des droits de passage et de servitude.

Notre maison des Briars, comme un îlet en équilibre au bord d'un volcan océanique éteint, inachevée comme un rêve qu'on ne souhaite pas interrompre, devint le temple de la « paresse confortable » dont JJ, après des années, était parvenu à me distiller le goût. JJ et moi avions établi notre vallée de la paix en perdant de vue tout ce qu'il pouvait y avoir d'insolite à l'idée de vivre au milieu de l'océan Atlantique Sud, à la marge du monde moderne. Il faut une grande arrogance pour se complaire dans la paresse. Mais, à Sainte-Hélène, ce sentiment n'a rien de honteux.

**Garance**

Ce ne fut que durant les vacances scolaires de l'été 2015, lorsque mon frère Pierre et son amie Christine nous confièrent leur fille de dix-sept ans, Garance, pour passer deux mois avec nous au Cap et à Sainte-Hélène, que nous prîmes la pleine mesure des difficultés pratiques qu'il y avait à vivre sur l'île. Si, de par son enfance passée dans un village isolé de Picardie, l'absence totale de loisirs ne lui fit pas trop défaut, l'Internet, en revanche, lui manqua terriblement. Bien qu'il fût disponible sur l'île, ses tarifs exorbitants, sa lenteur et sa mauvaise qualité générèrent chez Garance d'importantes frustrations. Si j'avais appris à vivre sans depuis toujours, j'avais oublié ce que les heures à attendre devant l'ordinateur que les e-mails et les documents soient téléchargés pouvait avoir d'énervant. Le manque de communication a toujours été mon mode vie. C'était mon quotidien, la normalité que j'atténuais en profitant de mes passages au Cap ou à Paris pour stocker tous les dossiers trop lourds. Aujourd'hui encore, l'Internet s'inscrit dans le paysage de Sainte-Hélène comme un trompe-l'œil.

Parce que nous nous organisions directement avec des agents commerciaux en Afrique du Sud et en Angleterre, Garance ne fut pas confrontée aux difficultés d'approvisionnement, aux pénuries chroniques et à la faiblesse des productions maraîchères et animales. Pour qu'elle profitât bien de son séjour, je m'appliquai néanmoins à lui cacher le coût exorbitant de la vie sur l'île où l'électricité était vendue six fois plus chère qu'en France et où tout le reste – des logements aux boîtes de conserve et autres articles de la supérette du coin – coûtait trois fois plus qu'en Picardie. Seule exception notable : le prix de l'excellent thon frais que l'on trouvait en abondance. Nous parvînmes parfaitement à notre but car elle retint de son séjour combien le climat et la vie sociale sur une île tropicale reliée au reste du monde par un seul bateau mensuel pouvaient rendre prodigieuse – voire même mystérieuse – l'existence.

L'arrivée de ma nièce fut un rappel de ce que Sainte-Hélène pouvait avoir d'étrange, d'insolite, de pittoresque ou d'anxiogène pour un étranger. Comme moi trente ans plus tôt, elle perçut que la communauté avait sa propre notion de la vitesse – ou devrais-je dire « lenteur » – héritée d'un mode de fonctionnement colonialiste qui s'était transformé sans transition en société semblable à celle d'un village de Picardie ou de l'Aunis. Seules variantes qui la condamnaient à rester marginale : son isolement géographique extrême et l'Internet lent et inabordable. Sans savoir si les lieux napoléoniens allaient l'intéresser, mon intention était de les lui faire découvrir.

Nous commençâmes dès le lendemain de son arrivée par le pavillon des Briars. Parce qu'il était construit sur un monticule à la croisée des vallées qui débouchent vers Jamestown, je lui fis remarquer qu'il semblait suspendu dans l'espace et qu'il disposait du meilleur de ce que l'île possédait. Je poursuivis en lui disant que vivre à Sainte-Hélène était un rare bien-être et habiter au pavillon des Briars un enivrement. Que j'avais vécu dans cette maison aérienne quelques mois avant de construire la nôtre en contrebas du Pavillon et que je devais évacuer Longwood House. Que même si la nouvelle maison était sise aux Briars, je n'avais pas su reproduire ce sentiment de légèreté, d'aérien que la résidence dégageait.

De tous les lieux napoléoniens de l'île, celui des Briars fut toujours celui qui eut ma préférence. Trop anecdotique pour les historiens, trop agréable pour les tenants de la légende noire de Napoléon à Sainte-Hélène, trop insignifiant pour devenir une attraction touristique, trop de lumière pour paraître lieu d'exposition, trop lié à la Marine britannique pour n'avoir qu'une vocation muséographique strictement napoléonienne, le Pavillon s'imposa comme le lieu de prédilection de tous les amoureux de l'île. Mon amour de cette maison est irrationnel ; je ne m'en suis jamais caché. J'ai souhaité qu'elle devienne la résidence du directeur des domaines afin de rendre le poids de la charge de Longwood House et de la Tombe plus léger. Toutefois, je savais aussi combien ce lieu pouvait être cataleptique pour moi. Si j'avais fait le choix de vivre au Pavillon, je n'étais pas certain de pouvoir me concentrer sur ce pour quoi les lieux de mémoire de la France à Sainte-Hélène sont surtout : la Tombe et Longwood House. Je savais que je ne serais capable de poursuivre ma mission qu'en séparant mon propre confort matériel de celui des domaines nationaux. Aujourd'hui, si l'appartement qu'occupa Napoléon est ouvert au public, ceux des amiraux anglais servent de résidence au député-gouverneur qui contribue ainsi financièrement au maintien de l'ensemble des propriétés françaises.

Je partageai avec Garance le message envoyé par le député-gouverneur, qui fut pour moi le plus beau compliment qu'un diplomate puisse recevoir : « Merci Michel pour nous avoir permis de loger dans cette maison. Le séjour que nous y fîmes restera celui d'un rêve éveillé. »

Tout était dit.

## Un bonheur égoïste

Le séjour de Garance me fit aussi prendre conscience de ce qu'il y avait d'égoïsme et de suffisance à vivre à Sainte-Hélène. Parce que ces sentiments étaient partagés avec toute la communauté îlienne, je n'en ressentais aucune culpabilité. Était-ce parce que nous n'en avions pas le choix ? Je me plaisais à le croire. Les informations internationales, même les plus tragiques, me parvenaient par RFI, la BBC ou France Info comme atténuées, dédramatisées. Elles nous concernaient mais ne nous affectaient pas. Les milliers de kilomètres d'océan qui nous entouraient semblaient avoir placé les habitants en position de spectateurs intouchables par les drames du monde. Tout nous paraissait incompréhensible.

Seuls les faits divers qui se produisaient comme dans n'importe quel petit village picard ou charentais arrivaient à nous sensibiliser. Sainte-Hélène n'était pas à l'abri des crimes odieux, comme celui commis par Gaston Froissart à Voyennes. Je garderai toujours le souvenir de cette mère effondrée assise sur un banc du jardin public après qu'elle eut pris connaissance de la sentence clémente envers les deux adolescents responsables de la mort de son fils, Ryan Thomas, torturé et tué dans les douves de la forteresse de Jamestown par Colin Phillips et Jermey Thomas. Leur acte fut interprété comme commis pour singer une série télévisuelle sous l'effet temporaire de l'alcool ou du cannabis. Ils n'avaient pas eu l'intention de donner la mort.

Presque tous les soirs, Garance se joignait à moi pour une promenade aux périphéries des Briars. Papillon était aussi de la partie, la dernière chienne que nous avions recueillie. Elle était une des résultantes de toutes les activités bénévoles auxquelles je prenais part sur l'île. La RSPCA puis la SPA, l'enseignement du français, le don de la vallée en forme de cœur aux Briars, etc. ne furent que des expressions de l'enchantement que j'avais à vivre et à m'illusionner avec une partie de la communauté îlienne qui, comme pour éviter de culpabiliser, fit l'apprentissage de la bonté et de l'altruisme par le biais d'une multitude d'œuvres caritatives locales.

Tout ne fut pourtant pas si facile. Hors de Sainte-Hélène, s'aveugler demeurait un luxe que les administrations ne supportaient pas. Auprès d'elles, je n'arrêtais pas de me justifier, de m'excuser d'exister sur l'« île du début du monde » et de ne pouvoir entrer dans leur manière de fonctionner.

Sainte-Hélène ne correspondait pas à leur logique. Elle était pour certains une aberration et pour d'autres une impossibilité. Sur ce point, qu'elles fussent gouvernementales ou privées, les bureaucraties s'équivalaient. Il m'apparut qu'il suffisait de soumettre le cas Sainte-Hélène pour qu'un service montrât immédiatement ses limites et ses faiblesses. Elle aurait même pu devenir un sujet test pour déceler les failles dans leur mode opératoire.

Les banques qui, pour toutes les transactions ou modifications, adoptèrent le système de vérification par l'envoi de SMS rendirent impossible l'utilisation de leurs comptes à tous les résidents de Sainte-Hélène pour la raison qu'il n'y avait pas de signaux de téléphonie mobile sur place. Même après l'introduction, en 2016, de celle-ci, on s'aperçut que seuls les SMS en provenance de Grande-Bretagne et d'Afrique du Sud pouvaient passer. Pour citer Sophie, Sainte-Hélène restait une « inextricable énigme ».

Toujours dans le domaine des communications, la poste ne valait guère mieux. S'il fut toujours fiable d'expédier depuis l'île un courrier avec une adresse postale complète, envoyer une lettre à Sainte-Hélène depuis la France ou de tout autre pays hors la Grande-Bretagne relevait de l'exploit et dépendait vraiment de l'efficacité de l'agent des postes à qui vous confiez votre missive. Dans la plupart des cas, elle l'obligeait à ouvrir des livres d'instructions, ce qui, faute de temps, faisait prendre à votre courrier le chemin le plus rapide : celui qui conduisait à la déchiqueteuse ou, pour les bureaux de poste moins modernes, la poubelle.

Pour les services des impôts, Sainte-Hélène fut une non-possibilité. Si, concernant mes déclarations de revenus, même avant Internet tout était facile car l'option des prélèvements automatiques atténuait les effets consécutifs aux délais de communication, il en fut tout autrement avec les contrôles fiscaux ponctuels. Vivre à l'étranger avec un statut de non-résident tout en payant ses impôts sur les revenus en France avait de quoi attirer tout contrôleur fiscal ; mais si, à cela, il fallait ajouter le fait que vous viviez dans un pays non listé (comme Sainte-Hélène), votre cas se transformait en énigme fiscale aggravant votre dossier en affaire kafkaïenne.

Le cas se présenta quatre ans après la mort de Gilbert de façon caricaturale. En qualité de personne tierce étrangère à la famille de l'adoptant, j'avais dû m'acquitter de droits de succession de soixante pour cent. Jusque-là tout était normal… Sauf que, vivant à Sainte-Hélène où il n'y avait pas de banque et où toutes les transactions se faisaient en liquide, je reçus une notification de redressement. Affublée d'un délai de réponse de trente jours… inférieur au temps qu'une lettre aurait pris pour parvenir à son destinataire. Je réglai donc les soixante pour cent des dernières dépenses de Gilbert en regrettant d'avoir accepté cette succession. Mais pouvais-je demander à un inspecteur des impôts de La Rochelle de résoudre l'énigme administrative de Sainte-Hélène ? Je dus donc me satisfaire de sa réponse lapidaire : « J'ai le regret de ne pas pouvoir tenir compte de vos arguments. »

Face à ce constat d'inadaptabilité administrative, certains organismes firent preuve d'une surprenante flexibilité. La Fondation Napoléon sut faire l'effort d'écouter, de comprendre et de proposer des solutions adaptées. Meilleure encore fut la Trésorerie générale pour l'étranger sise à Nantes en charge du contrôle de mes dépenses sur l'île. Depuis l'ère des télex de mes débuts à Sainte-Hélène à celles de la télécopie puis de l'Internet aujourd'hui, elle comprit que Sainte-Hélène ne saurait entrer dans les cases et que le seul moyen d'être efficace était de m'assigner des conseillers spécifiques. Les services devinrent des noms de contacts qui partagèrent mon quotidien. Mesdames Corbal et Dubois ou messieurs Botrel, Cathelot, Fraissenet et de Langenhagen furent les six personnes qui, en trente années de service, ont fait que ce service du ministère des Finances sut s'adapter et faire entrer Sainte-Hélène dans un système comptable pourtant perçu comme récalcitrant à toute exception.

Comme quoi les difficultés administratives n'étaient pas une fatalité : les règles générales de l'administration arrivaient à se résorber grâce aux volontés individuelles de fonctionnaires attentionnés.

## La tombe de Napoléon

Garance souhaita profiter de son séjour sur l'île pour perfectionner son anglais. Dans cette optique, elle accepta un stage à l'office de tourisme, qui lui confia la traduction de divers prospectus dont ceux qui décrivaient les excursions. Nous allâmes ensemble visiter le val Napoléon, où je lui expliquai le travail accompli durant les vingt-cinq années précédentes afin de rendre l'éclairage au site. Désormais, nous pouvions y organiser des cérémonies sans honte, le cosmos sans air découvert à mon arrivée étant devenu un puits de lumière mettant en valeur la toute-puissance de la nature. Les seuls bruits audibles étaient ceux des sternes qui virevoltaient et le coassement de centaines de grenouilles. Napoléon avait choisi cet endroit en homme de l'eau ; ce site lui ressemblait parce qu'une source le plaçait au centre de toute la vie du plateau. Hélas, les mois de pluie métamorphosaient le fond du val en marécage et il suffisait d'une dizaine de visiteurs pour réduire les lieux en terrain de rugby. J'avais bien essayé d'installer un système de caillebotis, mais cette solution cassait l'harmonie naturelle d'un espace où seule la nature devait être présente. Il y avait donc encore du travail à accomplir. Ce dont j'eus la preuve bientôt.

Durant une escale de la Marine nationale, le commandant avait décidé de remettre des décorations à huit membres de son équipage, et j'eus droit à un spectacle qui eût été comique s'il ne s'était agi d'honneurs militaires. Après que le capitaine eut agrafé le récipiendaire, il recula d'un pas assuré, mais sa chaussure resta embourbée. Personne ne s'en rendit compte car le commandant sut la remettre à son pied aussi assurément qu'il en fut déchaussé. La classe et l'assurance militaires. Mais, pour moi, ce fait divers ressembla à un rappel à l'ordre ; je décidai de faire au fond de la vallée ce que j'avais vu durant mon enfance aux hardines de Voyennes afin de créer un hortillon.

Pour assécher de manière permanente les alentours de la tombe, je creusai un réseau de fossés et de drains. Afin d'éviter le labourage du terrain par les piétinements des visiteurs, j'ouvris sur les hauteurs une plate-forme d'observation semi-circulaire qui permettait une vue plongeante sur le site dans son ensemble. Je ne pris vraiment la mesure de la réussite des aménagements et des travaux effectués à la vallée que durant la visite du groupe Jeanne d'Arc avec le « BPC *Mistral* et le FLF *La Fayette* ». Comme j'étais parvenu à métamorphoser l'individu endogé que j'étais devenu dans la cave de mon enfance en être épigé, mon ambition avait été de transfigurer ce val lugubre et de supplanter « le soleil noir » par l'« astre de la lumière ». Certes, au final, vingt-cinq années furent nécessaires ; la nature n'aimant pas être brusquée. Malgré cela, nous aboutissions. La preuve, pour cette cérémonie militaire, à l'aide d'un discret filin tendu entre deux versants de la vallée, j'avais suspendu au-dessus du caveau un immense drapeau français comme celui que l'on voyait flotter sous l'Arc de triomphe. Histoire de savourer le moment, je m'étais posté sur la plate-forme comme tous les autres spectateurs, heureux de savoir qu'il n'y avait plus de risque d'enlisement ou de branche susceptible de tomber sur une figure.

Lorsque les chœurs des deux bâtiments se mirent à chanter a cappella l'hymne national britannique suivi, dans un même souffle, par celui de la France, j'eus la chair de poule tant l'émotion fut puissante. Je découvris seulement ce jour-là que, en plus d'être devenu un puits de lumière, cet amphithéâtre en plein air bénéficiait d'une acoustique exceptionnelle. Même entourée par des centaines de soldats et marins en armes, la tombe vide de Napoléon faisait sienne le vers de Byron qui m'avait guidé durant toutes ces années de travaux : « Regarde ! Là où ses conquêtes ont cessé, il y a fait une solitude et il la nomme – paix ! »

Au moment de quitter Sainte-Hélène, le capitaine de vaisseau François-Xavier Polderman me dit que cette escale avait été pour eux tous, marins comme marsouins, légendaire. Pour moi, elle fut une fierté.

## Un Napoléon hélénien

L'office de tourisme où Garance effectuait son stage était géré par ESH, une agence semi-gouvernementale dont Susan était devenue la directrice adjointe. Grâce à l'organisation du bicentenaire de l'arrivée de l'Empereur sur place le 15 octobre 1815, une réplique exacte de l'uniforme de Napoléon à Sainte-Hélène fut confectionnée par un atelier français de Dinard, mais aux dimensions de Merrill Joshua, un Hélénien qui accepta de devenir l'icône des activités locales largement relayées sur les réseaux sociaux. Mais, immédiatement, des réactions vénéneuses se mirent à pleuvoir car des individus notèrent que Merrill avait la peau foncée.

Ces commentaires racistes nécessitèrent de ma part quelques explications mais pas de justification. J'expliquai que chacun avait son Napoléon. Que, qu'ils le voulussent ou pas, ce dernier n'appartenait plus aux seuls historiens de l'Empire et du Consulat, Napoléon étant désormais un personnage public sorti de son contexte historique pour devenir une idée, un mythe, une légende, une figure de proue. Que si l'étude scientifique de l'Empire était une chose, l'imagerie populaire ou l'interprétation en était une autre. Que l'une ne devait pas prétendre avoir le pas sur l'autre. Qu'elles étaient concomitantes, en rien concurrentes. Qu'elles étaient à envisager séparément, non à opposer.

Je poursuivis mes commentaires en leur disant que j'avais rencontré plusieurs Napoléon. Au Canada : celui du brillant stratège, à la figure drapée de gloire. En Afrique du Sud : celui qui, comme les Boers, fut exilé à Sainte-Hélène et martyrisé par la Grande-Bretagne colonialiste. En Corée : le meneur d'hommes inégalé. Au Japon : celui qui parraina le fastueux art de vivre style Empire. En Angleterre : l'usurpateur ou l'homme parti de rien qui devint empereur. Etc. Où que l'on allât, chaque pays semblait avoir adapté l'image de Napoléon à ses propres valeurs.

Qu'à Sainte-Hélène Napoléon fût respectueusement habillé et basané soulignait cette universalité de l'image populaire et internationale qui faisait fi de la vérité historique absolue mais réductrice. Nous étions dans le domaine de l'interprétation. Réduire Napoléon à l'humanité à peau blanche, c'était en rejeter l'universalité. Tout comme l'on trouvait dans les églises d'Afrique et d'ailleurs des christs sur la croix à peau noire, l'imagerie le concernant procédait de la même évolution de la mythologie qui s'adaptait à son époque. Nous ne pouvions que nous réjouir que le mythe napoléonien évoluât si bien. Et, de plus, je ne pouvais qu'être satisfait de constater que, après plus d'un siècle d'indifférence, des Héléniens prenaient conscience de l'importance des années d'exil et de la mort de Napoléon sur leur île.

Pour certains, rien n'y fit. Alors qu'ils acceptaient que l'image de Napoléon fût populaire et internationale et que lui-même fût un génie de la propagande et un habile communicant, ils ne pouvaient le concevoir que dans le contexte d'un personnage à peau blanche et parlant français. Ce comportement se marginalisa rapidement pour se réduire à quelques irréductibles obtus, évidemment tout aussi réticents et sévèrement critiques à l'égard de la réforme des domaines nationaux que j'entreprenais.

## Lieux de mémoire rétablie

Le soutien de Bernard Chevallier, directeur des musées nationaux des châteaux de Malmaison et de

Bois-Préau, du musée Napoléon à l'île d'Aix et de la Maison Bonaparte à Ajaccio, donna un souffle nouveau aux domaines français à Sainte-Hélène : celui de la conservation du patrimoine. Il accepta de me former non pas de manière académique avec des sujets éloignés des besoins réels du poste – comme l'étude des Assyriens proposée par son prédécesseur – mais, sur le terrain. À chacun de mes séjours en France, il m'invita à l'accompagner dans ses missions de conservation à la Maison Bonaparte et à l'île d'Aix. Il m'enseigna les approches et études scientifiques et culturelles d'un projet, la conservation préventive, la muséographie et l'improprement nommé « style Empire ». Mieux encore, il m'offrit d'être toujours à mes côtés pour me guider et me conseiller dans toutes les tâches futures à réaliser.

Notre objectif était de restaurer et réaménager Longwood House dans son état du 5 mai 1821, date de la mort de Napoléon pour laquelle la maison était célèbre. Il attacha donc Sainte-Hélène à la longue liste de ses champs d'activité. Cette formation taillée sur mesure, qui commença en 1998, ne devait cesser qu'à son départ à la retraite en 2008. Durant ces dix années, je fus certes impressionné et admiratif mais surtout intimidé par ce conservateur général du patrimoine hors du commun. Il m'introduisit dans son service de conservation où j'y appris la satisfaction qu'il y avait à travailler en équipe.

Bernard avait pu apprécier sur place que Gilbert avait façonné la maison de Longwood à son image :

sombre et mystérieuse en parvenant même à lui donner « l'illusion de l'avant » et d'un « lieu hanté » que ressentirent très fortement les visiteurs, et que décrivirent des écrivains comme Jean-Paul Kauffmann. Il me guida pour que je puisse poursuivre le travail mais d'une manière plus rationnelle, plus durable et me suggéra d'établir un projet et de m'y tenir. Non seulement il valida ma démarche de rétablir les espaces verts de Longwood comme ils l'étaient à la mort de Napoléon, mais nous nous assignâmes la mission d'y ajouter l'ensemble des bâtiments.

À ce programme ambitieux nous adjoignîmes les collections de gravures et de dessins mal encadrés et aucunement protégés. Sans tour de passe-passe, sans illusionner le public. Nous souhaitions que Longwood House fût moins sujette à interprétation, qu'elle devînt un « lieu de mémoire » digne, qu'elle sortît de son champ strictement national. Nous commençâmes donc ces travaux par une campagne d'encadrements.

JJ accepta de suivre au Cap une formation d'encadreur afin de, bénévolement, s'en charger. Une fois instruit, il revint sur l'île et fut capable non seulement de mener à bien le réencadrement de plus de trois cents articles mais aussi de former Anthony Henry, un employé des domaines, à ce travail spécifique.

Homme pressé et conscient qu'il nous fallait un soutien institutionnel, Bernard profita d'être administrateur de la Fondation Napoléon pour solliciter son aide et me présenter au vice-président, le comte Florian Colonna-Walewski, ainsi qu'au très charismatique Thierry Lentz qui venait d'en être nommé directeur. La Fondation Napoléon accepta non seulement de nous entendre mais aussi d'intervenir à Sainte-Hélène sous forme de mécénats ponctuels et de recruter une Hélénienne, Audrey Constantine, pour la représenter sur place.

Avec Bernard, nous soumîmes des projets variés comme les restaurations de la bibliothèque de Napoléon, d'un mur de jardin, de boiseries dans les appartements, des cuisines de l'Empereur. La Fondation accepta aussi de nous aider à redécorer les appartements Gourgaud, Montholon, Las Cases, O'Meara et celui de l'officier d'ordonnance que nous ne désignions plus que par le terme générique « appartements des généraux » rendus disponibles pour le public depuis que JJ et moi avions emménagé aux Briars. Cette dernière opération était une besogne de camouflage tant derrière les couches de peintures et les draperies se cachaient les fissures d'une maison qui n'attendait qu'à s'écrouler.

Lorsque Bernard revint à Sainte-Hélène en avril 2003, il était l'organisateur d'un voyage proposé aux seuls membres de l'association des « Amis de Malmaison ». Parmi les vingt-sept « Amis », j'eus la fortune de découvrir le comte Florian Colonna-Walewski et de revoir Thierry Lentz. Tous purent voir les gravures encadrées, la bibliothèque et les cuisines de l'Empereur restaurées et les salons décorés.

Bernard, que j'hébergeais à Longwood House avec Thierry Lentz, constata combien JJ avait pris à cœur son travail. Pour des raisons qui n'appartiennent qu'à lui, il mit de côté ses réticences et accepta qu'il fût mon partenaire. Il nous invita d'ailleurs tous deux à loger chez lui « aux Œillets » à l'occasion de notre prochain passage à Paris. Thierry Lentz effectuait, lui, son tout premier voyage à Sainte-Hélène. Comme il occupait les logements de fonction devenus « appartements des généraux », je gâchai sa découverte de la maison en la lui faisant visiter par la porte de service. Malgré cet impair qu'il ne me pardonna jamais, cet homme d'entreprise et d'action perspicace ne fut pas long à cerner l'extrême disparité qui existait entre les exigences de mon travail et les moyens à ma disposition, entre les attentes du public et la non-reconnaissance des espaces en tant que musée.

Durant ce séjour, Thierry, Bernard et moi commencions nos journées par un petit déjeuner à Longwood House, devenu leur « chez-eux ». Cette petite heure quotidienne nous permettait d'établir le programme des animations de la journée pour le reste du groupe, mais aussi et surtout de réfléchir à une nouvelle stratégie pour sortir la bâtisse de son isolement intrinsèque et lui rendre sa dignité autant auprès de l'administration française que du public en général. Une complicité entre nous trois s'imposa.

Le 15 avril 2003, je leur mentionnai un gros dossier que je ne savais pas résoudre : les corps de bâtiments des « appartements des généraux » qu'ils occupaient. Ces derniers avaient été reconstruits en 1933, sommairement inspirés de l'état historique des baraquements édifiés à l'origine en bois et démolis en 1859 par le capitaine du génie Masselin. Fâcheusement, cette reconstruction avait été faite avec une ossature de poteaux, poutres et fermes métalliques de faible section enrobés dans une maçonnerie de parpaing enduite. Le climat de Longwood aidant, le métal rouillait et m'obligeait à coffrer extérieurement les poteaux les plus altérés. Des sondages effectués sur les parties métalliques montraient un état de décomposition avancée. Au fur et à mesure que la structure pourrissait, l'ensemble des bâtiments, qui se soutenaient entre eux, bougeait, affectant les toitures qui se mettaient à fuir de partout. Les appartements des généraux étaient donc une construction comparable à celle d'un bâtiment provisoire qui n'aurait duré que grâce à l'épais maquillage que Gilbert avait su maintenir et que je poursuivais avec l'aide de JJ, dont les talents de décorateur faisaient des merveilles.

À peine avais-je partagé mes inquiétudes et dévoilé ce secret que Thierry s'emballa et exprima séance tenante que la Fondation Napoléon pourrait peut-être envisager de lancer une souscription internationale permettant la sauvegarde et la pérennisation des domaines français de Sainte-Hélène. Thierry, dès son retour à Paris, commença sa campagne pour sauver Longwood House, mission qui devint sa croisade et, avec lui, celle de toute la Fondation Napoléon.

Un autre projet émergea de ces petits déjeuners à Longwood House de 2003 : il nous apparut nécessaire de commencer par cerner les contours historiques de Sainte-Hélène dans sa globalité. En 2004, Thierry, Bernard et moi nous attelâmes à la conception de l'ouvrage *Sainte-Hélène, île de mémoire,* qui nous permettrait de dresser un bilan général de nos connaissances sur le sujet. Ce projet monopolisa mes efforts jusqu'à la fin de 2005 car il me fallut, uniquement avec des documents d'archives présents sur l'île, rédiger un aperçu historique non seulement des cinq cents ans de Sainte-Hélène mais aussi des cent cinquante ans des domaines nationaux sur l'île.

Ce voyage des « Amis de Malmaison » marqua donc un tournant décisif dans l'histoire des domaines. Le vice-président de la Fondation Napoléon, Florian Colonna-Walewski, et son directeur, Thierry Lentz, prirent conscience non seulement de l'importance de la tâche qu'il restait à réaliser, mais aussi que Sainte-Hélène pouvait s'attacher à la Fondation Napoléon dont les objectifs étaient, sur bien des points, convergents. Mieux encore, les deux hommes m'honorèrent de leur confiance.

## Longwood House

Pour le bicentenaire de l'exil de Napoléon à Sainte-Hélène, je devais ajouter une corde à mon arc en m'improvisant commissaire d'une exposition « Napoléon à Sainte-Hélène, la conquête de la mémoire » qui se tint au musée de l'Armée aux Invalides durant les mois d'avril à juillet 2016. Nous avions bénéficié d'un programme de restauration en France des meubles qui entouraient l'Empereur au moment de sa mort à Longwood House. Cette opération avait été rendue possible par la souscription publique dirigée par la Fondation Napoléon. Lorsque des meubles « Napoléon à Sainte-Hélène » exposés au musée des Invalides et restaurés furent remis en place à Longwood House, au mois de novembre 2016, j'occupai mes temps libres à rédiger chez moi, aux Briars, les premières pages de ce récit, et, plus précisément celui de ma première visite de cette maison qui m'était apparue, trente ans plus tôt, comme un tabernacle vide. Cette coïncidence m'émut car elle m'obligea à faire un retour sur image alors que, simultanément, je réarrangeais les pièces telles que Bernard et moi les avions souhaitées vingt ans plus tôt, après la mort de Gilbert.

Le noir et blanc des jardins me sembla tout à la fois un lointain et pourtant si proche souvenir. Un raz-de-marée d'agapanthes blanches et bleues semblait avoir submergé les trente années passées. La seule constante me sembla être le brouillard. Les plates-bandes coupées au cordeau, les allées creuses, les bordures dorées d'hémérocalles, les parfums entêtants des freesias eurent raison de l'éclairage livide. J'en regrettais presque la féerie qu'avaient autrefois les jardins abandonnés. L'eurythmie avait supplanté le mystère.

La table de billard était en cours de réassemblage par les membres de l'équipe qui, trois ans plus tôt, l'avaient emballée. Les portes à doubles battants étaient grandes ouvertes. Les dimensions de la pièce semblaient avoir été décidées pour l'accueillir. L'odeur de la peinture était encore vaguement présente. Les treillis en bois peints en vert, par un jeu de lumière et d'ombre, imprimaient sur tous les éléments de la scène des formes géométriques. Les murs imitant les planches des menuisiers de la Royal Navy étaient recouverts d'une peinture verte très vive. Une Grecque inspirée d'un motif géorgien délimitait les sommets des pans. La pièce tout entière était baignée d'illuminations contraires aux brouillards extérieurs.

Douze visiteurs arrivèrent après avoir acheté leurs billets à l'entrée – jusqu'au mois d'octobre 2015, l'entrée avait été gratuite – et furent un peu surpris par cette opération qui ressemblait au banal réaménagement d'une maison bourgeoise de campagne. Pour ne pas interrompre Byron, Anthony, Merrill, Bradley, Georgie et Ralph, je proposai de m'occuper de ces touristes en leur offrant d'être leur guide.

Je me présentai ; en retour, ils m'informèrent qu'ils étaient australiens, sud-africain et anglais.

Ma proposition d'être leur guide les surprit car ils avaient appris à bord du RMS *St. Helena* que j'étais quelqu'un d'accès difficile voire impossible. Je leur signalai l'importance de cette journée dans l'histoire de Longwood House.

De nous treize, je dus être le plus ému par le fait que les meubles scrupuleusement restaurés en France reprenaient leurs places historiques. Plus de quatre-vingt-dix mille personnes les avaient vus durant l'exposition aux Invalides. Avec leur retour à Longwood House, ces tables et ces chaises représentaient la dernière phase de la restauration de l'ultime demeure de Napoléon, lieu que l'on pouvait visiter désormais avec un guide audio. Toutes les décorations, les tapis, les moulures, les boiseries, les plâtres avaient été refaits à partir des échantillons originaux.

Je pris du coup la mesure du chemin accompli. Lorsque nous entrâmes dans le salon où Napoléon mourut, je repensai aux toiles d'araignées, à *Citizen Kane*, aux immortelles séchées dont les graines se mêlaient à la poussière. D'un lieu à l'abandon à un décor soigné, trente années avaient passé mais je fus pris d'un doute : et si, en fignolant trop la restauration de Longwood House, j'avais chassé et annihilé le profond sentiment de tristesse que la complainte de l'ennui longwoodien m'avait alors inspiré ? Où était passée la mélopée de Longwood ?

Les visiteurs me rassurèrent très vite en qualifiant cette pièce de lugubre alors que je n'y voulais voir que les travaux de restauration qu'avec Thierry et Bernard nous avions entrepris. Ils achevèrent de m'apaiser lorsqu'ils me demandèrent si on ressentait toujours autant l'humidité. Ils discernaient ce que je n'étais plus capable d'apprécier. Je les enviai presque. À avoir fait de Longwood House mon quotidien, la demeure s'était banalisée. Pour moi, elle n'avait plus rien de caché dans ses murs, dans ses cheminées, sous ses toitures.

Tandis que je surveillais que l'humidité n'exsudât plus des parois, les visiteurs avaient détaché leurs pensées des objets pour se laisser bercer – ou berner ? – par le chant lent et monotone du brouillard qui, se condensant sur les fenêtres, tombait par d'infimes gouttelettes. Bien qu'atténuée, la complainte lancinante de Longwood réapparut. Celle qui, trente ans plus tôt, m'avait glacé le sang, était devenue rassurante.

Je poursuivis la visite par les autres pièces constitutives des appartements de Napoléon, rendues, elles aussi, à leur apparence au jour de sa mort. Plus de vitrine, uniquement un lieu où un homme était décédé il y a peu. La maison du fantôme de Napoléon était redevenue celle d'un être humain ayant poussé son ultime soupir la veille. L'illusion s'était muée en restitution. Le tabernacle dépouillé était devenu un lieu de mémoire des dernières années, de l'agonie et de la mort d'un empereur.

### Dernier chapitre, avec honneur

Lorsque, début avril 2016, à l'occasion de la promotion de l'exposition « Napoléon à Sainte-Hélène, la conquête de la mémoire » au musée de l'Armée de Paris, Muriel Hees et Thierry Billard m'approchèrent pour me demander si j'accepterais de faire le récit de ma vie sur cette île et d'expliquer ce qui m'y avait conduit, je tombai un peu des nues. Je ne parvenais pas à apprécier ce qui pouvait justifier une telle demande. Puis, à la suite d'un entretien eu quelques jours plus tôt avec Jean-Michel Demetz, un article parut dans *L'Express* du 20 avril, où l'auteur décrétait que j'occupais « l'emploi le plus romantique du monde, celui qui en a fait rêver plus d'un au sortir de l'adolescence ».

Perplexe, je devais donc urgemment revoir ma copie. Je m'interrogeai.

Ce récit a donc été rédigé pour permettre à ceux qui s'interrogent sur ma présence dans cette île de comprendre mon cheminement, mon quotidien, mes motivations profondes, mon engagement en faveur de la conservation de la mémoire de Napoléon en terre britannique isolée.

Plus égoïstement, il devint pour moi, au fur et à mesure de sa rédaction, un moyen de faire le point et de mesurer combien Sainte-Hélène m'a apporté de bonheur, un cri d'amour envers une île trop longtemps réduite à la seule légende napoléonienne dont elle est devenue l'étendard. Locataire sur ce rocher, on en oublierait presque cet aspect historique tant la qualité de vie, les habitants y sont extraordinairement attachants.

Plus qu'une destination marginale, Sainte-Hélène est un choix de vie que l'on m'a accordé.

L'occasion me fut donnée de l'exprimer publiquement en nommant tous ceux qui m'assistèrent. Ce fut au Quai d'Orsay, lors de la remise de ma Légion d'honneur par monsieur Christian Masset, le secrétaire général du ministère des Affaires étrangères et du Développement international.

Je fus alors en mesure de souligner combien cette distinction m'honorait car je la concevais comme la marque de la confiance que tous m'avaient accordée durant mes vingt-neuf ans de travail sur place.

À commencer par Son Altesse Impériale la princesse Napoléon qui m'avait encouragé à poser ma candidature, il y a trente années de cela. Non seulement j'ai pour sa personne et sa famille le plus profond respect, mais j'ai aussi eu l'honneur de pouvoir lui dire que ces sentiments s'étaient mués, au fil de nos rencontres, en une réelle, profonde et non moins respectueuse amitié. Je lui serai toujours reconnaissant de m'avoir offert son soutien et ses encouragements autant dans mes efforts à préserver la mémoire de Napoléon Ier à Sainte-Hélène que dans mes travaux picturaux, voire ma vie privée. Qui plus est, elle est l'une des hautes personnalités qui me firent comprendre que la confiance avait un prix : celui d'en être digne.

Bien entendu, j'en profitai pour saluer l'ambassadeur Serge Mucetti qui, lorsqu'il était encore au service du personnel du ministère des Affaires étrangères, avait signé mon premier contrat de travail. Après lui, j'insistai sur les trois autres personnes – Jean-Paul Kauffmann, Bernard Chevallier et Thierry Lentz – qui, après la mort de mon père adoptif, me convainquirent de rester à Sainte-Hélène.

En 2005, Victor Masséna devint le chêne au tronc duquel je pus m'adosser durant les périodes de tempête. La Fondation cessa d'être un soutien, elle devint une équipe de combat. Avec cette force de frappe, nous travaillons non seulement à partager et à faire connaître Sainte-Hélène mais à restaurer et reconstruire un patrimoine.

Je relevai aussi à cette occasion que mon travail et ma vie sur l'île ne faisaient qu'un. Ma mission n'avait pas seulement dessiné les contours de mon existence, elle l'avait conditionnée. Mes meilleurs amis le devinrent à cause de mes fonctions locales ou grâce à elles : Annie Meunier, Céline Gautier, Paskalita Francheteau, Jean et Viviane Huet, Jean-Paul Mayeux, Pascal Sean Laparlière et Frédéric Barbut. Seule exception d'importance à cette règle : mon époux, JJ, qui, en découvrant Sainte-Hélène il y a maintenant près de vingt ans, avait accepté non seulement de partager mon quotidien sur l'île mais aussi de m'aider, d'alléger ma charge et d'être l'élément stabilisateur de ma vie. Et, bien entendu, je pensais aussi ce soir-là à ma meilleure complice, Susan O'Bey, et à tous mes amis héléniens trop nombreux pour les nommer et grâce auxquels ma place dans la société hélénienne fut un véritable délice au quotidien.

Mon ambition était de faire en sorte que le Département puisse être fier de nos domaines nationaux et de leur rayonnement international et, plus prosaïquement, de transmuter en pépite ce poste souvent perçu comme un caillou dans une chaussure. Même s'il ne pourra probablement jamais parfaitement entrer dans le « moule » d'un poste diplomatique, le poste « Sainte-Hélène » est devenu séduisant. Chaque jour, depuis 2003 avec Jean-Marc Daniel et, sans discontinuer depuis, avec ses successeurs à la tête des affaires immobilières du Département, j'ai senti grandir en moi la fierté d'appartenir à une grande et séculaire administration.

Inaccessible au public, l'île était auparavant condamnée administrativement et médiatiquement à l'obscurité. Au secret. Cette image de mystère correspondait à l'attente des associations napoléoniennes et des passionnés de cette période de notre histoire. Ses composantes étaient l'inconnu, l'interprétation, l'opacité, l'énigme.

Toutefois, avec l'exposition des Invalides en 2016 et les activités liées au bicentenaire, la nébuleuse dans laquelle cet isolement l'assujettit semblerait ne plus être une fatalité. Sainte-Hélène et les domaines nationaux qui s'y trouvent se dirigent vers la pleine lumière. Tout dévoiler, exorciser le mystère, normaliser est la prochaine étape que je me suis assignée.

Ce récit s'inscrit, aussi, dans cette démarche.

# Épilogue

Parce qu'à Sainte-Hélène je me suis surpris à perdre toute notion du temps qui passe, je n'ai gardé de mon premier séjour en 1985 que des souvenirs parcellaires, parfois nostalgiques mais surtout heureux. Trente années plus tard, à la suite d'un scandale mettant en évidence les dysfonctionnements du gouvernement local – qui aurait couvert, en toute connaissance de cause, des affaires de pédophilie et autres crimes perpétrés par des fonctionnaires expatriés –, une réforme de la justice fut entreprise, sous la pression de la presse internationale. De nombreux dossiers vieux de plus de trente ans furent rouverts, ou pour certains découverts.

J'en conclus que ce qui m'était apparu alors comme idyllique ne l'était pas tant que cela. Que l'amoralisme ambiant qui m'avait tant séduit à l'époque était criminel et cachait bien des misères. Que le droit des femmes et des enfants était alors bafoué. Que les parents incestueux, les pédophiles récidivistes, les violeurs étaient autant ignorés par les autorités gouvernementales que par les sociétés caritatives et les différentes Églises implantées localement.

Que l'indifférence générale était la norme. Que le comportement de la classe gouvernante s'avérait irresponsable et corrompu. Que la société était profondément discriminatoire.

Lorsque rétrospectivement je découvris ce qui s'était passé et que je ne suspectais pas, mon enchantement pour cette île paradisiaque où tout me semblait harmonieux me devint suspect. Pour mon récit, une précision s'impose donc : mon objectif, ici, n'était pas d'analyser la société hélénienne des années 1980 avec le regard d'un homme du XXIe siècle, mais, plus modestement, de décrire mes premières impressions qui, postérieurement, furent décisives dans la décision de m'installer définitivement à Sainte-Hélène.

Comme autant d'images prises sur le vif, j'ai rédigé les paragraphes précédents en laissant libre cours à ma mémoire et à mes sentiments profonds d'alors, en faisant abstraction, aussi, du temps présent. Je n'ai pas essayé de m'autocensurer pour décider ce qui serait convenable ou indécent d'écrire aujourd'hui.

En trente années, que ce soit la gouvernance, la religion, l'économie, l'éducation, les mœurs, etc., la société hélénienne est devenue méconnaissable. Indéniablement, pour le mieux de tous. Je ne peux dissimuler le fait que, dans les années 80, j'y avais trouvé mon bonheur et, malgré des défauts dont certains m'apparurent alors, et tout ce que je ne vis pas ou ne sus pas voir, elle s'était transformée en eldorado. Je ne suis pas nostalgique du Sainte-Hélène des années 1980 mais je ne saurais oublier qu'elle fut le pays de cocagne de ma jeunesse.

Une utopie faite île.

Sur ce rocher isolé au milieu de l'océan Atlantique Sud, je continue ma mission. Dans ce contexte, faire le récit de son parcours lorsqu'on vient d'avoir cinquante ans paraît insolent et le conclure, une gageure. Ma vie et mon travail toujours indémêlables se poursuivent.

Je pensais ainsi pouvoir profiter de la fin de semaine du mois de septembre 2016 pour rédiger ce dernier chapitre, quand, par un fâcheux concours de circonstances, à peine avais-je écrit trois mots qu'un visiteur qui passait quelques jours sur l'île, sans m'avoir averti au préalable, se présenta à ma porte vers les huit heures. Ne voyant pas de sonnette – il n'y en a pas –, il ne trouva rien de mieux que de se servir d'une des grilles d'entrée pour la secouer et la cogner contre le mur afin de signaler sa présence. Le raffut produit eut pour effet immédiat de hérisser tous les poils de ma chienne Papillon qui, comme toujours lorsque je m'assois devant l'ordinateur, somnolait à mes côtés dans son panier. Ébahie et apeurée, elle bondit. En trombe, elle se précipita à l'extérieur en aboyant et en faisant valser les tapis et les livres qui traînaient au sol. Je sortis après elle et trouvai un grand gaillard brun, beau comme un dieu grec qui se serait glissé dans une tenue légère de surfeur. J'allai vers lui en essayant de rappeler Papillon qui décida, comme à son habitude, de ne pas m'entendre. Je saluai l'inconnu et lui demandai ce qu'il souhaitait pour venir, à mon domicile, un samedi matin, de si bonne heure. Il m'expliqua la même histoire que tant d'autres avant lui : il était canadien, anglophone, de passage et souhaitait simplement me saluer parce qu'il avait entendu parler de moi… Je lui réitérai ma question : que désirait-il ? Et, comme les autres avant lui, il me confirma qu'il ne voulait rien d'autre que me saluer.

Durant mes premières années ici, je trouvais la désinvolture de ces visiteurs touchante. Je me sentais à la fois flatté et presque honoré. Hélas, ma patience s'est émoussée depuis. Est-ce parce que la fréquence de ces visites impromptues a augmenté ? Est-ce de la lassitude ? Je ne peux que constater que, socialement, je suis de moins en moins porté à supporter ces gens qui éprouvent le besoin de venir me voir comme une attraction locale. À part pour quelques exceptions, un état d'antipathie s'accroît en moi. Deviendrais-je comme Paul Léautaud sur son vieil âge, qui trouvait les gens souhaitant le rencontrer agaçants et assommants ?

Est-ce de la suffisance ? S'agirait-il, comme chez Gilbert, de misanthropie ? Faute de réponse, je vous livre quelques extraits de mon journal du mois de juillet dernier en vous laissant le soin de décider, par vous-mêmes :

**Le 4 juillet 2016**

Vécu ce soir, à 19 h 14 : le téléphone sonne. Je décroche. J'entends à l'autre bout du fil une voix de femme.

« Bonsoir. Puis-je parler à monsieur Martineau.

— Oui, c'est moi.

— Je suis une Française de passage sur l'île. Je voyage sur le RMS *St. Helena*. Excusez-moi de vous téléphoner si tard mais j'ai été très occupée. Je souhaiterais vous rencontrer. Je voudrais vous parler. J'ai tant entendu parler de vous. Et puis on mentionne votre nom dans plein d'articles et de bouquins. »

Elle est la troisième aujourd'hui à m'avoir contacté pour me faire cette demande mais la seule qui n'ait pas tenu compte de l'heure et n'a pas songé que, peut-être, j'avais une vie hors de mon travail aux domaines. D'un ton sec, je lui réponds en lui donnant les heures d'ouverture de Longwood House, de la Tombe et du Pavillon (désormais ouverts à heures fixes – plus besoin de prendre rendez-vous par l'entremise de l'office de tourisme).

Pas le moins embarrassée elle me rétorque :

« Non ce n'est pas Longwood House que je veux voir. C'est vous, pour vous rencontrer. J'aimerais tant vous poser des questions. Vous cerner. Vous êtes très important ici. Incontournable. »

Je deviens de moins en moins patient, néanmoins toujours courtois, et lui offre un compromis :

« Demain, je rencontre deux personnes qui m'ont fait la même demande. Une à 11 heures et une autre à 11 h 30. Je serai à Longwood House. Si vous souhaitez vraiment, je pourrai vous serrer la main dans ce créneau horaire. »

Et commence un dialogue étonnant, sans gêne :

« Oh, demain matin j'ai déjà des choses de prévues. Je vais voir Jonathan, la tortue à Plantation House. Et puis ce n'est pas à Longwood que je veux vous voir car Napoléon ne m'intéresse absolument pas, je voudrais mieux vous cerner. Vous comprendre. Vous poser des questions sur l'île qui me passionne.

— *[De moins en moins patient]* Pour récapituler, si je vous comprends parfaitement, vous souhaitez me rencontrer pour que je vous parle de l'île et de moi.

— Oui, c'est tout à fait ça.

— Mais ça ne concerne que moi. C'est ma vie privée. Et puis surtout j'ai des choses bien plus urgentes à régler.

— Non mais ce serait formidable pour moi. Et puis je pourrais prendre une photo ou deux avec vous…

— Non madame. Désolé, ce ne sera pas possible.

— Mais pourtant vous êtes à Sainte-Hélène pour ça… et je suis la seule passagère française du bateau. Vous devez me rencontrer.

— Désolé, madame. Nous n'avons pas la même interprétation de ma fonction ici. Bonsoir. »

Je raccroche.

En songeant que demain matin je vais devoir rencontrer deux autres visiteurs du même acabit, je devine que je ne serai pas dans les meilleures dispositions. Cet aspect de mon job a toujours été un gros problème. Je ne sais pas gérer le côté « objet de curiosité » qu'il me semble être devenu parce que je suis resté à Sainte-Hélène trop longtemps. Il n'est pas aisé de se taire lorsque l'on n'a pas tout dit.

Le récit dans lequel j'ai pris parti de ne rien cacher, publié chez Flammarion, me permettra, je l'espère, de retrouver le silence et l'indifférence du public, ce silence et cette indifférence que je savourais lorsque je déforestais le *Noir Val* pour le transformer en puits de lumière.

**Le 5 juillet 2016**

**Ce que j'aime dans mon travail** (dans l'ordre de préférence) : le travail dans les jardins, les forêts, l'entretien des bâtiments, la conservation, la muséographie, l'entretien courant d'un bâtiment, la constitution d'un fonds de documentation.

**Ce que j'assure avec moins d'enthousiasme** : les tâches comptables, le secrétariat, la gestion administrative courante d'un établissement public, la gestion des ressources humaines, les affaires consulaires et la représentation auprès des autorités locales.

**Ce que je n'aime pas du tout :** rédiger des textes pour des publications puis, et surtout, gérer l'obstination de certains visiteurs qui ont trop tendance à oublier Napoléon pour ne vouloir voir que son gardien et serviteur. Serais-je devenu l'arbre qui cache la forêt ?

Dialogue du jour avec un visiteur anglais qui avait insisté pour me rencontrer. La visite programmée à 11 heures a lieu à 11 h 10.

« *[Moi]* Bonjour monsieur.

— Bonjour.

— Que puis-je faire pour vous ?

— Rien du tout. Je souhaitais juste vous rencontrer.

*[Silence]*

*[Silence]*

*[Silence]*

— *[Moi]* Je vous remercie pour votre visite, au revoir monsieur. J'ai cependant une question pour vous : lorsque vous visitez un cimetière, vous y allez pour voir ceux qui y sont enterrés ou pour y rencontrer le gardien ?

— *[Lui, un peu surpris]* Bien sûr, pour la personne qui y est enterrée. Ici, sur l'île, la tombe est vide et la maison si bien conservée, je pensais donc qu'il était important de vous rencontrer. Et puis, à bord du RMS *St. Helena* et à l'hôtel, on m'a tellement parlé de vous. Je vous remercie beaucoup de m'avoir reçu.

— Bonne fin de séjour sur l'île. Au revoir. »

Je vais me faire une tasse de café. Résultat : l'impression d'avoir perdu une demi-heure.

Dialogue du jour avec un second visiteur, russe celui-là, qui avait insisté pour me rencontrer. La visite programmée à 11 h 30 a lieu à 11 h 40.

« *[Moi]* Bonjour monsieur.

— Bonjour monsieur Dancoisne.

— Que puis-je faire pour vous ?

— J'ai des questions : Napoléon couchait-il avec madame de Montholon ?

— *[Moi]* Rien, aucun document à ma connaissance, ne permet de l'affirmer ni de contester cette affirmation.

— Ah, mais pourtant des historiens éminents l'affirment… ! Autre question : que pensez-vous de Napoléon et des lapins ?

— *[Moi]* Nous savons pour certain que Gourgaud chercha à introduire des lapins dans le bois de Longwood en en lâchant plusieurs et que Napoléon en avait tué un qu'on avait lâché en 1820 pour son amusement. C'est à peu près tout.

— Peut-on alors affirmer que Napoléon était sadique car il semblerait bien que ceci prouve qu'il aimait voir les animaux et les gens souffrir…

— *[Moi]* Je n'irai pas jusqu'à cette conclusion… *[et heureusement, il m'interrompt]*.

— En fait la grande question que je souhaitais vous poser concerne la dent que Napoléon s'est fait arracher. Je suis allé à l'exposition à Paris avant d'embarquer sur le RMS *St. Helena* et je n'ai trouvé personne pour me dire ce qu'il en est et qui la possède aujourd'hui. Apparemment, ce serait une dent typique de celles qui tombent lorsqu'un humain se transforme en vampire. Et ce serait là la véritable raison qui obligea Napoléon à rester enfermé dans sa chambre car il devint rapidement hypersensible à la lumière du jour. Et puis tous ceux qui le décrivent durant cette période indiquent qu'il devenait très blanc, jaunâtre, presque translucide.

— [*Moi, après un court silence*] Oui, effectivement Napoléon s'est bien fait arracher une dent de sagesse fin 1817. Je n'ai aucune idée de l'endroit où cette dent se trouve aujourd'hui. Quant au processus de vampirisation, je ne connais rien sur le sujet…

*[Silence – il réfléchit.]*

*[Silence – il réfléchit encore.]*

— *[Moi]* Je vous remercie pour votre visite, au revoir monsieur.

*[Je le raccompagne dans les jardins de Napoléon – Il reste silencieux.]*

— *[Moi]* Bonne fin de séjour sur l'île. Au revoir.

— Puis-je vous inviter à dîner avant mon départ ?

— *[Moi]* C'est très gentil de votre part mais je ne prends pas de repas. *[En souriant pour bien indiquer que c'est une plaisanterie… On ne sait jamais, je rajoute :]* Peut-être que c'est à mon tour de me métamorphoser en vampire. J'ai perdu mon appétit. »

Résultat : l'impression d'avoir perdu une autre demi-heure. Je retourne travailler à la Tombe. Je suis très excité par l'achat d'une déchiqueteuse-broyeuse que nous avons décidé d'utiliser afin de réduire les risques d'accident sur les sentiers rendus boueux par la pluie. L'idée est de recouvrir les sections des sentiers forestiers glissants et boueux par des plaquettes forestières et des matières organiques broyées très drainantes. Ma chienne Papillon préfère aussi le travail en forêt à celui, improductif, qui consiste à être courtois.

**Le 6 juillet 2016**

Dès que j'ai la possibilité de regrouper mes entretiens avec les visiteurs, je la saisis sans réfléchir. Ce fut le cas aujourd'hui car, par un tour de force, je suis parvenu à recevoir ensemble les trois personnes qui souhaitaient me rencontrer. Comme les deux visiteurs de la veille, tous les trois se trouvaient à bord du RMS *St. Helena* qui vient d'effectuer son dernier voyage Royaume-Uni-Sainte-Hélène-Le Cap. Ils sont tous les trois britanniques mais résidents de villes situées sur trois continents : un de Hong Kong, un de Port Elizabeth et un autre de Londres. De toute évidence, durant les quinze jours qu'ils viennent de passer à bord du bateau, ils semblent s'apprécier.

Je les accueille en leur adressant le bonjour habituel et en espérant que leur séjour sur l'île se déroule selon leurs souhaits. Polis, mais sans grand enthousiasme, ils me répondent par un seul « oui ». J'embraye donc par ma question rituelle :

« Que puis-je faire pour vous ? Vous souhaitiez me rencontrer...

— *[Le Hongkongais]* Nous avons visité Longwood House lundi dernier et nous sommes vraiment déçus par ce que nous avons vu : la maison, les jardins, la volière, la grotte, le pavillon chinois, tout sonne faux. Et nous souhaitions vous le dire.

— *[Le Londonien]* Oui, c'est tout à fait ça. Je trouve tout trop étriqué. Tout est trop net, trop bien maintenu, appliqué – comme un tableau trop léché. En tout cas, ça ne correspond pas du tout aux récits qu'on nous en a faits. »

Je leur explique longuement notre démarche muséographique *[je résume]* :

Protéger un lieu de mémoire, préserver une maison qui, exposée aux alizés constants, aux termites et à l'humidité, ne saurait rester debout sans entretien pendant plus d'une dizaine d'années. Je m'escrime même à leur expliquer que notre démarche est de présenter la maison et les jardins dans leur état du 5 mai 1821, c'est-à-dire cinq ans après les descriptions rédigées de manière très sombre par le comte de Las Cases dans son *Mémorial.* Que, si notre choix avait été de laisser le temps faire son travail, ils ne verraient plus aujourd'hui qu'un plateau herbeux car tous les cailloux, les morceaux de mortier romain qui composaient Longwood House seraient éparpillés aux quatre coins de la terre en autant de reliquaires.

— *[Le Port-Élisabéthain, dubitatif]* Oui ! Tout de même, ce serait peut-être mieux que ce que nous voyons aujourd'hui. La guide nous a même indiqué, fièrement, que les meubles authentiques présentés viennent d'être restaurés. Ils sont superbes. C'est une supercherie. Faire croire qu'en deux cents ans la maison de Longwood soit restée si bien maintenue, que les volets ne tombent pas de leurs gonds, que les ardoises soient restées en place, que les murs ne s'effritent pas, c'est prendre les visiteurs pour plus naïfs qu'ils ne le sont. En tout cas, moi j'aurais souhaité que la maison fût beaucoup plus insalubre pour bien indiquer que les conditions de l'exil de Bonaparte étaient difficiles. Et pourtant je suis anglais…

En revanche, nous avons vraiment été impressionnés par la Tombe, *[en se tournant vers les deux autres]* n'est-ce pas ?

— *[À l'unisson]* Oui c'est vraiment un site extraordinaire. Superbe. Grandiose.

— *[Le Londonien]* Vous voyez, lorsqu'on laisse la nature faire le travail, ça fonctionne. Mieux, ça vous transporte et ça crée une très forte émotion. Vous auriez dû faire la même chose avec Longwood House et laisser la végétation prendre possession des lieux. En plus, les ruines sont le thème esthétique et littéraire le plus en phase avec l'époque romantique qui entoure l'ère napoléonienne. Plutôt que de voir cette maison avec des planchers cirés, des meubles clinquants, des moquettes, des rideaux… L'émotion est absente. »

Je leur explique alors que leurs propos ne me sont pas étrangers car j'ai déjà abordé le sujet avec un ami anglais. Nous avions longuement réfléchi au concept cher à lord Byron, et aux romantiques de son époque, qui consistait à faire passer une ruine féodale au rang de thème politique et social. Suivant leur principe « la nostalgie s'étant muée en malédiction et le spleen en apocalypse », les ruines auraient sur le plateau de Longwood une fonction dénonciatrice. Tout ça restait quand même une notion bien abstraite.

Je leur raconte qu'ils oublient que le site de la tombe a nécessité autant – sinon plus – de travail que Longwood House car donner cette impression de cathédrale de verdure à une nature envahissante et capricieuse n'est en rien une mince affaire. Le travail que nous accomplissons autour de la tombe de Napoléon est le plus ingrat qui se puisse car il nous faut souligner l'omniprésence et la toute-puissance de la nature en cachant le fait que tout cela n'est qu'un immense décor de théâtre qui nécessite des heures infinies de labeur à renouveler sans cesse. Même Longwood House en ruine ne serait qu'une mise en scène. Une supercherie, pour reprendre leur vocabulaire. Et je ne suis pas certain que maintenir des ruines a posteriori soit plus économique que d'entretenir la maison comme nous le faisons actuellement avec un budget courant de soixante-dix mille euros par an.

Mes interlocuteurs paraissent un peu surpris. Muets.

De mon côté, comme souvent lorsque je me sens agressé, je deviens prolixe. J'en profite pour enfoncer le clou :

« De plus on ne peut qu'avoir un sentiment de défiance devant le choix que l'on devrait faire entre l'évocation attendrie et mythique puisée dans le *Mémorial* de Las Cases et la fabrication extravagante et saugrenue d'un jardin à la *Bouvard et Pécuchet.* »

Devant leurs airs étonnés, je m'excuse d'avoir gardé mes références culturelles françaises. Je leur résume l'épisode grammatical de *Bouvard et Pécuchet* ou comment ériger un champ de ruines avec méthode selon Flaubert.

Puis, comme de toute évidence c'est moi qui, cette fois-ci, commence à les ennuyer avec mes explications, le Hongkongais détourne le sens de la conversation en me demandant ce que Napoléon aurait pensé du Brexit qui semble les réjouir. Et de préciser sa pensée :

« Désormais, en Grande-Bretagne, il ne sera plus politiquement incorrect de citer Nelson : “Il faut haïr un Français comme on hait le diable” et nous n'aurons plus à suivre les directives dictatoriales de Bruxelles.

— *[Le Port-Élisabéthain]* Et puis tout ça avec une telle arrogance ! »

Le Londonien acquiesce.

« *[Moi]* Je trouve tout cela passionnant mais il faut que je retourne à mon travail. Je vais devoir vous quitter. »

Je les reconduis au portail en leur souhaitant une bonne fin de séjour et m'en retourne à mon bureau en rageant, une fois de plus, d'avoir perdu mon temps. Et, à nouveau, je m'interroge : comment dire « non » à ces demandes de rencontre qui sont presque toujours un gâchis. La réponse se trouve déjà dans le « presque » de ma question. Car, j'ai aussi eu l'avantage de croiser quelques rares personnes exceptionnelles. Toute la question se situe dans le « quelques rares ».

Dépité, une fois de plus, je suis retourné dans mon tout nouveau bureau, qui se trouve dans ce qui était la lingerie du temps de Napoléon. J'y déjeunai en reprenant la relecture de *L'Aiglon* et tombai sur la phrase qui m'avait échappé avant car elle figure dans la postface de l'auteur : « Ce n'est pas toujours la Légende qui ment. »

**Le 10 juillet 2016**

Le RMS *St. Helena* va partir ce matin avec à bord ses visiteurs qui ont fait le voyage depuis la Grande-Bretagne. L'île va replonger dans sa torpeur pendant quelques semaines. Impression de vide, d'inconnu.

Avec l'arrivée par Boeing 737 des centaines de touristes, 2016 devait être l'année de toutes les espérances ; de développements à tout-va. Au lieu de cela, elle restera dans ma mémoire comme celle durant laquelle l'île n'aura jamais été si isolée. Un sinistre, une catastrophe économique et, pire encore, une méfiance et un découragement généralisés. Et puis la presse anglaise si insultante envers Sainte-Hélène n'a rien arrangé à l'affaire. Ah, qu'arrive enfin une information – peu importe laquelle, mais qu'on sache sur quoi nous pouvons construire notre futur.

**Le 29 juillet 2016**

J'en ris encore : je sors à l'instant du *Castle* où je m'étais rendu pour chercher un document. Je tombe nez à nez avec une personne que je ne connais ni d'Ève ni d'Adam.

L'homme me dit : « Je savais qu'être un bon fonctionnaire c'était de bien maîtriser l'art d'avoir l'air d'être indispensable même quand on est en charge du placard à balais : mais vous, Michel, vous faites fort : recevoir la Légion d'honneur pour surveiller une tombe vide ! »

Surpris, je n'ai su lui répondre que par une question : « Et vous, vous êtes qui ? » Il me répond mais je n'écoute pas et le quitte de très bonne humeur.

Car je n'ai retenu que le côté comique de sa remarque ! Et je venais de trouver le titre de ce récit.

# Remerciements

Je remercie encore le capitaine de vaisseau François-Xavier Polderman, commandant du Groupe Jeanne d'Arc, pour les photographies aériennes offertes aux domaines nationaux en 2014.

Je remercie ici tout particulièrement Pascal Laparlière pour m'avoir permis de revenir sur les lieux de mon enfance et de ma jeunesse.

Philippe Barre pour tous ses précieux conseils juridiques et de lecteur assidu.

Paskalita Francheteau pour avoir rendu mon texte lisible.

Serge Hayat pour ses précieuses suggestions d'auteur rodé au maniement des mots et, bien entendu, Muriel Hees et Thierry Billard sans qui je ne me serais pas donné la peine de raconter l'histoire des cinquante premières années de ma vie.

Mes frères Pierre et Guy Dancoisne, qui ont accepté de braver avec moi nos souvenirs d'enfance.

Et enfin ma mère qui, une fois mon père mort, a pu me confirmer et me préciser quelques éléments de mon enfance relatés dans ce récit. Ce fut au mois d'octobre 2016. Elle le fit avec une simplicité et une aisance dont je lui suis d'autant plus reconnaissant que je ne lui en soupçonnais pas l'aptitude.

# Table des matières

NORD COMPO
multimédia

Composition et mise en pages
Nord Compo à Villeneuve-d'Ascq

N° d'édition : L.01ELKN000635.N001
Dépôt légal : mai 2017

Imprimé en France par CPI
en avril 2017

N° d'impression : 140777